新琉球国の歴史

梅木哲人

法政大学出版局

まえがき

ユーラシア大陸の東の端から、大陸に沿うようにつぎつぎと大小の島がつながって、アジア地中海とも称される世界を形づくっている。

その島々に、太古の昔に人が住むようになって日本列島となり、琉球列島となる。

琉球諸島は、やがて人々の営みが進み、独自の国家を形成するようになると、海は道となり、中国、東南アジア、日本、朝鮮など、周囲の国々や地域とのつながりを深めていく。

琉球における国家形成は独自なものとしてはじまり、その後の通交の進展とともに多くの文物を受け入れ、海洋国家の繁栄を現出させるに到るのであるが、その独自性は一貫している。

琉球列島における国家形成とその後の歴史は、一一世紀にグスクが建造され、国家が形成されてから、これまで三つの大きな変化を経ている。

一つは、一三七二年（応安五・文中一、洪武五）に、察度が弟の泰期を遣わしたところから、中国への進貢ははじまり、その後中山王として冊封を受けたことで、東シナ海を中継貿易で縦横に結ぶ、海洋国家としての発展を遂げることである。

二つ目は、一七世紀初頭に、日本近世国家が成立し、その一部である島津氏による侵攻を受けたことである。島津氏の侵攻以後、琉球は薩摩藩の「附庸」とされ、近世日本の影響を強く受けるようになり、大きな変容を遂げる。また、中国では清朝が成立し、やがて政権の安定とともに、国際関係も安定したことから、琉球国の中国への進貢は活発化し、これまでになかったような大きな規模の人と物の交流が実現する。

三つ目は、明治維新により日本近代国家が成立したことで、薩摩藩の「附庸」とされていたのが、一八七二年（明治五・同治一一）に、琉球国王は天皇によって冊封され、さらに一八七九年（明治一二・光緒五）には沖縄県が設置されたことで日本国制の一環に入ったのである。このことによって独自の存在であった琉球国は終焉を迎えた。

琉球国の歴史の展開とはどのようなものであったのであろうか。日本列島とのかかわりはどのようなものであったのであろうか。本書がこのことに少しでも示唆を与えることができれば幸いである。

目次

4　近世の琉球国（一）　113

序論　琉球国の成立・展開・終焉

グスクから国家へ

沖縄琉球の地域は、一八七二年（明治五）九月一四日に日本政府の出した「尚泰王を琉球藩王として華族に列する詔勅」によって日本政府の行政下に入り、近代日本の一角を構成するようになった(1)。

しかし、それまで、この地域においては、「あち」（按司）、「あんしおそいかなし」（按司添いかなし）、「よのぬし」（世のぬし）、「わう」（王）、と呼ばれる有力者があらわれ、大型グスク（城）の建造とあいまって、彼らを中心にする政治体制が形成され、その後、日本本州を中心にする地域および中国・朝鮮・東南アジア諸地域と関係を持ちながら独自の歴史的な歩みを展開してきていたのである。

グスクは、一一世紀頃から奄美諸島を含む南島に見られるようになるのであるが、初期グスクは小規模であったのに対して、一三世紀になると、沖縄島に二万から四万平米の面積をもつ大規模なものがいくつか出現する。「大型グスク」といわれるものである。今帰仁城、座喜美城、中城城、勝連城、首里城などは今にその偉容を残していて、南島における歴史形成の力強さを垣間見ることができる。

浦添グスクは、今次の戦争で破壊されて昔日の面影を見ることはできないが、近年浦添グスクと、それに隣接する「浦添ようどれ」の発掘調査が行なわれたことで、その内容がある程度つかめるようになってきている。その結果、浦添グスクは正殿・御庭の構造だけでなく、王舅、貴族役人の住居、寺院、池などの施設を持ち、後に発展する首里城の原型をなすような内容を持ったものであるということがつかめてきているようである。他の大型グスクにも正殿・御庭の構造は見られることから、大型グスクの時代には浦添グスクを中心にある種の緩やかな政治的連合が形成さていたのではないかと推測されている。南島における国家形成についての大きなヒントが得られているのである。(2)

思紹・巴志の時代に、政治の中心は浦添グスクから首里城に移るのであるが、その年代については不明である。いまのところ、南島における国家成立については、正史（中山世鑑・中山世譜）の記述によって、一四二九年（永享一・宣徳四）尚巴志によって三山が統一され、琉球王国が成立したというのが普通の理解となっている。しかし、このところ正史についての文献批判や中国の史書との比較の研究が進んだことで、三山統一のことについては疑義が生じており、事実として確定することを保留するという意見が有力になっている。(3)

南島における国家形成については、先述した浦添グスク（中山）の成立や、尚泰久の政府機構整備と仏教保護政策、尚真による按司の首里集住・神女組織の確立、などが画期として論じられているが、確たる見解となっているわけではない。しかしたしかに国家は成立し、その歴史的展開がはじまったことは紛れもない事実である。

南島において独自に形成された国家の構造については高良倉吉氏の研究がある。高良は首里の国王から発給された人事の任命や得分授与の「辞令書」の分析から、伝統的な集団を表す「ヒキ」は、実は船による航海の集団を表すもので、その長官が「勢頭」であること、政府の行政は三つの番（丑日番・巳日番・酉日番）に編成されて行なわれていたことを明らかにしている。

「勢頭」は政府の行政官としては、「世あすたへ」と呼ばれるようになるが、これが後の三司官であるとしている。「勢頭」は船頭からきている語であり、琉球の政治体制は、実は船の航海体制を地上に移したものであると述べているが、これは驚くべき見解であり、国家形成のプロセスが非常に独特なものであったことを明らかにしたのである。(4)

南島における国家形成でさらに重要な問題として「王」の成立の問題がある。正史においては、王のことはさかのぼって記されているが、王の語は中国との関係が生じてからのものと思われる。『おもろさうし』においても「わう（王）」という語があるが、この語は「しょり」「大きみ」という語と一緒に使われることが多いので、冊封による王からきている語である可能性は大きい。おもろ語のなかで地域の有力者を表す語として「あち（按司）」という語がある。さらに「あちおそい」「あんしおそい」（按司添い）という語があり、「あんしおそいかなし」（按司添いかなし）という語がある。そして「よのぬしのあんしおそい」（世の主の按司添い）という語がある。

「よのぬし」には、「北谷の世の主」「越来の世の主」という言い方があり、もとは地域の有力者を指す語であるようである。尚泰久の神号は「大世の主」であるが、これは一段上の最有力者を指しているのであろうか。いずれにしても、これらの語がどのように関連づけられるかということは解明されていないので、歴史的な実態をとり出すことは難しい。

「よのぬし」という語は歴史史料にも出てくる。このことから「よのぬし」を地域の有力者から最有力者への変化を表す徴表として押さえることはできないだろうか。ただし歴史史料の「よのぬし」の最古の使用例は一四一四年（応永二一・永楽一二）の足利義持から思紹への書状であり、大型グスクの出現を国家の成立時期と想定すれば時間が経過しすぎているということはある。(5)

琉球国家の特徴

琉球の国家については、その成立のしかたからいくつか特徴的なことを指摘することができる。ひとつは、船の航海体制を地上に移したものであるとすれば、政治は慣習法的な形で行なわれていたのではないかということである。沖縄琉球では律令や式目などの国家の基本法に相当するようなものが生み出されておらず、社会編成の原理の存在についても明確ではない。このことは近世になり、薩摩藩統治下で、沖縄琉球国をどのように運営するかという問題に対して、向象賢とそれを継承した蔡温の政治に影を落としている。

向象賢は政治機構を改革するとともに、近世的身分制を確立するために系図座を設置している。蔡温は、「御教条」のなかで、御国元の下知に従って以後、政法・風俗が改まり目出度き世になったことを強調し、また、「独物語」では、御国元に年貢米を上納することは琉球にとって損のように見るが結局は大分の得になっていると述べている。琉球の近世的改革は、直接は薩摩藩の政治・経済の制度をモデルにして行なわれるのであるが、そこに貫徹している近世日本の身分制、石高制などの国家編成原理が、沖縄琉球社会に対して与えた影響について、深いところで肯定されていることを知ることができるのである(6)。

もうひとつは、土地に対する私有制が成立していないということである。日本本州を中心にした地域では、律令制成立の当初から「戸」による耕作が行なわれており、古代末期には荘園制（荘園公領制）が成立し、土地に対する私的支配が事実上進行してゆき、歴史の展開とともにそれが、より下の社会階層に移ってゆき、ついには本百姓といわれる土地に対して強い占有権を持つ農民が誕生するにいたるのである。武士の社会の進展、封建領主（大名）の成立は、これと連動した動きであった。

沖縄琉球では土地制度として地割制が行なわれていたのであるが、これは土地の共有制である。まず村による土地占有があり、その後村人がそれを分け持つ形の土地制度であった。このため個別農民の土地の私的占有とそれの継承ということは発生しない構造であったのである。したがって、本州地域に見られる土地支配と主従関係を契機とした封建社会への進化の契機を、沖縄琉球はまったく持たない社会構造であったのである[7]。

南島における国家形成とその後の歴史は、日本本州を中心にする国家形成とその後の歴史展開とは別に展開したのであり、時間軸は同じではないのである。

近代になって琉球藩・沖縄県が設置されたことで時間軸はひとつになったように見えるのであるが、本州を中心にした日本の他の県の設置とは異なった事情を含んでいることについては深く認識されるべきである。しかし、もっと古い時代を視野に入れてみると、沖縄は「原日本文化と称すべき文化複合の所有者」という見方もあり、民俗学研究者による、沖縄文化のなかに日本文化の古層が発掘され、沖縄は日本文化の古物博物館である、という言い方が行なわれていることもよく知られたことである。また地理空間的に隣接していることもあり、歴史展開のなかで日本本州部との頻繁な交流を行なってきていることも事実である[8]。

このようなことから、これまで沖縄琉球の歴史を日本史として意識することについては、同一平面では理解しにくい面を含んでいる部分があることも事実であるが、日本史自身を沖縄琉球を含んだ大きな日本史として、新しい枠組みを意識することが必要であったのである。そうすることで、それぞれの歴史は、自己を相対化して客観的に認識しようとするとき、重要な意味を持っているのであり、そのことは実際の歴史のなかで発見されていかなければならない課題であったのである。

たとえば対外関係において、中世から近世にかけての日本のアジア世界での位置は見えにくいのであるが、琉球国の歴史展開を見ることで東アジア世界の構造と中世・近世の日本が実に明確に見えることなどそのひとつである。本州を中心にする日本史研究の側での、沖縄琉球についての関心は、非常に不足している状態にあったといわなければならない[9]。

東アジアのなかの琉球国

琉球国は、大型グスク成立からまもなくして、一三七二年(応安五・文中一、洪武五)浦添グスクの察度が中国明朝に入貢し、次の武寧が中山王として冊封されたことで、以後、中国明王朝との間で朝貢・冊封関係が維持され続けるのである。朝貢・冊封関係のなかには、文化向上策としての明朝からの大型船の下賜も含まれていたのであり、このときから琉球国の海上活動は一気に拡大していくことになる。

尚泰久の政府機構整備・仏教保護政策も、尚真の集権体制の形成も、琉球国の海上活動による富の蓄積と経済的繁栄を背景にして行なわれているのである。琉球の船が、日本へ来航するようになった最初は、一四〇三年(応永一〇・永楽一)であるが、そのことで室町幕府との関係も頻繁になっていった。琉球は、明国を中心とする東アジア諸国の国際間のネットワークの上で存分に活躍し、国家の繁栄を得ていったのである[10]。

しかし、明王朝の衰退、および一五六七年(永禄一〇・隆慶一)に中国沿岸部の人々に開海禁して以後、彼らが東南アジア諸国、諸地域に直接出向くようになり、琉球国の海上活動はまったく衰退してゆき、琉球国の財政は極端に窮乏化することになる。

明王朝の衰退に見られる東アジア世界の歴史的転換は、日本列島における歴史の転換もその一部として含むものであった。日本列島ではこの時期、戦国時代から統一政権の成立の時期に当たっており、最終的には徳川家康の覇権が成立し、徳川幕府が成立するのであるが、この過程は、古代・中世的な荘園制を最終的に解体し、本百姓(小農民)を社会的な基礎とし、兵農分離、石高制を国家編成の原理としてもつ非常に強固な政権の成立過程であり、それまでと違う新しい国家が成立したのである。いわゆる日本近世国家(幕藩制国家)の成立である[11]。

この時期はまた、ヨーロッパ世界の拡大がはじまった時期でもあり、アジア世界にスペイン、ポルトガルが来航してきた時期でもある。スペインは、新大陸における銀採掘を背景に、アジアに大量の銀をもたらして、銀を媒介とする新しい取引の形態が東アジア世界で行なわれはじめたのである。この動きはこれまでの中国明王朝を中心に成り立っていた朝貢・冊封の秩序を前提とする進貢貿易とは異質なものであったのであり、産業革命後に激しい勢いで伝統社会を破壊していった資本主義世界経済の露払いの役目を果たしていったのであった。日本はこの動きに敏感に反応し、銀山の開発が著しく進み、政治的安定のもとで交通が発展し、都市と市場経済の大きな発展が見られるようになるのである。(12)

徳川政権は、秀吉政権の対外政策を受け継ぎ、その初期においては中国との間での勘合の復活を望んでいた。そのためのもっとも有力な手がかりとして選ばれたのが琉球を介しての復活交渉であった。交渉が具体的に動きはじめたのが一六〇四年(慶長九・万暦三二)の琉球船の仙台漂着事件からであるが、この後の交渉の実現の手だては薩摩藩に託され、島津家久が琉球に徳川家康の意向を実現させるために働きかけを強化する。

まず漂着船保護の御礼の使者を琉球に求めたのであるが、琉球はこれになかなか答えようとはしなかった。このため交渉はこじれ、ついには徳川家康の許可の下で薩摩藩の武力侵攻となり、尚寧を強制的に家康・秀忠に面会させるということに到る。この後、薩摩藩は中国との交渉に、琉球から使者として派遣された馬良弼(名護親方良豊)を利用し、日本の要求を三点にわたって伝えさせようとしたが成功せず、逆に中国王朝は警戒感を強め、琉球に対して一〇年間は進貢を受け付けない旨伝えてきたのである。島津家久が徳川家康の意向を受けて行なった日本と中国の関係回復の活動はまったくの失敗に帰したのであり、勘合の復活は実現しなかったばかりではなく、琉球の進貢も頓挫させてしまったのである。

しかし、他方で徳川政権は、琉球の仕置きを島津家久に任せる旨の黒印状を出しており、近世日本の国制のなかで沖縄琉球は島津氏の統治下に置かれ、その「附庸」という形になるのである。尚寧王は島津氏の家臣として位置づけられたのであり、このための施策として、島津氏は起請文を作成させ、諸法令を出して政治的な規制を行ない、そして検地を実施して琉球の石高を決定し知行高目録を出した。しかし、中国への進貢と冊封を受けることについては停止することなく継続を認めたので、尚寧は他方では中山王（琉球国王）であり続けたのである。

近世日本は琉球の仕置きを島津氏に任せたが、国制をはみ出し、薩摩や幕府の支配では包みきれないものをもつ領域を抱え込んでしまったのである。この点は漂着船の送還問題や、その後展開する琉球貿易に関係するとともに、幕末期の外国船来航による日本の開国問題が生ずるに及ぶと複雑な面を見せている(13)。

琉球国の日本への統合

薩摩藩の武力侵攻の後、琉球国は大きく変化していくことになる。

一六六六年（寛文六・康熙五）向象賢（羽地王子朝秀）が国相に任命され、まず政治の中枢部分として評定所機構を構築した。これは王の下に、摂政と三司官からなる評定所（上御座）と、政府機構の各部局の長官と次官からなる「十五人」（下御座）を設けるものであった。評定所機構は審議、決済、伝達を確実に行なうために筆者の制度（書記局）も充実させた。琉球における文書行政が行政の隅々に行き渡るようになったのはこのときからである(14)。

しかしなんといっても大きな変化は、琉球の石高が設定されたことである。慶長一四年から一五年にかけて沖縄島から先島諸島に到る検地が実施され、一六一一年（慶長一六・万暦三九）九月一〇日に「琉球国知行高目録」が島津家久から尚寧に示されたのである。石高は八万九〇〇〇石余で、五万石は王位蔵入れ、他は諸士知行とされた。このときから石高にもとづいて薩摩への上納（本出米・諸出米）が行なわれるようになったのである。

石高の設定は、上納もさることながら、琉球国政府の財政も石高に即した形に編成され直されることも含んでいた。このため農民からの貢租も、計算上は石高で行なわれるように改変させていったのである。古来の税制から新しい石高による税制に改変されるには、実現には多くの困難があったであろうが、その詳細を明らかにするには史料は極端に少ない。できあがった制度から逆に改変を見てみると、新旧の徴税を繋ぐ方法として「代《だい》」による徴税の方法が用いられたことを知ることができる。「代」とは税率のことであるが、これをそれぞれの耕地によって上げ下げすることで従来の税額を踏襲した額の徴収が行なえるようにしたのである。

このような徴税の仕方を「代懸かり」(だいがかり)という。先島においても、最初は「代懸かり」が行なわれたのであるが、一六三六年(寛永一三・崇禎九)にキリシタン禁制の人数改が行なわれた後からは人間に対する課税に変えられたのである。このような課税は「頭懸かり」(かしらがかり・ずがかり)と呼ばれた。人頭税である。石高設定により沖縄では「代懸かり」と「頭懸かり」の二通りの税制が行なわれるようになったのである(15)。

琉球と薩摩を結ぶ情報交換のネットワークが作り上げられ、日常的な関係が強く維持されるようになったことも大きな変化である。那覇に薩摩藩の出先である在番奉行が置かれて内政・外交にわたる諸問題について絶えず監視していたのであり、鹿児島には琉球の出先として琉球仮屋(琉球館)が置かれ、在番親方が常駐して進貢・冊封についての報告や、琉球使節の江戸参府についての指示を受けたり伺いを立てたりし、諸調整を行なっていたのである。琉球館は、近世中期以後になると琉球貿易によって買い入れた中国産品の販売と諸商品の仕入れや、黒糖販売による銀の調達の機能を強め、王府財政にとって重要な位置を占めるようになる。

近世中期以後展開する琉球貿易での支払い手段は日本銀(丁銀)であったのであるが、その総額は一六八七年(貞享四・康熙二六)長崎貿易の総量規制のために行なわれた「御定高制」によって、進貢時八〇四貫、接貢時四〇二貫とされた。この額は、その後正徳期の丁銀の改鋳を期として六〇四貫、三〇二貫に変更され、近世末まで維持された。薩摩と琉球はこの総額を折半して使用した。琉球は丁銀の入手に際し、最初は薩摩藩の調達に頼っていたが、後には「用聞」などを介して、上方市場から直接入手するようにもなっていったようである。これを「才覚銀」と称していた。

近世後期になると薩摩藩の天保改革と関連して、蝦夷地の海産物が大量に琉球に渡され、中国市場で売りさばかれるようになっている。そして、その見返りとして多くの薬種が輸入されて日本市場で問題となるまでになっている。このように近世の琉球貿易は、国際政治の安定にともない拡大していったが、それとともに琉球は日本市場との一体化を強めていったのである。[16]

明治維新によって徳川幕府を中心にする近世日本国家は崩壊するのであるが、薩摩藩の附庸と位置づけられていた琉球国の形も大きく変わらざるを得なくなってきた。しかし、維新当時、中国清王朝はなお存在していたのであるから、薩摩藩の附庸であるとともに中国清朝への進貢・冊封を国政の柱としていた琉球国は、その進路について深刻な迷いを経験することになったのである。そして、その迷いは解決されることなく日本政府の政治的な強行によって一八七二年（明治五・同治一一）琉球藩、ついで一八七九年（明治一二・光緒五）沖縄県の設置に到るのである。

このような政治的な強行と、琉球国の解体ということは同じではない。琉球国を支えていた旧社会制度は置県後も依然として継続したのであり、日本政府にとって、旧社会の改革が次の課題となったのである。しかし沖縄社会の実態は、日本本州を中心にする地域とまったく違ったものであったのであり、本州人を中心にした沖縄県政は、最初のうちは改革の実績を上げることはできなかったのである。改革は「旧慣存置」ということで先送りされていった。

旧琉球国のもっとも奥深い要因をなしていた地方制度、土地制度、税制の改革が実現されるのは、明治の二〇年代から三〇年代にかけての時期（一九世紀末・二〇世紀初め）である。間切制に代わり、区制・郡制が施行され、土地整理により共有制は廃止され土地の所有権が認められ、地租の負担が明確にされたのである。[17]

1　南島における国家形成

一　先史文化

人類の出現は地質学の区分で言う更新世（洪積世）の時代とされる。この時代は氷河期と間氷期が繰り返し起こり陸地の形も複雑に変わっていたのである。琉球列島に人が住みはじめたのは、最後の氷期である第四氷期にあたる時期で、旧石器時代の化石人骨として「港川人」が知られている。約三万年前は琉球列島は大陸と地続きで、陸橋の形をなしていて、港川人は一万八〇〇〇年前に南アジアから渡ってきたと考えられている。[1]

今から約一万年前に氷河期は終わり、新しい地球環境が生まれる。完新世（沖積世）と呼ばれる時代であるが、この時期に日本列島では縄文文化が生まれ、これが日本文化の直接の起源になる。

沖縄・奄美地域でも新しい動きがはじまったことが考えられるが、南島ではいまのところ六四〇〇年前の曾畑式土器の製作が最も古いとされている。この時期の沖縄・奄美地域での新しい動きは、温暖化によるサンゴ礁地帯が形成され、貝をめぐる文化が成立したことである。「貝塚文化」（貝塚時代・貝塚人）と称されている。[2] 貝塚時代はグスクが形成される一一世紀まで続くのであるが、日本列島の縄文時代に対応する時期を前期貝塚時代、弥生時代に対応する時代以後を後期貝塚時代と区分している。前期貝塚時代は採集経済であるが、後期貝塚時代になるとゴホウラ・イモガイ・ヤコウガイなどの貝を腕輪・貝匙に加工し、日本・中国・朝鮮と盛んに交易するようになっていったようである。このためこの時代を「交易社会」と規定する見解も示されている(3)。

貝塚時代後期には沖縄・奄美では内海である礁湖を中心にして、その周りで人々の生活が行なわれるようになり、いくつかの集落では協力的関係も形成されていったようである。この時代にゴホウラやイモガイなどの大型の巻貝が交易品として周辺の地域に運ばれるようになった。朝鮮や中国にも運ばれたが、何といっても日本列島に新しく展開した弥生文化を担った人々（弥生人）に、霊力、権力を示す腕輪として使用されるようになったことが大きい。日本、とくに北九州では弥生時代には甕棺墓がつくられ、首長や司祭など支配者的な人の出現が見られるのであるが、彼らの霊力や権力を示すものとして貝の腕輪が用いられたのである。

ゴホウラ、イモガイの腕輪は、古墳時代になると青銅器に権力の象徴性が移っていったことで衰退したのであるが、その霊力への信仰は継続していて、貝の腕輪を模した碧玉製のものが鍬形石という名称で知られている。

七世紀頃からゴホウラ、イモガイに代わる貝として、ヤコウガイが採集加工されるようになる。ヤコウガイも大型の巻貝で、虹色の真珠層を持っており、これが螺鈿細工の工芸品の材料や、酒杯として「貝匙」に加工されて使われるようになったのである。螺鈿細工はこの時期に中国・朝鮮・日本で大きく発展したのであるが、今に多くの美術工芸品、建築装飾として伝えられている。一二世紀建立の奥州中尊寺の金色堂の装飾も、南島のヤコウガイが使われているとされている。

久米島で発掘された大原ヤコウガイ加工遺跡は、ヤコウガイを螺鈿素材や貝匙に加工する一大工房であったようであり、大規模な遺跡であるという。ヤコウガイはこの土地だけではなく、広く久米島全体から集められていたのであり、ゴホウラ・イモガイの集積の仕方に比べると大規模化しているという。

ヤコウガイの採集加工は奄美でも大規模に行なわれていたのであり、その遺跡がいくつも知られている。これらの遺跡では奄美の在地式土器である兼久式土器が併出しており、在地の人々の生活とかかわって行なわれていたことが分かるという(4)。

一一世紀には沖縄・奄美地域に石鍋とカムィヤキが入ってくる。石鍋は滑石で作った鍋で、長崎西彼杵半島で作られていたものである。非常に価値のあるものと考えられていたようで、実用の道具というより何か象徴的な意味をもつものと考えられていた。カムィヤキは徳之島で生産されたものであるが、同島では百基に及ぶ古窯跡が知られている(5)。

先島地域の先史文化は、沖縄・奄美地域とはまったく違う南アジア系の文化であるところから「先島先史文化」(先島先史時代)として区別されている。前期においては下田原式土器、局部磨製石斧などが知られ、後期には無土器・石蒸し調理・シャコガイ製石斧などの文化が見られるという。インドネシア、フィリピン、ポリネシアなどの文化につながる文化であるとされる。先島先史文化は貝塚文化より少し遅く、今から四〇〇〇年前頃にはじまっているとされる。一一世紀になると、この地域にも沖縄・奄美地域の交易社会の波が押し寄せてきて、カムィヤキや石鍋模倣土器がみられるようになり、先島先史文化はやがてグスク文化に吸収されていったと考えられている(6)。

グスク文化は、グスクと呼ばれる建造物が出現することが最大の特徴であるが、それと同時に、人間の骨格が大きくなり日本本州人とあまり変わらなくなったということや、爆発的な人口増があったという特徴が指摘されている。鉄器の製造や農業がはじまったことも大きな特徴である。貝塚時代からグスク時代への変化は、南島における大きな歴史的転換であったのであり、国家形成につながる動きとして重要な意味を持っているのである。

ヤコウガイ交易が行なわれていた七世から一一世紀にかけて日本列島内や中国・朝鮮においては大きな歴史的な変化が起こりはじめていた。日本では古代国家が衰退し、地方の有力者が土地を開発し、それを貴族寺社に寄進するいわゆる寄進地系荘園が成立しはじめていた。対外的にも唐の衰退とともに遣唐使は廃止され、私的な交易に代わっていった。中国においては唐末の混乱ののち九六〇年（天徳四・建隆一）宋王朝ができ、アジア一帯から中東地域まで含む新しい交易活動が広がっていった。隔壁構造を持つ大型船であるジャンクが海の交易活動を支えていたのである。一二世紀に全盛を誇るようになる平氏政権は、宋船の導入に力を入れ、中国の高級織物や宋銭を輸入し経済的基盤の強化に努めたことはよく知られている。朝鮮では九一八年（延喜一八・天授一）に王建が新羅を倒して高麗王朝を建国した。

このようなアジア世界の歴史的な転換を背景にして、沖縄・奄美の地域でも社会的な変化が起こっていた。前代の後期貝塚文化のヤコウガイ交易、石鍋、カムィヤキの交易に見られるような活発な交易活動によって、南島人の骨格が大きくなるほどの人々の流入があり、鉄器の加工、農業の開始によって社会変化の基礎は出来てきていたのである。

二　グスク

社会変化を最もよくあらわすのが「グスク」の建造である。グスクは石積みの建造物であるが、これが一一世紀を期に沖縄・奄美地域に作られるようになるのである。初期のものは小規模で、地域的にまとまって作られるのが特徴であったようである。(1)

今帰仁城跡

ところでグスクとはいったい何であろうか。仲松弥秀氏は、いち早く、先祖をまつる聖地施設であると述べている[2]。最近奄美の発掘調査を進めた高梨修氏も、先祖の埋葬地であり聖地として作られたものであるとしている[3]。吉成直樹氏は農耕と結びついていて祈雨の施設の性格を持っていたのではないかと言っている[4]。安里進氏は、グスクは奄美大島から八重山まで三〇〇から四〇〇も分布しており、その規模・構造・機能は多種多様であるが、城塞・倉庫・聖域などの機能を持っていたと整理している。結局、グスクについての定まった見解はまだ成立していないというのが実情のようである。しかし最近安里進は、グスクの出現は、南島地域を先史時代から国家成立の歴史時代へ導く極めて政治的意味合いの強いものであるという観点から、グスクの構造に着目して、グスクには舎殿（正殿）と御庭《うなー》が共通して作られているということを発見するに至っている[5]。

さて、一三世紀なると初期のグスクとは格段に違った「大型グスク」が出現する。大型グスクとは、「具体的には面積がおおむね二〇〇〇平方メートル以上で、複数の郭から構成され、その中核的施設としては、正殿と御庭という大型建物と、これに相対する広場があり、その他に聖域や倉庫などを備えた、内部構造的に定型化した城塞的グスクである」(6)と規定されている。グスクは大規模な城塞に発展したのである。このような大型グスクは、今帰仁グスク(7)、座喜味グスク、勝連グスク、首里城など、今にその威容を見ることができる。

大型グスクの出現は、南島における国家成立の過程を進行形で示しているという見方が行なわれるようになっているのであるが、その成立にはどのような契機があったのであろうか。安里進はこの点について、大型グスクは小さな城塞的グスクから「徐々に発達してきたと考えられる」としている。大型グスクの持っている政治的な要素は、すでに小グスクの中にあったことを見出しているのであり、大型グスクはあくまで南島社会の内的な発展の上に出現したものであるという理解を示しているのである(8)。

これに対して最近吉成直樹氏は大型グスクは小型のグスクから発展したものではなく、北からの侵入者である倭寇勢力と関連したものであるという大胆な議論を提示している(9)。吉成の議論のもとになっているのは奄美における発掘の新展開であり、沖縄島より一足早く「喜界島・奄美勢力」と命名された政治勢力が喜界島・奄美北部に形成されるが、これらの勢力は九州北部・壱岐・対馬と関連していて朝鮮人も加わった勢力であり、倭寇として知られた人々であるとしている。琉球王統の尚徳、尚円は倭寇であり、「おもろとその周辺の史料を読む限り、内間を拠点にして金丸が今帰仁の倭寇勢力を背景におきつつ王権を奪取した」としている。大型グスクと国家成立を外的要因によるとする見方である。しかし、吉成の見解は、多くの可能性をいくつも並列して挙げているのであるが、史実として確定されにくい。また、国家成立とその後の歴史展開についての想定がない。国家成立とはすべての人々が結びつくことでもあるが、在地勢力との関係が視野になく、拠点的な国家形成論として意識されているようである。安里の小型グスクから「徐々に発達した」という見方は、グスクの持っている政治的な意味と国家成立の解明ということを内包しているのであり、注目に値するものである。

三　大型グスクと初期国家

この二、三〇年の間の南島考古学の研究の進展には目を見張るものがある。先述の貝塚文化と交易社会の発見や、奄美の調査の進展などがそのことを示しているのであるが、さらにこれが本州を中心とする地域の先史文化である縄文・弥生文化との関係が深いことを示す成果が示されるようになったことから、南島の先史時代の編年が大幅に見直されはじめている。安里進氏によってまとめられた時代区分図が図1である。

図1　南島先史時代・グスク時代の編年

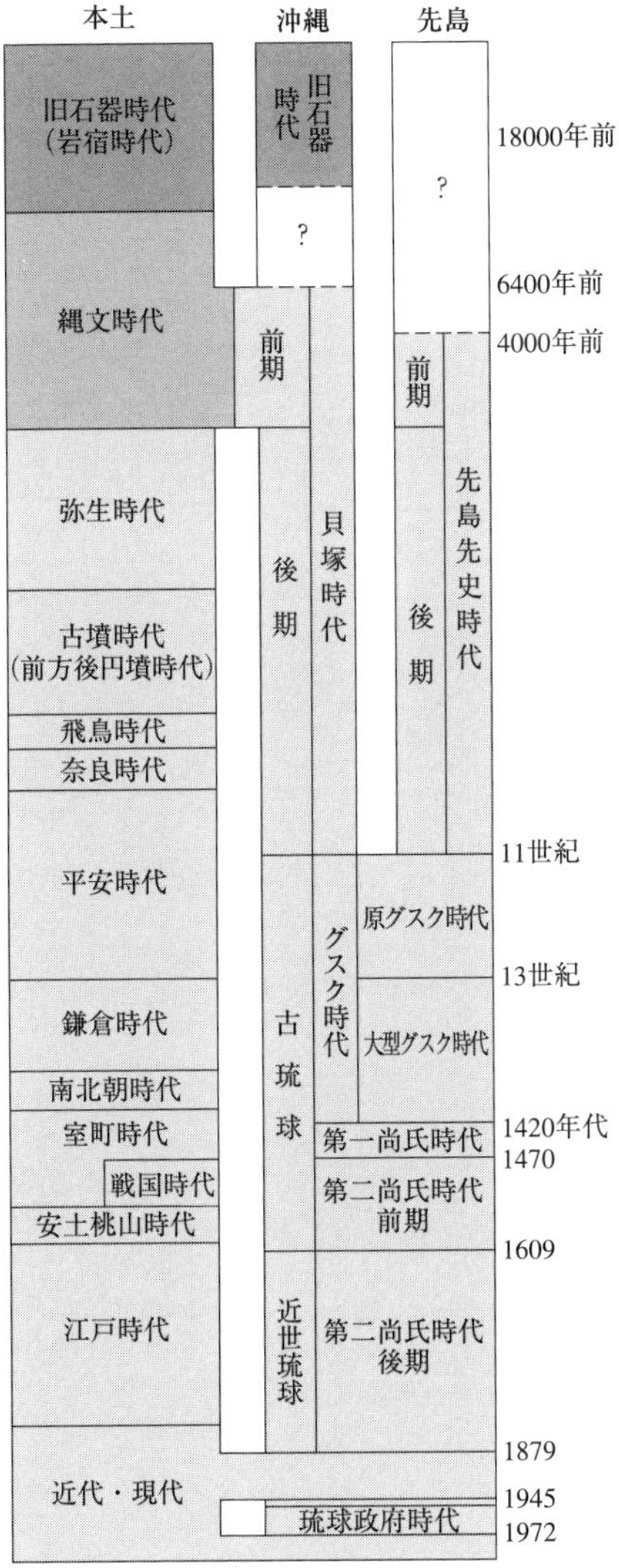

出所：安里進ほか著『沖縄県の歴史』（山川出版社，2004年）17頁（安里進作成）。

貝塚時代を縄文期に対応する前期と弥生文化に対応する後期、さらに図では明示されていないが、古墳期から平安時代の時期は続弥生時代という区分になろうと言っている。(1)

新しい区分で最も注目されるのがグスク時代の区分である。グスク成立の一一世紀から大型グスクの成立までを「原グスク時代」とし、それ以後を「大型グスク時代」としている。原グスク時代は、以前は「生産経済時代」と規定されていたのであるが、これは大型グスクを生み出す経済的な基礎がこの時代に作られたという考えからの規定であった。(2) 大型グスクは突如として生まれたのではなく、初期の小型のグスクにその原型が見られることから、その連続性を示す語として「原グスク」という語がつかわれているのである。

原型とは「舎殿と御庭」の存在である。グスク成立の重要な意義は政治社会の出現であるとし、そのもっとも本質的な部分は「舎殿・御庭」であるとしている。

この形の完成されたものとしては、たとえば首里城では「正殿・御庭（ウナー）」の構成となっている。国家儀礼が行なわれる空間である。

グスク時代の新しい区分は、実はこのような政治社会の出現と、国家形成についての筋道を付ける過程で考えられたことであることは明らかである。そしてその契機となったのが浦添市教育委員会が行なった「浦添グスク」「浦添ようどれ」の発掘調査である。(3)

浦添ようどれは、『球陽』には英祖が一二六一年（弘長一・景定二）に築いた墓であると記されている。浦添グスクの北側にある高い石壁に掘られた横穴式の巨陵で、ここには薩摩侵攻のときの王位であった尚寧の墓も掘られている。発掘の結果、初期ようどれからは多くの高麗系瓦が見つかり、鍍金金具で飾られた漆塗りの木棺が安置されていたことも明らかになり、また鉄器の精錬や、銅の鋳造・鍍金を行なった金属工房跡も確認されたという。そしてこれらの研究から、この遺跡は一三世紀後半の遺跡で、英祖の代と一致することが確認できるとされているの

図2　首里城の正殿と御庭

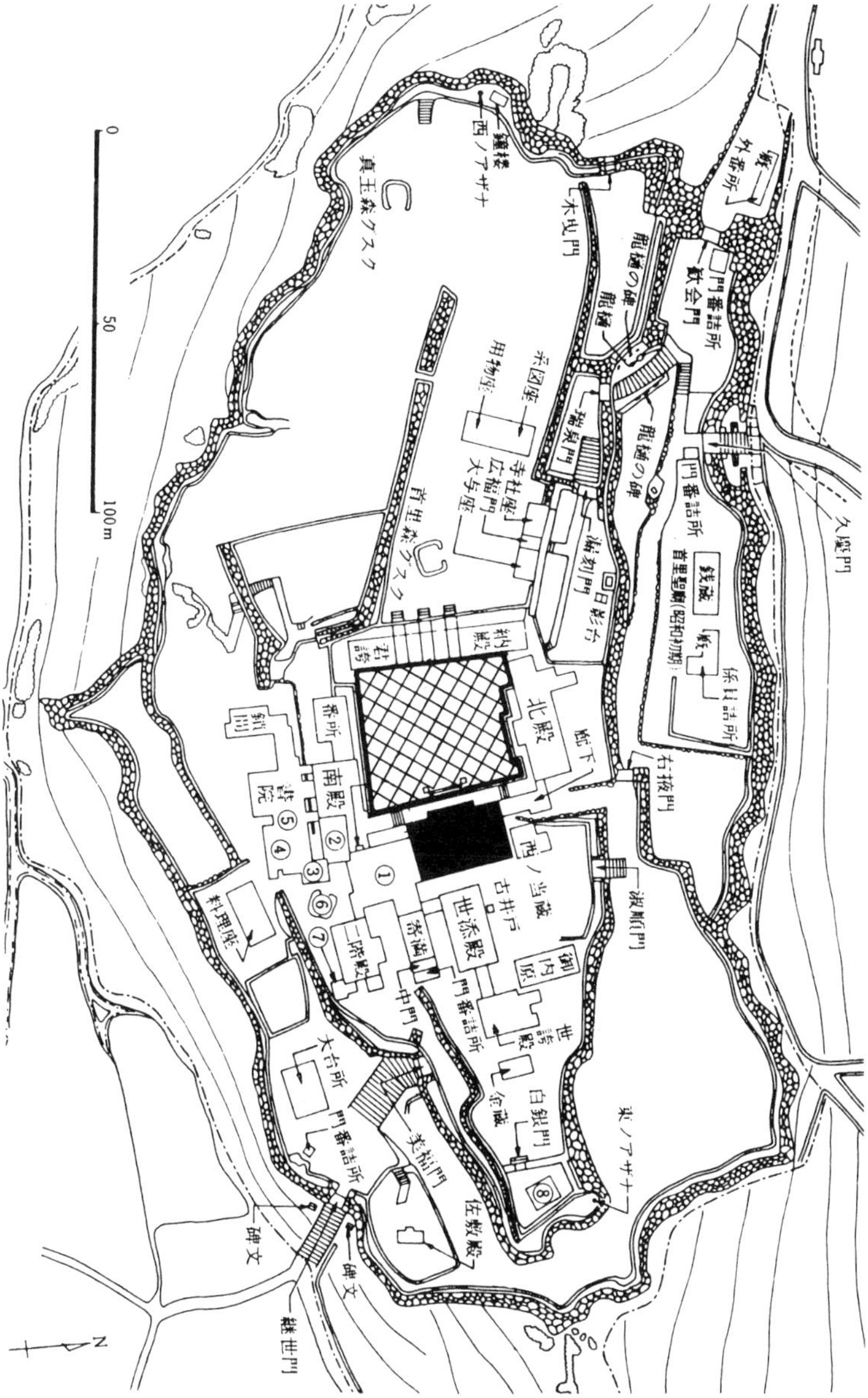

注：首里グスクの正殿（黒塗り）と御庭（斜格子）。原図は『首里城歓会門復元工事報告書』掲載図を一部改変。
出所：安里進『考古学からみた琉球史』上（ひるぎ社，1990年）103頁。

である。正史では、英祖は舜天王統に次ぐ、英祖王統の最初の王とされ、中国への進貢をはじめた察度王統より前の王である。正史の王統で、実在が確認できる最初の王とされているのである。浦添グスクは、その始まりは不明で、舜天の居城であったという言い伝えもあるというが、一三世紀後半には英祖の居城であったことは確実のようである。

さて、この浦添グスクであるが、石積城郭の外側にも郭があり、さらに柵列のある堀がめぐらされていたという。堀で囲まれていたグスクの面積は四万平方メートルを超えるという。首里城は二万六〇〇〇平方メートルであるから、浦添グスクは抜きんでた大型グスクであったことが分かってきたのである。浦添グスクは正殿・御庭の構造を持っていることは言うまでもないが、正殿は高麗系の瓦ぶきの屋根であったという。そしてさらに注目すべきこととして、有力者の屋敷跡、集落跡、池、寺院跡、王陵等、後に首里城の構成の原形と考えられる都城の構成が見られるということである。(4)

これらの事実の発見は衝撃的なことであり、安里進は伊波普猷以来の琉球王国形成論の見直しを迫られているといっている。そして一歩進めて、大型グスクは正殿・御庭の構造を共通して持っているが、これは偶然の結果とは考えにくく、大型グスクの主である「あち」「てだ」「よのぬし」「寨官」と呼ばれている人たちが、浦添グスクを中心にして連合体制を成立させていたのではないかと述べている。この連合体制を安里は「初期中山王国」としている。(5)

大型グスクの分布は沖縄諸島全域に及んでいるところから、初期中山王国の領域は沖縄諸島全域ということになるとしている。いまのところ、この連合体制がどのようなものだったのか、また各グスクはどのような内容を持っていたのか十分に明らかにされてはいないが、今後このような新しい観点から研究されることで解明が期待される。

ところで、『中山世譜』では英祖王統の四代の玉城王のとき、王は酒色にふけり政務を怠ったことから、諸按司は朝参しなくなり国は分かれて三となるとしている。玉城王は一三一四年（正和三・延祐一）に即位しているから、この頃いわゆる三山時代に入ったということになろう。「初期中山王国」は一三世紀のことであるから「中山」は未成立のはずであり、また冊封もされていないので「王国」でもないはずである。これらのことから、これを単に初期国家とするほうが妥当なようであるが、どうであろうか。

一三世紀に南島に初期国家が成立したということになると、三山時代についても再考しなければならないことが出てくる。正史では英祖王統の玉城王政権が分裂して三つになったとしているのであるが、最近の歴史研究者の多くは、山南（南山）、中山、山北（北山）の三山は、それぞれ独自に成長してきた小国家であり、これらが中山に統合されてひとつの琉球王国（尚巴志が統一したとき、王はすでに封王であった）が成立したという理解を示してきている。安里自身も以前の論文ではそのような見解を示しているのであるが、二〇〇三年の論文では「海外交易の発展による寨官の勢力増大を背景に、一四世紀世紀に入ると山南と山北が中山から分立することで三山時代に入って行った」としている。初期国家体制下の寨官たちは、海外交易を活発化させたことで、中心の浦添グスクから分離し独自の活動をするようになったという理解である。

海外活動は、一三七二年（応安五・文中一、洪武五）に察度が明皇帝の招諭に応えて使節を遣わして以来進貢がはじまるのであるが、察度は浦添グスクを拠点にしていたはずである。『明実録』[6]にはこれに次いで一三八〇年（康暦二・天授六、洪武一三）山南王承察度が遣使し、さらに一三八三年（永徳三・弘和三、洪武一六）には「時琉球国、三王争雄長、相攻撃」ということが明国に伝わったことから、皇帝は中山王察度に勅を出し、山南王承察度と山北王帕尼芝の二王には「息兵養民」を諭している。帕尼芝はこの年の暮れに最初の遣使をしている。明朝においては察度と他の二王は扱いが同じではなく、明らかに察度が重く扱われている。また、察度は最初の遣使のときから「中山王（琉球国中山王）」と記されている。察度が入貢したときにはすでに琉球国では別の政治勢力があり、察度の政治勢力は「中山」として他と区別されていたことになろう。

このように考えると、正史の伝える玉城王代に三つに別れたとする記事を改めて思い返してみる必要がある。琉球初期国家は、一四世紀の初めに二つの政治勢力が分派として中央勢力に対峙するようになっていた。明朝からの招諭の使者は当然中央勢力のところに入り、中央勢力がまず遣使したのであろう。他の二つの勢力はそれを追って遣使するようになったのであろう。海外との交易は、正式な外交関係のもとで行なわれるものと私的なものとでは、その規模が違うと考えられるが、二つの政治勢力が交易で経済力を強めていったのは正式の外交関係が成立してからではないか。だとすると、中央勢力からの分立はそれ以前のことであるから分立の主な理由は別に考えられなければならない。やはり政治的な理由で、中央勢力の何らかの統治力の衰えがあったのであろうか。

「安国山樹華木之記」碑（一四二七年、尚巴志六）に「琉球国為国分三、中山都其中焉」という記事がある。[7] この碑文は三山時代の唯一の記事であるが、中山が中心であると明記している。これは初期国家の実態を示していると見てよいのではなかろうか。

初期国家の政権中枢は、のちに浦添グスクから首里城に移っているのであるが、その時期についても、理由、経過などについても不明である。「安国山樹華木之記」は首里城の外に山を築き、池を掘ったことを記念して建てられた碑であるから、このときには政権は首里城に移っていたと考えられる。巴志は一四二五年（応永三二・洪熙一）に中山王として冊封されているが、このときは首里城で儀式は行なわれたのであろう。正史ではその前後に巴志が北山王、山南王を滅ぼしたとしている。初期国家から、再度統一された本格的琉球国家の時代に踏み出していくのである。

四　三山時代

三山時代とは、沖縄島の北部に山北王、中部に中山王、南部に山南王が並び立っていたとされる時代であり、正史の記事に依れば三山の勢力範囲は次のように記されている(1)。

山南王（大里按司）　兼城　真壁　喜屋武　摩文仁　東風平　豊見城　具志頭　玉城　知念　佐敷　東大里

山北王（今帰仁按司）　羽地　名護　国頭　金武　伊江　伊平屋

中山王　那覇　泊　真和志　南風原　西原　浦添　北谷　中城　越来　読谷山　勝連　具志川

正史は近世になって編纂されたものであるので、近世の行政区分意識が反映さているかもしれない。

中山王の中心は浦添グスクであり、山北王の中心は今帰仁グスクである。山南の中心は島尻大里グスクであるとされるが、山南には島添大里グスクもあり、その実態については未解明な所もある。

三山時代にそれぞれのグスクは、どのような内容を持っていたのかについては文献はなく、発掘の結果に頼るしかない。浦添グスクは、王城としての内容を持っていたことについては先述したとおりである。島尻大里グスクについては、近代になってからの破壊があり、明らかでない。今帰仁グスクについては一九八三年（昭和五八）から数次にわたって継続調査が行なわれており、内容が報告されている(2)。それによれば、主郭部分の発掘では、中国製陶磁器の出土が圧倒的に多いが、タイ、ベトナム、朝鮮などの陶磁器も見つかっているという。鉄製品としては鉄鏃と刀子などがあり、銭貨も多く見つかっている。

　これらの調査から今帰仁グスクの築造は一三世紀にはじまっているとしている。他の大型グスクと同じ時期に成立していることが分かる。中国製陶磁器は一四世紀から一五世紀前半のものが多いということであるが、これは一三八三年（永徳三・弘和三、洪武一六）帕尼芝の進貢から一四一五年（応永二二・永楽一三）の攀安知の最後の進貢の間に一八回の進貢があったとする『明実録』の記事と符合することであるとしている。興味深いことは第一次調査で発掘された「志慶真《しげま》門郭《じょうかく》」からは鉄鏃の出土が多く、刀子などもでていることから、この郭内には「武装集団の住居が想定される」としている点である。三山時代は『明実録』に依れば「三王争雄長、相攻撃」（洪武一六年）とあるが、武力によるあらそいがあったことを裏付けているといえよう。

　三山時代とされる期間は、正史では一三一四年（正和三・延祐一）の玉城王代の分裂から一四二九年（永享一・宣徳四）尚巴志による統一までである。しかし、三山時代についてはその始まりと終焉の時期両方について疑問が投げかけられているのであり、従来の通説を祖述することが難しい状況になってきている。

　まず始まりの時期についてであるが、これまで多くの沖縄・琉球史の記述では、三山時代の始まりについて、二通りの叙述が行なわれている。

　ひとつは正史の記事によるもので、英祖王統の四代目の玉城王のとき「国が分かれて三となる」とするものである。玉城王は政治をないがしろにしたので諸按司は朝参しなくなり、ついには分裂し、それぞれ中山王、山南王、山北王を唱えるようになったというのである。この記述では分裂する前提として、すでにひとつの政権ができていたということがなければならない。

　もうひとつは、沖縄島内に先史時代を経て地域的な政治勢力が形成され、やがて今帰仁グスクを拠点にする山北、浦添グスクを拠点にする中山、大里グスク（島尻・島添）を拠点にする山南が成立し、それぞれが王を称するようになったというものである。最近の歴史研究者はだいたいがこの説を述べていて、ある研究者は正史の記事は誤りであると書いている。(3)この説では三山時代の始まりについては特定されない。また、国家は形成されておらず、国家形成に至る過渡期としての小国家の段階と意識されているようである。それゆえ尚巴志が三山を統一したことが国家成立の時期として位置づけられるのである。

ところが、近年考古学の発掘調査が進展したことで、国家形成と三山時代についての見方が劇的に変わる可能性が出てきている。前節で述べた浦添グスクの調査がその契機になっているのであり、一三世紀に浦添グスクを中心にする「初期中山王国」が成立したとすることで、山南、山北はこれから分立していったことになるとするものである。一見物語的に見られていた正史の記述が、にわかに信憑性をもって見られるようになってきたのであるが、この点については前節で述べたとおりである。(4)

また、統一の時期についても、『明実録』に山南国の進貢が一四二九年(永享一・宣徳四)一〇月に行なわれたことを記していることから、『中山世譜』では、この年まで山南は存在したとし、この後山南王他魯毎を中山王巴志が滅ぼし、「これにより琉球一統に復帰す」としているのであるが、これは蔡温が『明実録』を見たことによる作為が見られるとされることがある。和田久徳は独自に山南王の滅亡は一四〇三年(応永一〇・永楽一)であり、山北王の滅亡は一四二二年(応永二九・永楽二〇)であるという説を出している。(5)このようなことから最近の『沖縄県の歴史』(山川出版社、二〇〇四年)においては「三山の統一過程、達成時期を含め、事実関係はいまだ確定にいたっておらず、多くの検討課題が残されているのである」(6)としている。

五　察度による進貢の開始と国政の二重構造化

浦添グスクを中心にする初期国家では、英祖王統四代目の玉城王の時三山に分かれ、次の西威王の代には母后の政治介入があり、賢知の人は山林に隠れてしまった。このとき人々の気持ちは浦添按司察度に帰し、西威王の世子を廃して察度を王とした。察度が即位したのは一三五〇年（観応一・正平五、至正一〇）とされる。察度の代のとき、中国ではモンゴル族の元に代わって一三六八年（応安一・正平二三、洪武一）漢民族の明が建国される。明皇帝は建国を知らせるため、周辺諸国に使者を送った。

翌年一三六九年（応安二・正平二四、洪武二）には、日本に使者楊載が遣わされ、寇盗の停止を求めた。日本は当時南北朝時代で、九州にいた南朝の懐良親王がこれを受けたが命を奉じなかった。このため中国は再度使者を遣わしたので、日本もこれに対する返礼の使者を送った。しかし明廷では形式にあっていないとしてこれを退けた。そして寇盗も止まなかった。このため明皇帝は日本を征服する意を示した。これに対して良懐（懐良）は上書して次のように述べたことが『明史』に出ている。「我が国は編小の国ではあるが知足の心を持っている。陛下が精鋭の師を起し臣境を侵せば山海の洲に備えがある。決して跪途することはない」。これをみて皇帝は蒙古の轍に鑑み出兵を中止した。(1)

琉球に使者揚載がきたのは一三七二年（応安五・文中一、洪武五）である。浦添グスクでこれを迎えた察度は、揚載の帰国に際して弟の泰期を遣わし明廷に入貢している。琉球の中国との関係はこのときからはじまったのである。

正史によれば、察度の母親は天上から舞い降りた天女であるとされているので、まだ半分は伝説のなかにあるのであるが、沖縄・琉球の歴史が文献のうえで確定できるようになるのはこの頃からであり、国家形成とともに、歴史時代に入ったとすべき時期でもある。察度は朝貢するようになったことで、皇帝から冠帯を受けるが、冊封はされていない。次の武寧のときにはじめて冊封され、ここに琉球国中山王が誕生したのである。

冊封とは、皇帝が中国の政治官僚を任命する行為のことであり、もともとは木の冊に皇帝の言葉が書かれ下賜された所からこの名称がある。したがって、冊封は中国の内側の仕組みである。しかし周囲の諸藩王にもこれが拡げられたのである。

冊封の思想は、天命をうけた皇帝の治天下は、内外を区別せず、一視同仁（差別なくすべてのものを平等に愛する）、遠邇無有（遠い近いにかかわりなく）、ということで、どこまでも広がっていく性質を持っていた。冊封は中国の官僚機構の仕組みであったので、周辺の藩王の冊封についても厳密な内容を持っていた。先王が亡くなると、中国に訃が告げられ、世子の冊封を求める請封が行なわれるのであるが、世子は正統な継承者であることの証明が求められる。その後皇帝から冊封の意を告げる勅使（冠船）が遣わされ、先王の諭祭を行ない、世子を王に任命する皇帝の詔書が告げられるのである。進貢の際には「奉表貢方物」というように、「表」（表文）を皇帝に奉ずることが必須の要件であるが、冊封についてはさらに複雑な手続きが必要だったのである(2)。

このような高度な政治機構に対して、琉球初期国家が参入する場合、それに習熟した人の知識と技術は欠かせないものである。中国の進貢・冊封では、そのような事態に対処するために中国人が派遣されているのである。琉球にももちろんそのような中国人が派遣されたが、朝貢・冊封下にある東南アジア各地においても同様なことが見られたのである。

琉球初期国家において、そのような役割を果たす中国人として最初に出てくるのが亜蘭匏なる人物である。亜蘭匏が琉球国中山王察度（冊封はされていないが、察度もこのように記されている）の「臣」として『明実録』に登場するのは一三八二年（永徳二・弘和二、洪武一五）が最初である。[3] 亜蘭匏の遣使の最後は一三九八年（応永五・洪武三一）であるがこの間九回にわたって使者を務めている。亜蘭匏に次いで王茂、程復、懐機が思紹・尚巴志の使者として活動しているが、いずれも中国人である。亜蘭匏のことについて、一三九四年（応永一・洪武二七）察度は明朝に対して、亜蘭匏は国の重事を掌しているので「品秩」を昇進させ冠帯を賜ることを希望している。これに対して明朝は、亜蘭匏に「琉球国王相」「正五品」の「秩」（位階）と公服一襲を与えている。[4] 亜蘭匏は琉球国内に琉球国王相という地位と、正五品の位階を明朝皇帝から授けられたのである。

中国の機構では、王相は王相府の官職である。王相府というのは王子が成年の後、親王として封じられるのであるが、その機構が王府である。王府は王相府と長史司からなっている。王相府の長官が王相、長史司の長官が長史である。[5] 亜蘭匏を琉球国王相に任命したということは、琉球国を中国の一部の王府として位置づけたということになるが、このことによって沖縄初期国家は消滅したのではなく、琉球国の機構がもともとの琉球国政府と、王府の二重になったことを意味している。

琉球国は王府として位置づけたられたのであるが、しかし中国内の王相府と同格であったわけではない。亜蘭匏には正五品が授けられたが、中国の王相は正二品であるから、差を付けて任命されたことがわかる。

亜蘭匏の推薦が、察度自身によって考えられ行なわれたのか、明朝の指導によって行なわれたのか不明であるが、中国との間に進貢・冊封の関係を結ぶということは、このような中国政治機構の一翼に位置づけられるという面があった。亜蘭匏など琉球国の要員である中国人たちの存在も、琉球国の要員であるとともに、中国の役人であるという二重性を持った存在であったのであり、内外を区別しない、独特な制度のなかに位置づけられたのである。

しかし、琉球国は完全に中国に取り込まれたわけではなかった。中国人が使者として派遣され、また王相・長史が冊封実現のための使者として活動していた時期に、「姪」や「結致」「結制」の肩書きを持つ人たちが琉球から遣使されている。[6] これらの人たちは、明らかに琉球の人間たちであり、沖縄琉球国政府が現存することを示しているのである。沖縄琉球国政府は、中国との関係の初期においては、中国人の知識や技術に頼っていたが、やがて自前で行なうように成長していることはその後の展開で明らかである。

『中山世譜』によれば、王相はやがて「国相」と改称され、国相は長史を兼ねるようになる。尚金福の時代に国相として懐機の名があるが、これが中国人国相の最後であり、正史では以後は「不伝」となっている。国相の名が再度出てくるのは、薩摩の侵攻以後であるが、これは政府の機構改革によって設置された評定所上御座の「摂政」

表1　王相・国相一覧

王代	王相・国相	人名・記事
察度	王相	亜蘭匏　「本国掌政柄者称王相」
武寧	王相	亜蘭匏
尚思紹	国相	王茂　「茂任国相兼長史事」
尚巴志	国相	王茂・懐機
尚忠	国相	懐機
尚思達	国相	懐機
尚金福	国相	懐機
尚泰久	国相	不伝
尚徳	国相	不伝
尚円	国相	不伝
尚宣威	国相	不伝
尚真	国相	不伝
尚清	国相	不伝
尚元	国相	不伝
尚永	国相	不伝
尚寧	国相	尚宏・西来院菊隠（相臣加判役）
尚豊	国相	尚盛
尚賢	国相	尚盛
尚質	国相	尚盛
尚貞	国相	尚象賢・尚弘毅・尚熙・尚弘才
尚純	国相	尚綱
尚益	国相	尚綱・尚祐
尚敬	国相	尚祐・尚徹，国師　蔡温
尚穆	国相	尚徹・尚宣謨・尚和・尚図
尚温	国相	尚図・尚周
尚成	国相	尚大烈
尚灝	国相	尚大烈・尚容・尚廷範・尚楷
尚育	国相	尚楷・尚元魯
尚泰	国相	

出所：『中山世譜』より筆者作成。

のことを指しているのであり、いずれも尚姓で王の近親者が任命されている。

また、初期に琉球に移住した中国人たちは、居住区として久米村を形成していたことは、一五世紀に著された『海東諸国記』の地図に「九面里」があることで知ることができる。(7) これらの人々は、琉球国が進貢する際に、大夫・通事・総官・勤学人としての役割を担っていたのである。しかし年数の経過とともに琉球に同化してゆき、近世には久米村は琉球国政府の一行政機構となり、久米村人も琉球国の位階制、知行制の行政下での位置を占めるようになったのである。

2　琉球統一国家の成立と展開

一　正史による王統の記述

琉球国において歴史編纂事業が行なわれたのは近世になってからである。最初に編まれた歴史書が『中山世鑑』であり、尚質王の代の一六五〇年（慶安三・順治七）に完成した。編纂に携わったのが向象賢（羽地按司朝秀）である。中心命題は、「序」に「撰自古所無之世系図」とあるように、王家の系図の編纂であった。

この時代は薩摩の侵攻から約半世紀たち、琉球が近世的に変貌していた時期にあたる。向象賢はその改革の当事者でもあったのであるが、系図編纂はその変貌の幕開けにあたる位置を示している。

薩摩においてもこの時期に系図編纂事業が行なわれ、後に『新編島津氏世録正統系図』『新編島津氏世録支流系図』として完成するが、これは幕府（徳川氏）の最初の系図編纂事業である『寛永諸家系図伝』の編集に追随した形で進められたのである(1)。幕府による系図編纂は徳川氏を中心とする家秩序の整備という政治的な意味を持っていたのであり、近世国家確立のひとつの側面を持った事業であったのである。向象賢の政治改革は薩摩の近世的藩政改革と関連して行なわれることが多いが、正史（系図）の編纂もそのような動向の下で行なわれたのである。

しかし、琉球における王家の系図編纂は近世日本の家秩序の整備ということとは別に、国王の冊封にかかわる面を持っていた。冊封は先王が亡くなったとき世子を次の王に冊封（任命）するのであるが、世子が正統な継承者であるという確認がなされなければならないのである。琉球ではそのための系図が無く、「保結」で請封していたのである。[2] 保結は、すべての人々が世子が王にふさわしい人であることを認めているという証明書であるが、世系図はこれに代わるものとしての役割を果たしたのであろう。

『中山世鑑』は和文で書かれていたので中国からの使者に通じなかった。このため『中山世鑑』を漢文で重修することは不可欠のことであったのである。漢文による最初の正史である『中山世譜』は、一七〇一年（元禄一四・康熙三二）久米村の蔡鐸によって編纂された。『蔡鐸本中山世譜』と称されているものである。そののち、蔡鐸の子の蔡温が『中山沿革志』『明実録』など中国の史書を参照し改修しているが、これは『蔡温本中山世譜』と称されていて、一七二五年（享保一〇・雍正三）に完成している。

ここでは『中山世譜』（蔡温本）によって王統の概要を見てみる。[3] 王統は次のように構成されている。

○天孫氏　二五世

○舜天王　南宋淳熙一四年丁未（一一八七・文治三）即位

舜天王─舜馬順熙王─義本王

○英祖王　南宋景定元年庚申（一二六〇・文応一）即位

英祖王─大成王─英慈王─玉城王─西威王

○察度王　元至正一〇年庚寅（一三五〇・観応一・正平五）即位

察度王─武寧王

○尚思紹王（尚氏追称）　明永楽四年丙戌（一四〇六・応永一三）即位

尚思紹王─尚巴志王─尚忠王─尚思達王─尚金福王─尚泰久王─尚徳王
○尚稷王（追尊）○尚円王　成化六年庚寅（一四七〇・文明二）即位
尚円王─尚宣威王─尚真王─尚清王─尚元王─尚永王─尚寧王─尚豊王─尚賢王─尚質王─尚貞王
─尚純王（世子）─尚益王─尚敬王─尚穆王─尚哲王（世子）─尚温王─尚成王─尚灝王─尚育王
─尚泰王

王統が尚姓を名乗るようになるのは一四三〇年（永享二・宣徳五）巴志が尚姓を明朝から下賜されてからである。尚思紹・尚巴志にはじまる王統を「第一尚氏」と称している。尚円にはじまる王統も尚姓を名乗っているのでこれを「第二尚氏」と称している。

三山時代には中山王統とはべつに山北王・山南王が中国に進貢している。王統は次のようである。

○山北王（北山）　帕尼芝─珉─攀安智
○山南王（南山）　承察度─汪応祖─他魯毎

『明実録』によれば、山北王の最初の進貢は一三八三年（永徳三・弘和三、洪武一六）で、最後は一四一五年（応永二二・永楽一三）である。

山南王の最初の進貢は一三八三年（永徳三・弘和三、洪武一六）で、最後は一四二九年（永享一・宣徳四）である。

一三八五年（至徳二・正中二、洪武一八）に山南王、山北王ともに「駝紐鍍金銀印」を下賜されている。山南王承察度は海舟を下賜されている。

一四〇三年（応永一〇・永楽一）山北王攀安智は冠帯・衣服を下賜された。他魯毎は山南王に冊封されている。

また、中山王統はつぎつぎに交替しているが、王統の交替については次のような説明がなされている。

○天孫氏の末、淳熙年間（一一七四年から一一八九年）に逆臣利勇が王を拭し位を簒奪した。このため四方騒動し兵乱が起こった。この時浦添按司尊敦が、義を唱え兵を起し利勇を討ったので国人は尊敦を王位に就けた。これが舜天王である。

○舜天王統は、三代目の義本王の時天下大いに饑饉となった。義本王は自分の不徳の致す所として国を譲る意志を示した。群臣は英祖を推挙したので摂政として国事を任せたら国が豊かになった。義本王は英祖に位を譲った。

○英祖王統の四代目の玉城王の時世衰え、諸侯は皆不朝にして列国兵争し、国が三つに分かれた。次の西威王の時には母后が政治に介入したので、賢知の人は山林に隠れた。この時国人の気持ちは浦添按司察度に帰したので、西威王の死後世子を廃して察度を君とした。

○察度王統の二代目武寧は日夜逸遊をこととし、諸侯は背いたため、佐敷按司巴志が一四〇六年（応永一三・永楽四）にこれを滅ぼし、父の思紹を君とした。

○思紹・巴志の王統の六代目の尚徳王は資質は敏捷、才力は人に過ぎるものであったが、わがままで人のいうことを聞き入れなかった。金丸は内間を領し、御物城御鎖側官となっていたが、王の暴虐をとめることはできなかった。一四六九年（文明一・成化五）王が薨じた後、一人の老臣があらわれ、世子を廃して金丸を立てることがよいと告げたので皆がそれにしたがった。金丸は内間から首里に行き大位を継いだ。尚円王である。

尚円王の王統（第二尚氏）がその後継承され、尚泰にいたり明治維新を迎える。

二　思紹・巴志の政権確立と王統

（イ）三山統合

三山時代の沖縄琉球初期国家は、巴志（後に明朝から尚姓を賜り尚巴志となる）という人物によって統合され、新しい統一国家に向かって進むことになる。巴志とはどのような人物であり、どのようにして三山を統合したのであろうか。

巴志は、沖縄南部の佐敷の地の人であり、当時覇を争っていた中山の王でも、山南、山北の出でもない。生まれながらに身体は小さく五尺（一・六メートル）に満たず、皆に佐敷小按司と呼ばれていた。父の思紹について遺老説伝では、父（巴志の祖父）は鮫川大主と呼ばれ、もとは葉壁（伊平屋）の人であったが、佐敷間切新里村に移り、大里按司の女をめとり思紹を産んだという。思紹は資質が純厚で土地の人に推戴され後に佐敷按司となった。

思紹の子の巴志の人となりは、大胆で志は高く、その才はぬきんでていた。

一三九二年（明徳三・元中九、洪武二五）巴志二一歳のとき、思紹が巴志に言うには、いま国が分かれて三になっている。百年に及び戦争が止まず、人々は苦しんでいる。今諸按司で頼むにたりるものはなく、これを解決できるのは汝だけである。自分に代わり佐敷按司となり人々を救うようにと。巴志は父の命に従い佐敷按司となり、兵馬を練って備えたという(1)。

当時沖縄島南部には、おもろで「下のよのぬし」と謡われている島添大里按司が大里間切の地に勢力を持っており、高嶺（糸満）の地には島尻大里按司がいた。山南王とは、この二人の大里按司のどちらだったのかなど不明なこともあるが、巴志の統一過程の理解についても関係してくることである。

『中山世譜』の記述に沿って統一の過程をたどってみると、巴志はまず佐敷のすぐ北側にある島添大里按司を倒しここを手に入れ、さらに首里にいる中山王の武寧王は徳を失っているとして大兵を領して攻め、武寧を滅ぼしている。また、一四一六年（応永二三・永楽一四）山北王攀安知が中山を攻めるため兵を動かすという急報があったので思紹は巴志に山北を征するように命じ、これを滅ぼしたということになっている。諸按司は巴志を君に推したが固辞して受けず、父の思紹を君となし、これを助けた。これらの記事によれば、このとき中山王武寧はすでに首里にいたことになり、浦添から移っていたということになる。しかし移居の年代も、巴志がこれを征服した年代も不明である。

北山を滅ぼしたときには思紹は、一四〇七年（応永一四・永楽五）すでに中山王として冊封されていたのであり、明朝にも遣使をしていることは『明実録』に見えている。巴志が即位したのは一四二二年（応永二九・永楽二〇）である。

ところで、山南王についてであるが、島添大里按司を倒した年代は記されておらず不明である。思紹が中山王に冊封されたのが一四〇七年であるから、それより前のことであろう。『明実録』によれば、山南王他魯毎の明朝への遣使は一四二九年（永享一・宣徳四）までは行なわれたことが記されている。島添大里按司を倒したことが山南王を倒したことにはならないのである。山北王の遣使の最後は一四一五年（応永二二・永楽一三）となっているので『中山世譜』の記述に矛盾は生じない。しかし山南王統一については整合性を保つためか、『中山世譜』の記事は、尚巴志の一四二九年（永享一・宣徳四）の条に「山南王他魯毎、為中山所滅」「由是琉球、復帰一統」と記し

首里城　正殿
出所：田辺泰『琉球建築』（座右宝刊行会，昭和 47 年）図版 14。

ている。通説ではこの年を尚巴志の三山統一として、「琉球王国」の成立としているのであるが、蔡温の年代あわせの作為も感じられるので疑問が呈されている所である。(2)

思紹・巴志政権の、このような統一の過程をたどってみると、沖縄琉球初期国家の諸按司の政治的な争いの中から、新興の勢力が武力を背景に既存の勢力を倒して成立したものであることが分かる。佐敷の政治勢力がどのようなものであったのか、既存の政治勢力である中山政府を倒した後、巴志はどのように政権を自分のものにしていったか、たどることはできない。『中山世譜』は、佐敷の湊である与那原において、若い頃の巴志は剣を造り、鉄を輸入していたとする話を載せているが、海外勢力とのつながりを背景として勢力の増大を図ったと考えることができるかもしれない。また武寧王の時代にはすでに首里城に移っていたということになっているが、浦添グスクから首里城への政府の移転のことも大きな問題であるが、不明である。

首里城における尚思紹と尚巴志（一四三〇年に尚姓を賜る）のことが確認できるのは、唯一の同時代史料である「安国山樹華木之記」碑においてである。[3] この碑は一四二七年（応永三四年・宣徳二）巴志の代に作られたものである。碑文の内容は永楽丁酉（一四一七年・応永二四・永楽一五）に、思紹が国相懐機を中国に遣わしたのであるが、懐機は礼楽・文物の盛んな様を見、名山・大山の立派な様子を学び、帰国して首里城外に安国山を増築し、池を穿ち、台を築き休息の場所とし、山には松柏を植えたと記されている。

ことから思紹・巴志は、遅くとも一四一七年（応永二四・永楽一五）までには中山王武寧を滅ぼし、首里城に移っていたことになる。そして王城としての偉容を整える為に庭園を増築し、政権としても礼楽・文物を取り入れ充実を図ろうとしていたと考えることができる。懐機は尚金福の代まで国相をつとめるが、その間安国山の樹花木の植樹と池の造成だけでなく、那覇と首里を結ぶ長虹堤の造営も行なっており、国家形態の確立のうえで大きな功績を挙げている。[4] 尚巴志とそれ以後の王はこれを受け継いでいるのである。この時期に初期国家から、規模も拡大した統一国家への最初の転換が行なわれたと見ることができるのである。

（ロ）尚泰久王

三山統合後の琉球国の状態を伝える史料として『李朝実録』の記事がある。[5] 博多商人の道安の言や、琉球に漂着した朝鮮人の報告が記されていて、この頃の琉球国家を知るうえで貴重である。

一四五三年（瑞宗一、享徳二・景泰四）五月の条に、

琉球国は地暖く、水田の穀は再熟す。土産は則ち只麻苧有るのみ。しかれども商船四集し、故に四方の物備わらざるなし。朝官の衣服は則ち中国人と異なるなし。無職人の衣は袖口稍寛く、色糸をもって袖口に刺繍し、

もって尊卑を別つ。（『李朝実録』瑞宗実録）
（琉球国は暖かい土地で、稲は二度できる。産物は麻苧だけである。しかし商船が多く集まり、あらゆるものがある。役人の衣服は中国人と同じである。普通の人の着物は袖がやや寛くなっている。色糸を袖に刺繍していて身分を区別している。）

稲は二度収穫できるが、産物はなく麻苧があるだけである。商船が四方から集まり、多くの物資があるということを記す。そして、朝官（役人）の服装は中国人と異なるなしといっているが、中国の役人の服装が琉球国政府内に浸透していることを知ることができる。これは一三七二年（応安五・文中一、洪武五）に進貢を開始してから、まず亜蘭匏や程復など中国人役人に対して王相と品帙の授与があり、その後察度や山南王などへの冠帯の授与があったのであるが、そのことで琉球国政府に品帙など階層の区別が持ち込まれ、それを服装で区別されるようになってきていたのであろう。
また、同じ年の別の条に次のような道安の言も記している。

琉球国王は、或いは一・二月に一度朝を受け、或いは一月に再び朝を受く。朝令の時は三層の殿上に坐し、群臣は冠帯を具して庭下に拝す（『李朝実録』瑞宗実録）
（琉球国王は一・二カ月に一度諸臣の朝参を受けるか、一カ月に二度受ける。朝令の時は三層の殿上に坐して、群臣は冠帯を付けて庭に拝する）

このときの国王は尚金福であるが、国王は一、二カ月に一度、あるいは一カ月に二度、群臣の朝参を受けていたことを記している。群臣は冠帯を具して、庭下で国王を拝していたのであるが、琉球風の冠帯ができていたのであろう。

一四六二年（世宗七、寛正三・天順六）の記事には、琉球に漂着した梁成の言として次のように記している。

朝会。遠方の邑長、吉日を擇び、宴をととのえて闕庭に供進す。国王は層閣に在て下らず。群臣は庭にありて飲食す。音楽無く、献爵なし。（略）

朝官。凡そ人を用いるに、在位の人の薦挙を聴す。（略）常時、百余人闕内に在り事を治め、五日にして相かわる。（略）其の入番の時、皆、公廩を受け、其の中の一人は首に居りて総理す。（『李朝実録』世祖実録）

このときの国王は尚徳である。これによれば、朝会には遠方の邑長（按司）が参加していること、闕内（政府）には常時百余人の人がいて仕事をしていたことと、番によって交替していたことを記している。政府が地方の邑長（諸按司）によって支えられている様子が分かる。注目すべきは、番によって仕事を交替していることと「公廩」を受けていることである。公廩とは公の蔵を指していると考えられるが、政府から俸給を受けていたことを示しているのである。近世の石高制下では知行制があり、上級役人には「役知」が与えられていたのであるが、それに当たるものが支給されていたことを知ることができる。しかし当時これを何といっていたのかわからない。公廩があるということは、租税制が行なわれていたことを示しているが、これの実体については解明されていない。また、尚真王代、一五〇九年（永正六・正徳四）の『百浦添之欄干之銘』には「賦歛」を薄くすということが記されているが、歛は納めることを意味するから、租税を課することであろうが、これについても実体は不明である。しかし租税制があったことは間違いない所であろう。『おもろさうし』[6]に次のように謡われている。

一しより　おわる　てたこか
　ふねやれと　みかまい
　かみしむの
　かまえつて　みおやせ
又くすく　おわる　てたこか（『おもろさうし』第一三―一四五・一連番号八九〇）
（首里にまします太陽子に、船を遣わし「みかまい」を捧げる。上《かみ》・下《しも》から船を遣わし、「かまえ」を積んで捧げる。首里ぐすくにいらっしゃる太陽子に）

「かまい」「かまえ」は貢ぎ物（貢租）のことであり、首里の王に貢ぎ物が捧げられていることを謡っている。年貢、物成という形にまでは進化してはいないが、租税の形態がはじまっていることを表しているものとみることはできよう。

「おもろさうし」では年代を確定することはできないが、思紹・巴志の王代がはじまって、約三〇年たった後の尚金福・尚泰久・尚徳の時代には、政府の規模も、租税制も、儀礼も確実に発展していることを見て取ることができよう。

尚泰久が即位したのは一四五四年（享徳三・景泰五）である。道安の言の記事の翌年である。尚泰久王は、三層の殿上に坐し、庭の群臣の拝礼を受けていた筈である。

しかし、このような発展と政権の安定は必ずしも同じではなかった。尚泰久が即位するに際しては、尚金福の世子志魯と弟の布里の争いがあり、二人とも絶えてしまったので、王弟の泰久に王位が廻ってきたという経緯があった。また、一四五八年（長禄二・天順二）に、勝連按司阿麻和利と中城按司護佐丸の確執があり、王は護佐丸を滅ぼした阿麻和利を勝連に攻めて、これを滅ぼすという事件が起こっていた。

このような発展をはじめた琉球国に、国の方向性を示す新しいことが伝えられた。日本から禅僧の芥隠《かいいん》が来琉して仏教を本格的に伝えたことである。芥隠承琥《かいいんしょうこ》は京都の人で、五山の禅僧である。[7] 後に尚徳王の使者となって室町幕府と交渉するが、そのとき幕政に大きな力を持っていた相国寺蔭涼軒の季瓊真蘂《きけいしんずい》と旧知の間柄であったということで、贈答を行なっている。[8] 禅僧のなかでもかなりな力を持っていた僧であったと思われる。芥隠は仏教の源流を究めたいという動機で中国に渡ろうとして、琉球に来たのであるが、船が四集し海外との交流が活発な新興国に魅せられたのか、国王の帰依を受け、琉球で多くの寺院を建立し、ついにこの地で入滅している。

芥隠は尚泰久王の帰依を受け、各地に寺院を建立し、また多くの梵鐘を鋳て各寺に懸けている。一四五八年（長禄二・天順二）に鋳造された梵鐘は、首里城正殿に懸けられたのであるが、琉球国相国寺の僧渓隠安潜によって銘が記されたものである。いわゆる「万国津梁之鐘」として知られている鐘である。鐘銘は四区からなるが第一区に示されている銘が次の文である。[9]

琉球国は南海の勝地にして、三韓の秀をあつめ、大明をもって輔車となし、日域をもって唇歯となし、二つの中間にありて湧出する蓬莱島なり、舟楫をもって万国の津梁となし、異産至宝は十方刹に充満し、地霊人物は遠く和夏の仁風を扇ぐ。（小島瓔禮氏の読みによる）[10]

琉球国は三韓（朝鮮）、大明（中国）、日域（日本）との関係を輔車・唇歯とし、この間に湧出する蓬莱島（理想郷）であるとしている。国家確立期の新しい息吹を感じる文であり、日本の白鳳文化のひとつである興福寺の仏頭のもつすがすがしさと共通するものがある。

芥隠は尚泰久の没後、尚徳王に仕え、日本に使者として派遣されるが、このとき足利義政に謁見後、総門で鉄砲を一・二発放って皆を驚かせている[11]。尚徳王の後、金丸が王位に就くに際し、この政変にも関連したともいわれている。金丸は即位し尚円王になるが、芥隠は、この王にも仕え、中山国王廟として崇元寺を創建し、さらに尚真王にも仕え、円覚寺の開山住持になっている。円覚寺は尚円王統（第二尚氏）の家廟である。芥隠は仏教によって琉球統一国家の確立に大きな影響を与えているということができる。

三　仏教の伝来と国家形成

沖縄には始原の時代から嶽々、杜々に対する信仰があり、血縁を同じくする人々が草分けの家の人を根神、根人として祭祀を行なっていた。このような信仰は歴史の進化とともに神女組織として成長し、やがて国家の成立と軌を一にして政治組織の不可分のものとして確立するにいたる。そして嶽々、杜々に対する信仰と神女組織は国家の発展にしたがっていくらかの変遷は見られるが、変わることなく継続するのである。

このような伝統的な宗教のあるところに、新しい宗教である仏教がもたらされたのである。沖縄で仏教はどのような意味があり、どのように受け止められ、どのように定着したのであろうか。

沖縄に仏教が伝わった最初は、英祖王の咸淳年間に補陀洛僧を名乗る禅鑑が漂到したことであった[1]。王は禅鑑のために浦添城の西に寺を建て、極楽寺と名付けたという。禅鑑はどこの国から来たのか不明である。つぎに察度のとき、頼重が来琉して波之上に護国寺を建てたが、頼重は日本人で真言宗の僧であるという。入滅したのは一三八四年（至徳一・元中一、洪武一七）である[2]。つぎに第一尚氏の尚巴志のときに中国皇帝の使者柴山が三度目の来琉

を果たすが、このとき一四三三年（永享五・宣徳八）に自費で大安寺を建て人々を化に向かわしめたという。(3)

しかしこれらの伝来は、いわば仏教の伝来の前史であった。本格的な伝来は景泰年間（一四五〇年から一四五六年）の尚泰久王のとき、芥隠承琥《かいいんしょうこ》の来琉の時からである。芥隠は日本の臨済宗五山の禅僧である。南禅寺椿庭海《ちんていかい》壽《じゅ》の統を継ぐとされているが、早くから仏教の源流を究めたいという思いを持っていた。南海琉球は小邦であるが人々は潔くしっかりとしているということを聞き、来琉したのである。(4) 後に尚徳王の命で日本に渡ったとき室町幕府政所執事伊勢貞親や蔭涼軒季瓊真蘂《きけいしんずい》とも会っており、(5) 日本でも非常に有力な僧であったと思われる。最初那覇の若狭町に住したが、時の王である尚泰久はその法を慕い、話を聞き大いに頷き、一四五六年（景泰七・康正二）にそこに廣厳寺を建て、さらに普門寺、天龍寺を建てたという。(6)

芥隠は一四九五年（明応四・弘治八）に示寂するがそれまでに尚泰久、尚徳、尚円、尚真の四代にわたって約四十年間琉球国の治政に、仏教でかかわったのである。第一尚氏から第二尚氏への転換の時期とも重なっているが、尚円の即位に大いにかかわっていたとの見方もある。(7) 仏教は琉球の国家機構の形成確立に大きな影響を与えたものと思われるが、十分に明らかにはなっているわけではない。

芥隠が開山になっている寺院は数多くあり、円覚寺、天王寺、崇元寺、龍福寺、廣厳寺などがそれである。廣厳寺（萬年山）は芥隠の最初の寺院で尚泰久によって創建されたものであることは先記した。龍福寺（天徳山）は英祖王のとき、禪鑑の渡来時に建てられたのであるが、その後荒廃していたのを尚円の時寺号を改め芥隠を開山として再建されたものである。いずれも琉球への仏教の伝来に重要な意味を持った寺である。

円覚寺（天徳山）、天王寺（福源山）、崇元寺（霊徳山）の三寺は、王家、あるいは国家にかかわる重要な意味をになう寺院である。円覚寺は一四九二年（明応一・弘治五）に建築開始し一四九四年に完成した。法堂は住持の唱法の道場であるだけでなく、祖像を安置し供養するところであったというから、王家の先祖の祭祀を行なうところであったのである。天王寺は成化年間に尚円王の旧居で尚真の誕生したところを道場としたものである。先王の妃や夫人、翁主などの御牌を安置しまつるところであった。崇元寺の創建については、尚巴志の宣徳年間（一四二六年から一四三五年）、あるいは尚円王の成化年間（一四七〇年から一四七六年）といわれているが、確かなことは不明である。これは歴代先王の宗廟であり、勅使は王の冊封に先立ってここで先王の諭祭を行なったのである。このほかに尚泰久の景泰年間の創建で、渓隠安潜を開山とする天界寺（妙高山）がある。

寺院の建立と関連して多くの梵鐘が鋳造され、それぞれの寺院にかけられた。一四五六年（康正二・景泰七）から一四五九年（長禄二・天順二）の間に二十数個の鐘が作られているが、いずれも尚泰久の治政下である。鐘銘を作成したのはほとんどが渓隠安潜である。天王寺の鐘銘は次のような文言であった。(8)

華鐘鋳就　掛着珠林　撞破昏夢　正誠天心　君臣道合
蠻夷不侵　彰鳧氏徳　起追蠡吟　萬古皇澤　流妙法音　（『琉球国由来記』）

（鐘を鋳造して寺院に掛ける。鐘の音は迷いを覚まし、天心に誠をつくす。君臣の道を合すれば、蕃夷は侵さず、徳を明らかにし、迷いを追い払う。何時までも豊かであり、美しい音が流れる）

仏教の説く世界は、これまでの氏族社会のなかで信じられていた神にくらべ、広く普遍的なものであった。政治社会化し、複雑化しはじめた琉球国の仕組みや思想・文化に対して安心感をもたらしたのであろう。尚泰久は仏教の世界に夢中になり、尚円、尚真もこれを継承したのは当然の成り行きであった。さらに普遍性は心に対して安心感を与えたのみならず、すでにはじまっていた外の世界との関係の維持にも通用する言語にもなったのである。朝鮮国王との間にも仏教を介する思いが通じ、尚真王代の一五〇二年（文亀二・弘治一五）に「方冊蔵経」（大蔵経）が贈られるということが実現するのである。(9)『百浦添之欄干之銘』の第一に「信仏」を挙げたのはこのような意味からであろう。(10)芥隠のもたらした仏教は、成立したばかりの琉球国にとって重要な意味を持っていたというべきである。

しかし、仏教は沖縄の民衆世界には浸透していかなかった。本州においては仏教が民衆化するのは鎌倉時代以後であり、荘園の発達と村の成立など庶民社会の発達と不可分のものであった。この点、琉球は長く共同体社会であり、私有財産を持った人間（個人）が成立しにくい社会であったのであり、個人の往生極楽と仏縁を願う仏教は浸透しにくかったのである。依然として人々の間では、神女を中心にする祭祀が支配的であったのである。

四　尚円王統と尚真王（琉球統一国家の完成）

尚円王（金丸）の王統は、思紹・巴志の王統に代わった新しい王統である。正史によれば、金丸の父は伊是名村の百姓であり、金丸も幼少時より百姓を生業としていた。あるとき、干ばつになり、人々は田に水がないので大いに困ったのであるが、金丸の田にだけは水があったことから、金丸は水を盗んでいるということになり、島に居れなくなったため国頭に渡った。しかしここにも長くいられず首里に上り、越来王子尚泰久の家人になったという。これが金丸の王位への第一歩だった。

尚泰久は、その後先王尚金福の世子である志魯《しろ》と弟の布里《ふり》が争い、ともに絶えたことから、思いがけず王位に就いた王であった。金丸は、尚泰久の下で、まず内間の領主となり、さらに政府高官である御物城御鎖側の地位に就いた。尚泰久の没後、尚徳王が後を継ぐが、この王は暴虐の政治を行なったので金丸が諫めたが聞き入れられなかった。このため諸臣は王城から身を隠し、金丸も内間に隠棲した。一四六九年（文明一・成化五）尚徳王が薨じた後、一人の老人が現れ、王の世子を廃して金丸を王に立てることを告げたので、群臣は内間に金丸を迎えに行った。こうして金丸は王位に上ったという(1)。

思紹・巴志の王統の始まりは、武力を蓄え、軍事力で他の按司を圧倒して王位に就いたのであるが、金丸は農民の出でありながら、政府の末端に連なったことから立身して、他の按司たちの推挙を受けて王位に就いている所が違っている。中央政府の行政機構はすでに確立しており、体制が継続していくための社会システムも機能していたのであるから、もはや武力による権力奪取は必要のない時代になっていたと解せる。中央政府がそのような変貌を遂げていたのであれば、地方の有力者たち・諸按司も同様な変化を遂げていたはずであり、諸按司たちの首里への集住による按司連合の集権国家の形成はもはや時間の問題になってきていたのである。

尚円から、尚宣威の六カ月の在位を経て、一四七七年（文明九・成化一三）に尚真が即位するが、この王のとき、古代貴族制的な沖縄琉球統一国家は完成するのである。尚真の権威は絶大なものとなり、神号「於義也嘉茂慧」（おきやかもい）をたたえるおもろは幾重にも謡われている。王をたたえる碑も作られているが、一五〇九年（永正六・正徳四）に建てられた『百浦添之欄干之銘』は、王の事跡を一一ヶ条にわたって記し顕彰していることで知られている(2)。主なものを記してみると、一、信仏、二、臣に対し礼儀を正し、民に対して賦斂（税）を薄くする、三、太平山（八重山）が降伏す、五、千人の臣を官にする、そのため政府機構を多くの部門に分け、役人の位を「帕」（はちまき）の黄と赤の色で分け、「簪」（かんざし）の金・銀で尊卑を分けた。一一、中華宮室の制度を擬し、殿下に欄干を架す。といったようなことである。

『中山世譜』には、これまで按司は各地に居住していたが、首里に集居させたということを記している。按司の首里集住は、これまでの各地における伝統的な社会の解体でもあり、祭祀組織の改変をともなっていた。首里三平等に拝所が作られ、各地のノロを配下に置く体制が作られた。そして聞得大君を頂点とする祭祀の仕組みもこの代に完成されたのである。(3)

五　国土創世神話と神女組織

沖縄の国土創世の話は、『おもろさうし』(1)にも謡われているし、『中山世鑑』や『中山世譜』などの正史にも記されている。また奄美地方においては歌で伝承されているところもある。『おもろさうし』の巻一〇の二にある「おもろ」は国土創世のおもろとして知られているものであるが、その内容を要約的に示すと次のようなものである。

天地のはじまりに、日神イチロクが日神ハチロクが下界を見下ろし、アマミキヨを呼び寄せ、シネリキヨを呼び寄せ、島をつくれ、国をつくれとのたまい、また人を産みなさいとのたもうた。(それから人々が繁栄した。)

『中山世鑑』では次のように記している。

天帝が阿麻美久という神に、下界に霊所があるから島をつくれとお命じになった。阿麻美久は土石草木を持ち下り島をつくり、それから先ず最初に国頭の辺土に安須森をつくり、それから各地に次々に嶽々・森々をつくった。しかし人がいないので阿麻美久はまた天に昇り、天帝に人種をもとめた。天帝は男女を下した。男女は三男二女を産み、その長男は国の主の始め、二男は諸侯のはじめ、三男は百姓の始め、長女は君々のはじめ、次女は祝々のはじめになった。

人々が生じたことで神々があらわれ給うた。キンマモンという神である。『中山世譜』ではこの神は「其神不一、名亦不同」であるという。キンマモンは、いろいろな名で、いろいろに表れる神であるということである。オボツカグラは天神であり、ギライカナイは海神であるとされるが、『琉球神道記』ではいずれもキンマモンであるとしている(2)。同書ではさらに、

此神（キンマモン）海底ヲ宮トス、毎月出テ託アリ、所々ノ拝林ニ遊給フ、持物ハ御萱《かや》ナリ、唄ハ御唄《おもり》ナリ

とあり、この神のついた女性を「託女」と記している。そして託女について次のように記している。

少女は七才已上、老女は六十才已下ナリ、走則ンバ荊蕀《けいきょく》・瓦礫《がれき》ノ恐ナシ、水波ニ入テモ湿ナシ、昼夜林ニ遊ビ、風雨野ニ居ス、日数満ジテ神離給フ則ンバ、女等徑ニ死ス、爾ヲ赤土ヲ水ニ和シテ飲シムレバ暫アリテ活ス、一日二日ヲ経テ本居ニ還ス

（託女〈神女〉は荊蕀《いばら》の中や瓦礫《がれき》のうえを走ることができ、水に入っても濡れない。林に遊び野に居るが、日が満ちて神が離れると徑《ただち》に死す。しかし赤土を水に混ぜて飲ませると生き返り、一二日して自宅に帰る）

これは今につたわる沖縄の祭を彷彿させるものである。託女（神女）についてまた次の記述がある。

比嘉康雄撮影「久高島　イザイホー　朱リィキアシビ」(1978 年)
出所：『母たちの神　比嘉康雄展』（沖縄県立博物館・美術館，2010 年）82 頁

国ニ悪心貶毀《あくしんへんき》ノ者アレバ必是ヲ刑罰ス、誹謗ノ者ヲバ口ヲ裂《さき》、悪心ハ胸ヲ切、執《とり》モ狎《な》レザル女性等、鉾《む》戟《げき》ノフルマヒ猶勇シ、所作ノ悪行一々ニ諳《そら》ニ宣テ責給フ、当人諍《あらそ》フベキ様ナシ

（神女は悪心を持って誹謗する者があると口を裂き、胸を切る。そしてなお恐ろしいことに悪行を一々覚えていて、女性であるので持ち狎《な》れていないはずの武器を、あたかも持っているかのように振る舞い、きびしく責める。責められる人はひとたまりもない）

このように神女は実際の社会生活において大きな力を持っていたのであり、神女自身が道徳軌範であり、法律であったのである。法律家である奥野彦六郎は、このような状態の社会を「神治」の時代としている。[3]『琉球神道記』が著されたのは一六〇五年（慶長一〇・万暦三三）であり、薩摩侵攻の約一〇年前である。尚寧王が財政窮乏を深く嘆いていた時代は、他方では神女が強い力を持っていた時代であったのである。薩摩は侵攻後

のである。

「掟」を発しているが、そのなかに女房衆に知行を遣わし間敷と述べているが、神女たちに対する規制を加えたものである。

その後摂政になった羽地王子朝秀（向象賢）は聞得大君を王妃の次にし（一六六七年）、王の久高島参詣を廃止する（一六七三年）など、神女たちの儀礼と王の政治への介入を排除する政策を実施するが、奥野彦六郎はその段階になって「神治」から「徳治」に移行したとしている。そして、さらにいえば評定所での合議制による「僉議《せんぎ》」によって人事や諸事が決定されるようになり、諸『規模帳』が作られ、『琉球科律』（一七八六年公布）が編まれるにいたって「法治」の社会になったとしている。それは一七〇〇年代の三〇年頃から八〇年代にかけての時期であるという(4)。

神女の存在については冊封使として来琉した勅使の『使録』にも記されていて、その実在を伺うことができる。一五三四年（天文三・嘉靖一三）尚清の冊封使としてきた陳侃《ちんかん》の使録には次のような記述がある(5)。

この国の人々は神を恐れるのである。尸（かたしろ）となる女を女君と名付け、上に立つものからそれに従うものまでが三ないし五百人ほど、縦に並んでそれぞれが草のかぶりものをいただき、木の枝を持って、馬にのる者もおり、徒歩のものもあり、王宮に入って神遊びをする。ひとりがうたいだすとみながそれにあわせ、そのうたう声は悲哀にみちている

また一五七九年（天正七・万暦七）蕭崇業《しょうすうぎょう》の使録には次のような記述がある(6)。

王を封ずるの日、女君の夜庭中に降るあり、包丁及び閫の訳語人倶に其の声を聴くに鳴鳴たり

比嘉康雄撮影「宮古島　島尻　ウヤガン」(1974年)
出所：『母たちの神　比嘉康雄展』(沖縄県立博物館・美術館，2010年) 53頁

勅使一行は料理人や琉球語を解する閩人を連れてきているのであるが、彼らは裏方で仕事をするので、普段は目にしない琉球人の光景をしばしば目撃していたのである。冊封の前日、夜神女たちが庭におり、「嗚嗚」と神歌を謡い祈る声を聞いていた。勅使にもそのことは伝わっていたのである。別の使録にはうたう声は「隠隠として蚊の鳴くがごとし」ともある。低く抑えた神女たちの声が聞こえたのであろう。

神女については、うたうおもろについても、またその儀礼の実体についても明瞭ではなく、謎に包まれている。おもろの研究者は神女たちの祈りは、王宮の表の儀礼には直接かかわっているのではなく、それに先だって行なわれ、儀礼の神聖な空間を現出させるものであったとしている。(7)

さて、神女は原始の村（マキョ）の頃からの村を守護する祭祀を司っていたのであるが、国家形成とともに国の祭祀組織として編成されていくのである。それが実在として歴史に登場するようになるのは尚真王の時代で、按司の首里集住など国家体制の成立と軌を一にしている

と考えられている。(8)

たしかに君々のなかの大君である聞得大君がはじめて歴史上に登場するのが、一五〇一年(文亀一・弘治一四)尚真王によって建立された『たまおどんのひのもん』においてである。(9) これは尚真王が王家の陵墓である「玉陵《たまおどん》」を築造した際、そこにはいることのできる人九人の名を書き記し、この人々の末は千年万年にいたりてもここに「おさまるへし」としたものである。九人のなかの一人として「きこゑ大きミのあんしおとちとのもいかね」(聞得大君の按司音智殿茂金)の名がある。(10)

「おとちとのもいかね」は月清と号するが、尚円王の王女で尚真王の妹である。この人の肩書きがはじめて「きこゑ大きミ」(聞得大君)と記されたのである。君々の中での大君であり、王の妹が王を守護するものとして国家機構のひとつの立場を示すようになっていたと考えられる。沖縄社会の始原の信仰である「おなり神」が体制化したことを示すとみられるのである。(11) きこゑ大きミの実在を知ることのできる史料としては、このほかに一五二二年(大永二・嘉靖一)の『真珠湊碑文』、一五四六年(天文一五・嘉靖二五)の『添継御門南のひのもん』がある。(12)『真珠湊碑文』は尚真王が真珠湊の道を作り橋をわたしたのを記念して建てられたものであるが、これに、次のように記されている。

きこゑ大きミきみきみのをれめしよわちへまうはらいの時に御せせるたまわり申候
(聞得大君が君々神女を集めて毛祓いの時ミセセル〔神意をつたえる言葉〕を述べた)

聞得大君は王に霊力を与えるおなり神であるが、このように国家事業に際して「ミセセル」を告げて事業の成功を予言し力づけることもあったのである。

「おとちとのもいかね」のあとに聞得大君になったのは浦添王子朝満（尚真王第一子）の女子の梅南である。[13] 尚清王代の聞得大君はこの人であったであろう。尚元王代には王妃の梅岳がなっているが、梅岳は廣徳寺浦添親方の女である。これらのことから、聞得大君は、王女あるいは王妃などの王に近い女性が任命されていたことが分かる。しかし近世になると一六六七年（寛文七・康熙六年）に聞得大君の席次を王妃の次に置くようになることは先述したが、さらに一六七七年（延宝五・康熙一六）に聞得大君を王后（王妃）に封授することに改めている。[14] これらを一覧表で示すと表2になる。

神女の組織ができてくるのは国家の機構ができるのと平行していると考えられているが、歴史的にそれを跡づけることは難しいことである。第一尚氏の時代から現れはじめるが、確立するのは第二尚氏の尚真王の時代であるとするのがほぼ共通する見方である。宮城栄昌氏によれば、ノロの任命辞令書の残存は隆慶年間から天啓年間（一五六七年から一六二七年）である。辞令書は失われていることもあるので尚真王代（一四七七年から一五二六年）にも出されていた可能性は大いにあるとしている。[15]

一五〇九年（永正六・正徳四）に国殿の階段に欄干と竜柱を造ったのを記念して立てられた『百浦添之欄干之銘』に宸居を壮麗にしたことを記し、『中山世譜』には按司を首里に集住させたことを記しているが、これによって原始的な村の祭祀は政治性を帯び、高級神女である君々と地方のノロ（公儀ノロ）が成立したのであろう。

神女組織は近世になって編纂された『琉球国由来記』や『女官御双紙』に確立した形でつたえられているが、それによれば最高の神女として聞得大君がいて、その下に「あふりやえ」「さすかさ」「うわもり」など君々がいたのである。これらは三十三君と称せられ中央の神女組織を形成していた。

地方の神女（ノロ）を管轄する神女として首里に「三平等大あむしられ」が置かれたのであるが、これもこのときであったと考えられている。首里は地形的に丘陵を為していて、それが三区分されて真和志之平《ひら》等、南風之平《ひら》等、

表2　聞得大君就任表

聞得大君の身分	号	出自・記事
尚圓王女	月清	童名　音智殿茂金（オトチトノモイガネ）
		尚真王妹　「たまおどんのひのもん」弘治 14 年（1501）に記される
浦添王子朝満女	梅南	浦添王子朝満は月清の甥
尚元王妃	梅岳	廣徳寺浦添親方女　童名不伝
		万暦 33 年（1605）薨
尚永王女	月嶺	北谷王子朝里女坤功所生　向氏朝長に嫁す
金武王子朝貞女		
尚貞王妃	月心	章氏宜野湾親方正信女　始め奥間按司加那志
		順治 2 年（1645）生　康熙 42 年（1703）薨
尚純王妃	義雲	毛氏座喜美親方盛員女　始め奥間按司加那志
		康熙 3 年（1664）生　雍正元年（1723）薨
尚益王妃	坤宏	毛氏具志川親方盛昌女　始め野嵩按司加那志
		康熙 19 年（1680）生　乾隆 30 年（1691）薨
尚敬王妃	仁室	馬氏仲里親方良直女
		康熙 48 年（1709）生　乾隆 44 年（1779）薨
尚敬王女	寛室	蔡氏廷儀に嫁す
尚敬王女	順成	向氏朝倚に嫁す
尚哲王妃	徳澤	向氏高嶺按司朝京女　始め汀間按司加那志
		乾隆 27 年（1762）生　乾隆 60 年（1795）薨
尚穆王女	法雲	向氏朝睦に嫁す
尚温王妃	仙徳	向氏国頭親方朝慎女　始め佐敷按司加那志
		乾隆 50 年（1785）生　同治 8 年（1870）薨
尚灝王女		史氏前田親雲上友範女所生
		向氏朝勅に嫁す

出所：宮城栄昌『沖縄のノロの研究』（吉川弘文館，昭和 54 年），『中山世譜』（琉球史料叢書四）。

西之平等《ひら》とされているが（平等は坂のこと、那覇四町、首里三平等と称される）、このそれぞれに旧三山の地方の火之神を祭り、各地の拝所を遙拝する遙拝所が造られた。真和志之平等には真壁殿内があり、真壁大あむしられが管轄し、南風之平等には首里殿内があり、首里大あむしられが管轄、西之平等は儀保殿内で儀保大あむしられが管轄することになっていた。大あむしられはそれぞれの平等の女性が専任され、君々とは区別されていた。大あむしられの管轄する地方（間切）は定まっていて、『琉球国由来記』によれば次のようになっていた。

真壁大あむしられ：久志・名護・読谷山・北谷・真壁・東風平・小禄・豊見城・摩文仁・喜屋武・兼城・高嶺・真和志の各間切の神女

首里大あむしられ：南風原・大里・佐敷・知念・玉城・具志頭・恩納・大宜味・金武・国頭・伊江島・伊平屋島の各間切の神女

儀保大あむしられ：西原・浦添・宜野湾・中城・越来・美里・具志川・勝連・与那城・羽地・本部・今帰仁・慶良間島・粟国島・渡名喜島の各間切の神女

一間切には、少ないところで三、四人、多いところで十数人のノロがいた。ノロは一つの村の祭祀を行なうだけではなく複数の村の祭祀を行なうこともあった。村は新設と移動があったのであり、このことを反映した姿になっていたのである。これらの間切のノロは、代合のとき首里に行って、それぞれの大あむしられの指示で首里の辞令書を受け、殿内で供物を供え礼拝することになっていた。

ノロというのは「祈る人」という意味があり、原始村落の根神と成立は同じであったのであろうが、村落の発展増加と政治社会の形成により、首里政府の行政の末端に位置づけられるようになったのである。そのようなノロを公儀ノロと称している。ノロの任命は首里からの辞令書で行なわれ、また「ノロ地」(ノロクモイ地)からの作得の収得が保証されていて、沖縄社会ではな大きな力を持った存在であった。代々同一家系によって継承され世襲的になることもあった。西原間切の内間ノロは五五〇年も続くノロ家であり、中城間切の屋宜ノロは二五〇年続くノロ家であったという(16)。

六　よあすたへ・よのぬし(琉球統一国家の構成)

一三世紀に大型グスクの形成により南島における初期国家の形成が見られたのであるが、それから約二世紀かかり、一五世紀になって沖縄琉球統一国家は確立したのである。この間、一三七二年(応安五・文中一、洪武五)にはじまった中国明朝への進貢と冊封により、中国人が琉球国に入り、王相府を形成し服装や階層性など中国をなぞった政府の形式が導入されたが、琉球自身がそれに習熟するとともに、中国風の形式や習慣は次第に縮小して、琉球本来の仕組みが成長し完成されていったのである。

さて、琉球独自の政治的な仕組みはどのような構成になっていたのであろうか。この問題に、最近高良倉吉氏が刮目すべき研究を提示している(1)。

高良の研究は、収集が進み比較が可能になった「辞令書」を分析することを中心に進められている。「辞令書」は首里(国王)から発給されている役人の人事の任命と役人貴族の土地からの得分を記した一枚文書である。表題に「しょりの御ミ事」とあり、本文が和文の仮名書きでしるされているものである。年代は中国の暦年が記されている。現在知られているもっとも古いものは一五二三年(大永三・嘉靖二)八月二六日付の文書である(2)。尚真王の

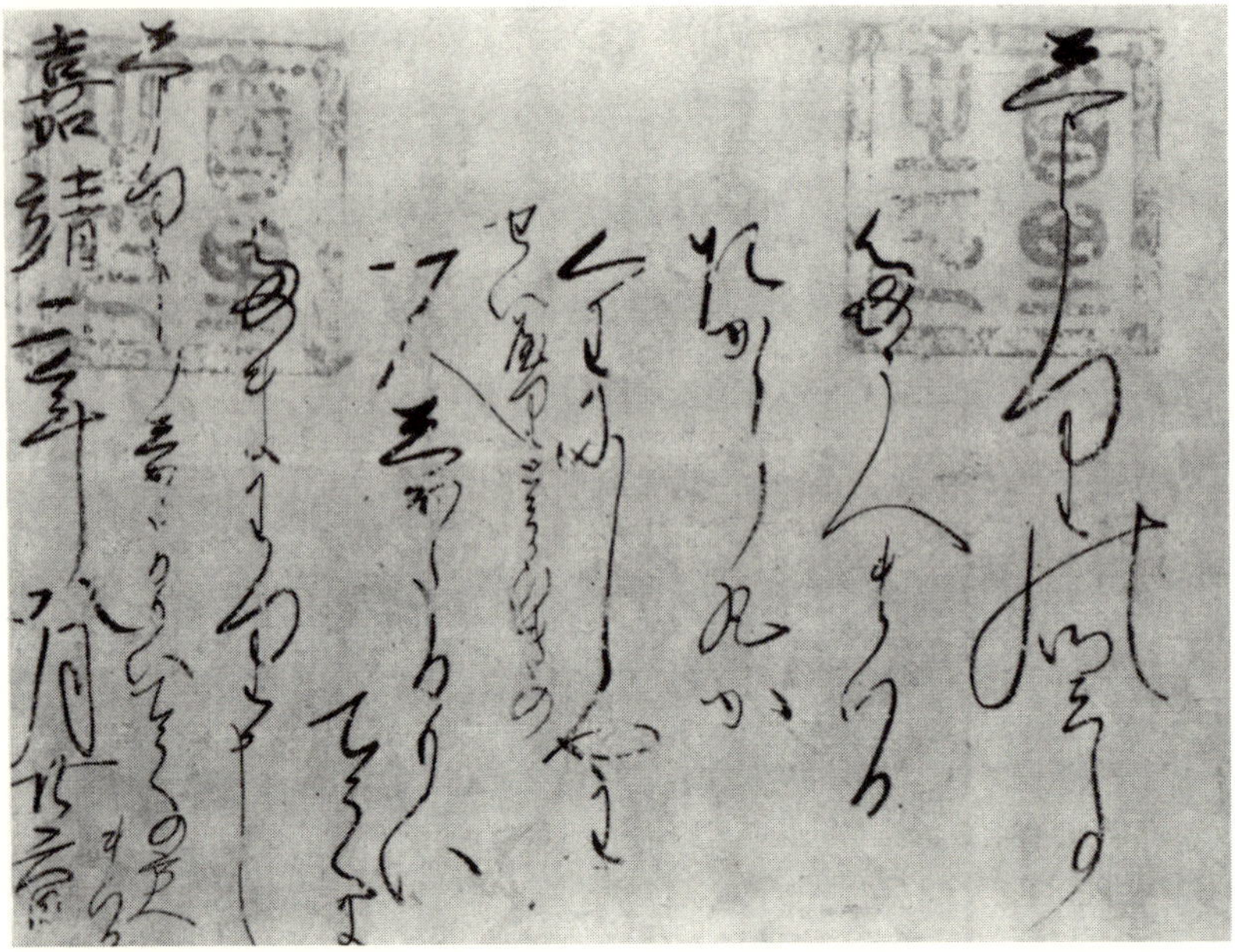

渡閩船宝丸の官舎職補任辞令書（「田名家文書」第1号「麻姓世系図家譜　大宗真武」）
出所：『辞令書等古文書調査報告書』第18集（沖縄県教育委員会撮影，昭和54年），26頁より

四七年目に当たる。この文書は次の文面になっている。

しよりの御ミ事
「首里之印」たうへまいる
たから丸か
くわにしやは
せいやりとミかひきの
一人しほたるもいてこくに
「首里之印」たまわり申候
しよりよりしほたるもいてこく
の方へまいる
嘉靖二年八月廿六日

（唐へ参るたから丸の官舎〔役職名〕は、勢遺富ヒキのしほたるもい〔人名〕文子《てこく》〔役名〕に賜る）

この文書からいろいろなことを読み取ることができる。たとえば、とうへまいる船に「たから

丸」の名が冠せられていること、乗組員には琉球役人である勢遣富ヒキの「しほたるもい」が任命されていること、すなわち長史などの中国人系の人たちだけではない琉球人が乗り込んでいたこと、「首里之印」がおされていること、などである。

この時期の琉球国家の内容を知る手がかりとして、高良は「せいやりとミかひき」の「ひき」という語に注目している。「ひき」(「ヒキ」)とはどんな語であろうか。

「ヒキ」は沖縄では親族集団、親族の祭祀集団を表す語として使われており、民俗学、人類学ではヒキ集団についての調査研究はよく行なわれているのである。しかし、高良は「ヒキ」にもっと奥深い意味があることを想定し、その歴史的な意味を取り出すように努めている。その結果、もともとは一二のヒキがあったのであり、これらは一定の職制を備えた政府の編成組織であったことを発見するに至っている。『琉球国由来記』(巻二)には、勢遣富のヒキ、世高富のヒキ、浮豊富のヒキ、謝国富、島内富、押明富などのヒキ名が記されているが、それらはともに一定の役割を持って政府にかかわっていた集団であるという。

ヒキの長官は「勢頭」と呼ばれており、その下に筑殿(筑登之)が副官としてあり、これにアザナ、中門セド、中門などの下官が従っている構成であるとしている。そしてさらに、ヒキ名が末尾に「とみ」(富)の美称を持っていることから、ヒキ名は実は船の名であることを明らかにしている。これらの船名は、実際に中国や、「まなばん」(真南蛮)へ航海した船の名であり、『おもろさうし』にはこれらの船の航海安全を祈る歌が謡われていて、それらを拾い出してみると二四の船名が謡われていることが分かるという。

「せいやりとみ」もそのひとつであるのである。勢頭は船頭であるが、これを長官とする組織であるヒキの名と、船の名が同じであるということは、ヒキの集団と船の集団が一致しているのであり、ヒキの集団はもともとは船の集団であるということになるとしている。ヒキは政府を構成する集団であるが、もとは船の航海をする組織であったのであり、それを地上に実現したものであるという。高良は、このことから琉球国の政治機構を「地上の海船」と表現している。そして、「壮大な通商圏を形成した貿易国家琉球王国の特質を鮮やかに象徴する制度」であるとしている。

「地上の海船」であるヒキは、実際の政治機構としては、三つの「番」に分けて編成されていたという。「丑日番」「巳日番」「酉日番」がそれであり、各番はそれぞれ四つのヒキからなっていたのである（合計一二ヒキ）。各番にはヒキ頭があり、丑日番のヒキ頭は勢遣富《せいやりとみ》ヒキ、巳日番は謝国富《しゃくにとみ》ヒキ、酉日番が勢治荒富《せじあらとみ》ヒキであった。また、薩摩藩侵攻後の検地をもとに作成された『琉球国高究帳』に「御評定所　酉日番」と記されているが、近世の琉球国政府の中枢部である評定所のなかで、職掌として検地・石高にかかわることは酉日番の職掌になっていることを知り、さらに追求して、御礼儀方は丑日番、御物座方は巳日番の分担であったと推察している。このことは、ヒキの制度が沖縄琉球国家の政治制度の中身を形成しているとともに、これが薩摩藩支配下において政治機構の中枢が「評定所」という名になったとしても、内容は継続していることを明らかにしたのである。

実際に近世の三司は丑日番、巳日番、酉日番で任命されていることは『中山王府相卿傳職年譜・位階定』[3]によって確認できる。また、ヒキ頭は「勢頭」（せどう・船頭）と呼ばれていた。これが政府の成員としては「よあすたへ」と呼ばれるようになるが、「よあすたへ」は三司官のことであることも明にしている。

ところで、勢頭である「よあすたへ」とはどのような存在であったのであろうか。

「よあすたへ」の語は「辞令書」には出てこない。この語は同時代史料の金石文に記されている。[4]もっとも古いものとして『真珠湊《まだまみなと》碑文《ひぶん》』（尚真王四六年、一五二二年大永二・嘉靖一）がある。この碑は首里城の石門の西に建てられたものであるが、先の戦争で大破し、現在は一部残欠が残るだけになっている。幸い文字は戦前に拓本が採られており、今にその内容を知ることができる。碑文の冒頭の文に「首里の王おきやかもいかなし天のみ御ミ事にま玉ミなとのミちつくりはしわたし中候時のひのもん」とあるように、これは首里の王「おきやかもい」（尚真王）が、真珠湊の道を造り、橋を架けたことを記念して作られた碑である。このなかに「千人のさとぬしへあくかへ」（千人の里主部赤頭）「くにのあんしけす」（国の按司・下司）という語とともに「三人の世あすたへ」の名が記されている。

まかねたるくにかミの大ほやくもい、まうしかねかうちの大ほやくもい、たるかねもいたくしの大ほやくもい（「まかねたる」国頭の大屋子もい、「まうしかね」幸地の大屋子もい、「たるかねもい」沢岻の大屋子もい）

この三人が、どの「番」で、どの「ヒキ」であったかということはここでは不明であるが、「よあすたへ」の三名の名が記されているのである。三人は「勢頭」であり、「よあすたへ」であるが、他方「大ほやくもい」と記されている。「大ほやくもい」とはなにか。また「勢頭」や「よあすたへ」とはどのような関係にある語であろうか。「大ほやくもい」は、後には「大屋子」と記されるようになり、さらに「親雲上」と記され、「ぺーくみ・ぺーちん」と呼ばれるようになる。近世の大屋子や親雲上は、役職であったり位階であったりして、もとの形から複雑な分化を遂げていて一概に言うことはできなくなっている。近世以前の「大ほやくもい」は、よあすたへ等の役職に就いた人に、「くにかみの大ほやくもい」というように地域名あるいは村名を付して書かれている。「もい」という語は尊称の接尾語であるとされている。「大ほやくもい」とは「大ほや」（大家・根屋）からでている語であると考えられる。したがって「大ほやくもい」は、地域の指導的な有力者として成長した家や人物を指す語であり、政府の役職を表す語である「よあすたへ」とは別の語であることが考えられる。ここでは、この語は有力者を普通の人と区別する語であり、身分を示す語ではないかと考えておきたい。

「大ほやくもい」（「大やくもい」とも記される）は、近世になると家譜に、間切の大やくもいは惣地頭、村の大やくもいは脇地頭というように、「地頭」と読み替えられて記されているのであるが、このことは大やくもいという語は身分を表す語であるが、近世には役職の要素も加わっているということを示していると考えられる。逆に近世の「地頭」は、役職のように見えるが、本来的には身分を表す語であるということに改めて気づく。

琉球統一国家の政治機構は、船の組織である「ヒキ」をその基礎に持っていて、それは「大ほやくもい」という有力身分の人たちによって構成されていたことが明らかになったのである。

ところで、政治機構はどのようになっていたのであろうか。この問題に答えてくれる手がかりを与える語として、高良は同じく辞令書に出てくる「こおり」（庫理、庫裏）という語に着目している。これは次のように使われている。

　しよりの御ミ事
「首里之印」まわしまきりの
　　きまのかなくすくの
　さとぬしところハ
　はゑのこおりの
　一人あめくの大やくもいに
「首里之印」たまわり申候
　しよりよりあめくの大やくもいか方へまいる
　　嘉靖二十四年十一月六日

（首里の御詔、真和志間切の儀間の金城の里主所は、南風のこおりの一人、天久の大やくもいに賜り申候。首里より天久《あめく》の大やこもいが方へ参る。）

この文書は、首里（王）が「儀間の金城の里主所」を「南風のこおり」（役所名）の「天久の大やくもい」に賜った辞令である。里主所は里主が得分権を持った土地であり、里主は大やくもいと同様な語である。大やくもいは近世になってからは地頭（惣地頭・脇地頭）となることは先に述べたが、里主は里主のままであるが、地頭と同様に土地からの得分権を持った存在であった。地頭の得分を課される土地を地頭地というが、里主の得分を課される土地は近世になっても里主所と呼ばれている。

かつて、里主所について、里主所はシマ（一定の領域）を指す語か、土地の耕地片を指すのか論争されたことがあったが、現在では安良城盛昭氏によって耕地片であることが実証されている(5)。地頭地も同様に一定の領域ではなく、耕地片であることは近世の検地帳などを見れば明確に分かることである。里主所を賜るということは、そこの土地からの得分を保証するという意味であり、本州を中心とする地域の武士社会で見られる、領域についての支配権を保証する知行制（本領安堵）とは違った内容である。

「あめくの大やくもい」は天久の得分権を持った大やくもいのことである。大やくもいは有力者の身分を表す語であることは前に推測したが、大やくもいが首里（王）から、ある場所（間切・シマ）の得分権をたまわると、その地名を付けて何々の大やくもいと称していたのであり、地を移ると新しいところの地名を付けていた。この辞令書では天久の大やくもいに、儀間の金城の里主所の得分が転授されたのであるが、この天久の大やくもいは、この後は儀間の金城の大やくもいと呼ばれたのである。

さて、「はゑのこおり」（南風の庫理）であるが、伊波普猷は、「こおり」は禅僧の伝えた寺の庫裏のことをもとは指していたとしていたのであるが、後に「首里城内のある役所」のことを言うようになったのではないかと述べている。これに対して高良倉吉は「庫理は中央政庁的な存在、すなわち統括機能を持つ官衙」であるとしている。そして、官衙である庫理には「南風の庫理」「北の庫理」と不明の庫理の三ッの庫理があったことを辞令書の記事から採りだしている。

これらの庫理はヒキが管轄していたのであり、南風の庫理は勢治荒富をヒキ頭とする酉日番のヒキが、北の庫理は謝国富をヒキ頭とする巳日番のヒキが、不明の庫理を丑日番のヒキがそれぞれ管轄していたという。このように「こおり」とは琉球国政府の行政庁を指しているのであり、これが近世になり、評定所と呼ばれるようになったのである。それぞれの庫理の長官はそれぞれの番の長官がなったのであり、三人は「よあすたへ」と呼ばれていたのである。

そして「よあすたへ」は、中国では三法司と呼ばれ、近世の琉球国では三司官と呼ばれるようになったのである(図3)。

つぎに「よのぬし」(国王)のことについて見てみよう。

琉球統一国家では最有力者のことを中国から冊封された封王として「中山王」(琉球国王)と称されているのであるが、碑文では次のような名乗りを記している。(6)

大りうきう国中山王尚清ハ、そんとんよりこのかた二十一代の王の御くらひをつきめしよわちへ、天より王の御なをは天につき王にせとさつけめしよわちへ(『かたのはなの碑』一五四三年)

(大琉球国中山王尚清は、尊敦〔舜天〕から二一代目の王位を継いでおられ、天より王の名を「天につき王」殿と授けられた)

これは尚清をたたえる碑文であるが、王の位は舜天の代からの継続として意識されていたことがまず確認できる。浦添グスクの実在の王としては、英祖王のことを確認したのであるが、舜天の代にすでにはじまっていたという意識もあったのであり、初期国家の成立について考える材料のひとつを提供してくれているのである。すでに中国への朝貢・冊封は既定のこととして行なわれている時代であるから大琉球国中山王という表現はあって当然であるが、王は、天から「天つきわう」（天継ぎ王）という名を授けられたとしているが、これはこの王の神号であり、沖縄琉球固有の名称である。

この王には別の碑文もあるがそれには次のように記されている。(7)

図3　よあすたへと三庫理

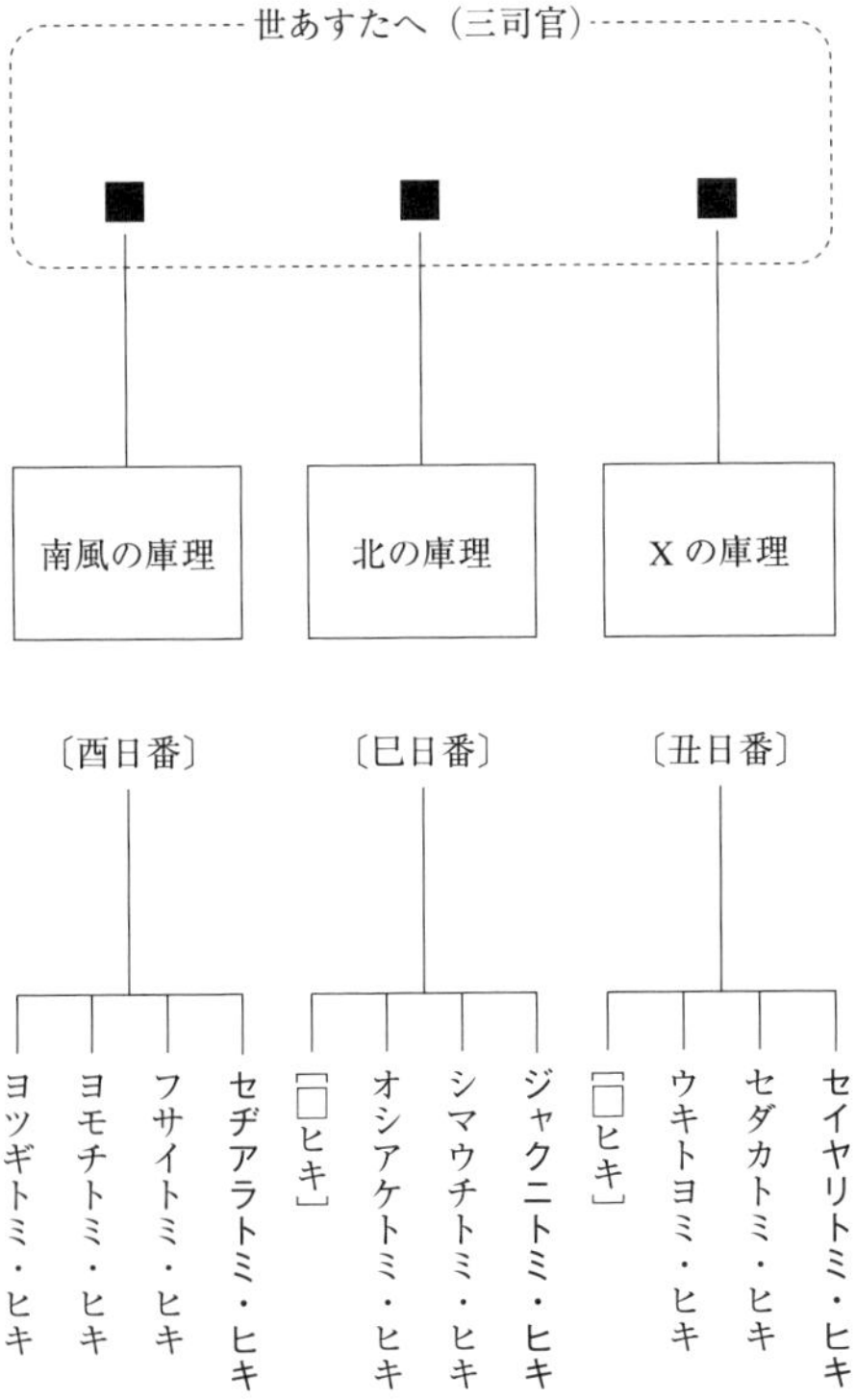

（注）□ヒキの蘭はクモコトミ・ヒキ，アマエトミ・ヒキのいずれかが入るべき箇所であるが，現時点ではどちらとも特定できない．太字は「引頭」.

出所：高倉倉吉『琉球王国』（岩波新書，1993年）170頁。

尚清てにつきわうにせあんしおそいかなし（『やらさもりくすくの碑』一五五四年）

（尚清天つき王殿である按司添いかなし）

「てにつきわう」（尚清王）は「あんしおそいかなし」とも尊称されていた。「按司おそいかなし」は、按司から出て、按司のなかの按司に上昇している按司で、按司の守護者の意味である。「按司添いかなし」である「わう」（王）は諸按司を守護する存在として意識されていたのである。

ところで、『おもろさうし』では、按司は「てだ」（太陽）と呼ばれたのであるが、他方、按司のなかの按司である按司添いかなしに対する尊称として「てだこ」（太陽子）という語が使われるようになる。「てだこ」は「てだがすえあじおそい」（太陽の末按司添い）ということと同じであり、あじおそいかなしである「わう」（王）が、太陽の子、太陽の末裔と謡われているのであり、王と太陽が結びついているのである。按司をてだとすることから一段階上がって、按司添いかなしである王を永遠化する神格化がなされているのであり、これにより王が国家機構として安定するのである。この時期を尚真王の時期とする見方もあるが、比嘉実氏は、「てにつきわう」（天継王）の神号をもつ尚清王の時期からであるとしている。(8)

「よのぬし」という語は辞令書にも碑文には出てこない。しかし『おもろさうし』には使われている。たとえば「きんのよのぬし」（金武の世の主）「くめのよのぬし」（久米の世の主）というようなものがあるが、世の主は地方の有力者を表す語として使われているのである。しかし、次のような例がある。(9)

しょりもりちよわる

世のぬしのあんしおそい　（『おもろさうし』第七―一三・三五七号）

表3　よのぬし書状

年　代	書状名	差出人	宛　所	出　典
1414年（応永21・永楽12）	足利義持御内書	（足利義持）	りうきう国よのぬし	運歩色葉集
1420年（応永27・永楽18）	代主書状	代主	進上御奉行所	大舘記
同上（推定）	代主書状	代主（印）	進上	阿多文書
1436年（永享8・正統1）	足利義教御内書	（足利義教）	りうきう国よのぬし	後鑑
1439年（永享11・正統4）	足利義教御内書	（足利義教）	りうきう国よのぬし	御内書引付
1470～76（文明3~8・成化7~12）	金丸世主書状	金丸世主（尚円王）（首里之印）	嶋津御屋形	島津家文書
不明	世主書状	世主（首里之印）	嶋津式部大輔（嶋津久逸カ）	島津家文書
1521年（大永1・正徳16）	琉球国世主書状	琉球国世主（尚真王）（首里之印）	嶋津相模守	島津家文書
1527年（大永7・嘉靖7）	足利義晴御内書	（足利義晴）	りうきう国よのぬし	室町家御内書案

注：1414年から1527年の約100年にわたる「よのぬし」の使用例である。これ以後「琉球国王」「中山王」という表記になる。
出所：筆者作成。

（首里杜におられる世の主の按司添い）

これは首里におられる「按司添い」が「よのぬし」であるということを表している。按司添いは、「わう」（王）であり、「よのぬし」（世の主）であるのである。

王は中国への進貢・冊封に関わる語として使われているが、世の主は、実は日本とのかかわりで対外的に琉球国を表す語として使われている。「よのぬし」という語が使われているもっとも古い例が、一四一四年（応永二一・永楽一二）室町幕府第四代将軍足利義持の御内書である。これの宛所には「りうきう国よのぬし」と記されているのである。ついで古いのが一四二〇年（応永二七・永楽一八）の代主書状である。これは二通あり、一通は推定年代である。宛所は「進上御奉行所」、あるいはただ「進上」とあるだけである。推定年代の方は「阿多《あた》文書」に含まれるものである。阿多文書は薩摩半島を支配していた領主である阿多氏に伝来した文書である。宛所は記されていないが、このときの阿多氏は二代目阿多忠清の時代であるので、この人宛に出されたものであろう。阿多氏は島津氏の支流の町田氏からでている一族であり、琉球と島津氏の関係を伝える早い例である(10)。

先の足利義持の御内書のよのぬしも、阿多氏宛の代主も、王代で言えば思紹の代である。この頃には琉球国のなかでは最有力者を世の主と呼ぶようになっていたことを知ることができる。思紹は中国との関係では「中山王」であったのである。日本とのよのぬし書状の往来をまとめてみると表3のようになる。

一四一四年(応永二一・永楽一二)から一五二七年(大永七・嘉靖六)の約一〇〇年間にわたって、日本との間で「よのぬし」がつかわれていたことが分かる。これ以後は「琉球国王」「中山王」という語になる。

琉球統一国家の機構は「按司添いかなし」「よのぬし」「わう」(王)が自生的に成立し、外との関係においても内部的にもその地位が定まり、やがて神格化され継承されるようになったのである。これと並行して政治機構が形成されるのであるが、番日のヒキ頭が「よあすたへ」(三司官)と呼ばれるようになり、三つの「こおり」(庫理)を管轄する体制ができたのである。

七　対外関係の活発化

(イ) 進貢と東アジア国際社会の構成

琉球国は、一四世紀の後半から海上活動をはじめ、一五世紀には中国、東南アジア諸地域、朝鮮、日本の間を縦横にむすび活発な貿易活動を展開している。しかし一六世紀後半には衰退しはじめ、一七世紀初頭には薩摩藩の侵攻を受けるに至っている。琉球の海上活動を可能にしていた最大の理由は、琉球において国家が成立していたということは当然であるが、中国における明王朝が成立したことで、東アジア諸地域を結ぶ国際関係が成立し安定したことである。

明王朝は、モンゴルとの戦いを通して成立した漢民族の王朝であった。このため、成立当初から伝統的な中華世界を復活させる意識が強く、とくに建文帝を攻めて帝位に就いた燕王（世祖永楽帝）は、都を南京から北京に移したことで、北方にも関心を向け、長城の復活などをはかった。

明王朝の関心は、中国を取り巻く周辺世界にも向けられ、中国への入貢を促す使者が派遣された。このとき、日本、琉球に遣わされたのが楊載であることは前にも記したとおりである。琉球はこの要請にすぐに応じて、一三七二年（応安五・洪武五）に、察度が弟の泰期を遣わしたことから進貢がはじまったのである。[1] 日本は、当時南北朝内乱の時期であり、倭寇の活動が活発であったため進貢は行なわれなかった。日本の朝貢がはじまるのは足利幕府第三代将軍の義満が、一四〇一年（応永八・建文三）に遣使してからである。

明朝の呼びかけによって、多くの国が中国に進貢（朝貢）するようになるのであるが、一三九四年（応永一・洪武二七）には一七カ国の入貢があり、永楽年間（一四〇三年から一四二四年）には四〇カ国以上の国・地域が入貢したのである。明朝はこれらの朝貢国を統制するためにいろいろな規定を設けるが、「蕃国朝貢儀」もそのひとつである。[2] ここでは朝貢国の確定、蕃国王の服のことや、待遇および朝見のしかた、蕃王の班次（序列）等が規定されていた。

また、貢期、貢道、遣使行礼の有無、勘合、印等のことが規定された。貢期は国によっても、あるいは時期によっても違っているが、東南アジア諸国は三年一貢、日本は一〇年一貢であった。琉球はだいたいが二年一貢であった。貢道は朝貢国の経路（受け入れ場所）についての規定であり、琉球国は福建省福州、日本は浙江省寧波、東南アジア諸国は広東省広東と決められていた。遣使行礼が規定されるが、これは中国から皇帝の勅使が遣わされて冊封が行なわれることである。琉球にも日本にもこれは行なわれていた。

勘合は、進貢の真偽を見分けるために行なわれたのであるが、最初に発給されたのは暹羅（シャム）、占城（チャンパ・ベトナム）、真臘（カンボジャ）であった。日本へは一四〇四年（応永一一・永楽二）にはじめて支給された。日本の中国への朝貢の開始は中国側にとっては、倭寇禁止と言うことが大きかったからである。

中国を中心にする朝貢・冊封の関係の形成は、朝貢国と中国との関係だけでなく、朝貢国間の関係も緊密なものにしていった。朝貢・冊封の関係の形成と言うことには、中国皇帝の「治天下」「一視同仁」という観念空間に入ることであるということを含んでいたが、さらに「四海一家」となるという観念もともなっていた。朝貢国間ではこのことを共通認識として、友好関係を容易ならしめていたのである。たとえば、一四二六年（応永三三・宣徳一）中山王尚巴志から暹羅国への「咨」（文書の形式）には次のように記されている。(3)

煩《ねが》わくは、四海一家をもって念となし、容納せらるれば万幸なり（『歴代宝案』）

琉球は暹羅国との間で通交を繰り返し行なっているが、その背景にはこのような友好関係が維持されていたのである。

中国への進貢に際しては、上記の諸規定とともに、「表」（表文）（中国皇帝への上表文）と「貢物」が不可欠のものであった。『明実録』には使者の入貢についての記事に、必ず「奉表貢方物」（表を奉じ、方物を貢す）と記されている。「方物」とは地方の産物、すなわちその国を表現する贈り物である。『明会典』には、朝鮮国は、金銀器皿・各色苧布など九種類、暹羅国は、象・象牙等六〇種類、琉球国は、馬・硫黄など一六種類、日本は、馬・太刀・硫黄・瑪瑙などの方物の名が記されている。

朝貢国間でも贈り物がやりとりされているが、先に挙げた尚巴志より暹羅国に当てた「咨」では、「菲儀を齎捧して、前みて貴国に詣り奉献すること、蓋しいまに多年なり」という文言がある。「菲儀」とは少ない謝礼の意であるが、ここには内容は記されていない。しかし、この「咨」の別の所に「いま奉献の礼物数目をもって後に開坐す」とあり、ここに種々の礼物が開示されている。それによれば、織金段・素段・腰刀・摺紙扇・大青盤・小青盤などの名がある。織物や磁器は中国製であろうが、刀や扇は日本製であろう。進貢国間では、品物を「礼物」として送りあうことが友好関係を表す表現だったのである。

このことから、中国への朝貢の品物を「貢物」というのに対して、朝貢国間の品物は「礼物」と呼ばれていたことを知ることができる(4)。

中国を中心とする朝貢・冊封の関係の形成は、二国間関係だけでなく、多国間関係を同時に成立させていたのであり、東アジア国際社会が現出していたのである。琉球の中国、東南アジア、日本、朝鮮との通交貿易はこのことが背景になって成立していたことを認識しなければならない。日本の中国への朝貢も同じであり、倭寇の活動もこのなかで起こっているのである。

そしてこの国際関係にまったく異質なものとして出現するのがポルトガル・スペインのヨーロッパ勢力であった。とくにスペインは、新大陸で、銀山開発を行なったことで、大量の銀をアジア世界にもたらし、「貢物」「礼物」で成り立っていた国際社会に衝撃を与えていったのである。銀による決済が行なわれるようになったことは、やがて起こるヨーロッパからの第二の衝撃である資本主義経済の先駆けをなしていたのである。日本は、スペインによる銀の衝撃にいち早く反応していて、国内で銀山開発が進められ、大量の銀が採掘されるようになったのであり、これが近世の幕府・諸大名の銀財政の基礎になっていくのである(5)。

琉球はこのような新しい動きに反応せず、依然として中国への進貢を守っていたのであるが、やがて明王朝の衰退の影響をまともに受け、自らの財政の衰退を招いていったのである。

琉球国の対外活動は、中国明朝への進貢の開始により、大形の船を下賜されたということが契機になっているのである。『歴代宝案』には船のことが多く記載されている。たとえば一四二九年（永享一・宣徳四）の尚巴志から中国礼部への「咨」には、

いま去く仁字号海船一隻は、永楽十五年の間に欽依もて浙江において撥到せる端安千戸所の海船一隻なり。

と記されている。一四二九年の進貢船は仁字号海船で、永楽一五年（一四一七年）に浙江の端安千戸所にあった船を下賜されたものであることを述べているのである。

下賜された船には字号が付けられていた。小葉田淳氏によれば、王の代によって字号は違っているが、尚巴志の代には永・仁・盤・恭・荒・洪・天・地・等一四種類の船字号が使われていたという(6)。

琉球の東南アジア諸国への通交は、これまで『歴代宝案』によってその詳細が研究され、年代ごとの回数を示す表が作成されている。表4がそれである。

もっとも古い例は、一四二五年（応永三二・洪熙一）尚巴志の遣わした暹羅への船であるが、このときの「咨」には、

洪武より永楽年間に至るまで、曽祖及び祖王・先父王よりいまに至るまで、遁年累《かさ》ねて使者を遣わし云々

表4　東南アジア遣船一覧

暹羅	旧港	爪哇	満利加	蘇門答剌	安南	巡達	仏大尼
* 1419							
* 1420							
1425(2)							
1426							
1427							
1428	1428						
1429(2)	1430	1430					
1431							
1432(2)							
1433(3)							
1434(2)							
1435							
1436							
* 1437(2)							
* 1438(2)	1438	* 1438					
1439	1440	1440					
1442		1441(2)					
		1442					
			1463	1463			
* 1464(2)			1464				
1465			1465				
			1466				
			1467	1467			
1469			1468	1468			
			1469				
△ 1472			1470				
* 1477			* 1471(2)				
* 1478			* 1472(2)				
* 1479			△ 1475				
* 1480			* 1479				
1481(2)			* 1480				
			○ 1492				○ 1490
1509(2)			△ 1503				○ 1498
1512			1509		1509		
1513			1510			1513	
1514			1511				1515
1515							1516
1517						1518	
1518(2)							1519
1520							1520
1521							
△ 1522							1526
1526							1529
1529							1530
1533							
1536							○ 1536
1537							
1538							
1540							1543
1541							
1550							
1554							
1564							
△ 1570							

無印＝『歴代宝案』で派遣先にあてた文書が存在するもの。＊＝派遣文書にはないが『宝案』の関連文書で確認できたもの。○家譜で確認されるもの。△＝『宝案』，家譜以外の資料で確認されるもの。（　）内の数字は派遣船数。
出所：安里進ほか著『沖縄県の歴史』（山川出版社，2004年）108頁。

とある。先父王とは思紹のことを指しているのであり、祖王は武寧、曽祖は察度のことを指していると思われる。察度の時期の東南アジアへの通交のことは、『歴代宝案』などの記録にはないが、中国への入貢開始の頃から東南アジア諸国へも船を遣わしていたことがこのことから推測される。

日本への来航は、『鎌倉大日記』にある一四〇三年（応永一〇・永楽一）相模国六浦への来航が最初である。(7) 六浦は鎌倉の外港であったのであり、琉球の船は鎌倉を目差してきたのであろう。『鎌倉大日記』には「流来」と記されている所から、琉球の船は漂着した位に考える向きもあるが、明確な目標を持ってきたのであると考えるのが正しい見方であろう。記事には「船中音楽あり」とあるので大型船であることが考えられるが、この時期は琉球が海上活動をはじめた頃であり、船は中国から下賜された船であったろうと思われる。琉球は、洪武・永楽の頃（一三六八年から一四二四年）から活発な海上活動を行なっていたことを知ることができるのである。「遣船一覧」では、暹羅（シャム）への遣船が最も多いが、満刺加（マラッカ）、爪哇（ジャワ）、蘇門答刺（スマトラ）、仏大尼（パタニ）などへも行っていることを知ることができる。

琉球は東南アジア諸国とは貿易を行なっていたのであるが、どのような貿易だったのであろうか。一四二五年の尚巴志より暹羅国への「咨」の続きに、次のように記されている。(8)

ねがわくは、前に照らしして遠人航海の労を矜憐し、磁器を官買するを免行し、蘇木・胡椒等の貨を収号して回国するを容《ゆる》されんことを。永く往来を通じ、遠人悦服し、異域懐柔せしむるに庶《ちか》からん。いま奉献の礼物数目をもって後に開坐す。須《すべか》らく咨に至るべきものなり。（『歴代宝案』）

（願わくは遠人の航海の労を憐れみ、磁器を官で買い上げないでほしい。蘇木・胡椒等を買い付けて帰国することを許してほしい。ながく往来をし、遠人が喜び従うことは異域との関係を良くする方法です。今、持ってきた礼物を紹介します。咨〔文書形式〕により知らせます。）

琉球の船は磁器を持ってきており、蘇木・胡椒を買い取って帰国したいことが述べられている。「官買」とは政府が買い上げることであるが、これには時間がかかり、値段も安いのでこれをしないでほしいといっているのである。別の「咨」に「早く両平に売買して」という文言があるが、これは対等で自由な売買のことをいっているのであり、「両平」の売買が琉球にとって都合が良かったのである。琉球の貿易は、このことからも推察できるように、中国の磁器を東南アジアに運んで、東南アジアの蘇木、胡椒、ここには出ていないが錫（蕃錫）を買っていたのである。そしてこの蘇木、胡椒、蕃錫は中国に運ばれ、買い上げてもらっていた。そしてふたたび磁器を買い入れて東南アジアに運んでいたのであり、琉球はまさにアジア国際社会のなかで中継貿易を行なっていたことを知ることができるのである。

（ロ）尚巴志を介しての明朝から足利義教への招諭の伝達

一三七二年（応安五・洪武五）察度が中国明王朝への進貢を開始し、次の武寧の時冊封を受けるようになった頃、日本はどのように東アジア国際社会にかかわっていたのであろうか。そして、琉球と日本はこの頃どのようなかかわりを持っていたのであろうか。このことは、単に琉球と日本の二国間の問題としてではなく、当時の東アジア国際社会の関係の一端としてみることで、より正確な理解に至るのである。

明朝は成立当初、周辺諸国に中国への朝貢を呼びかけるのであるが、琉球の進貢の開始もこれを期に開始されたのであることは先述した。日本への朝貢の呼びかけは、一三六九年（応安二・正平二四、洪武二）に楊載によってもたらされている。琉球への呼びかけも楊載によってなされたのであるが、日本への呼びかけが一歩早く行なわれたのである。日本への朝貢の呼びかけの背景は、当時倭寇の活動が激しくなっていたのであり、これの対策として為されているということが大きい。

しかし日本は当時足利政権の初期でいわゆる南北朝の争乱の時期であった。このため、楊載による呼びかけは、当時九州に拠点を置いていた南朝方の征西将軍懐良親王(後醍醐天皇皇子)の下に届けられたのである。このとき懐良親王は、使者を殺害し楊載らを抑留したことで、朝貢の開始ということには到らなかった。しかし、この後使者の往来があり、明側にも日本の事情が伝わったことで、日本にはもうひとつ「持明」(持明院統、北朝)の勢力があることを知るようになる。(9)

日明関係が正式にはじまるのは北朝を擁していた足利幕府三代将軍の義満のときからである。義満は一三九二年(明徳三・元中九、洪武二五)に南北朝の統一を成し遂げ、一四〇一年(応永八・建文三)に博多商人の肥富と僧祖阿を使者として明朝に派遣している。そして、この年建文帝の使者が「大明の書」をもたらしたのである。(10)この書には、

　　茲《ここ》に爾《なんじ》日本国王源道義、心王室に在り、君を愛するの誠を懐き(『善隣国宝記』)

と記されており、爾(なんじ)、源道義(義満)は日本国王であるとされているが、これは冊封を伝える皇帝の書である「誥」ではない。しかし日本の将軍源道義(足利義満)が中国皇帝から日本国王に冊封されていることは疑いのないことである。このことは日本も、中国を中心にする東アジア国際社会の一員になったことを示しているのであり、日本は、琉球および他の東南アジア諸国と並行して中国への朝貢を行なう存在となっていたということを示しているのである。

足利義満の没後、一四〇七年（応永一四・永楽五）永楽帝は世子足利義持に書を遣わし、これを慰めている。そして日明関係の継続のための使者を遣わしているのであるが、義持は一四二〇年（応永二七・永楽一五）に元容西堂を介して明使に、

本国は開闢以来百皆諸神に聴く。神の許さざるところは細事というと雖もしかもあえて自ら施行せざるなり。

（『善隣国宝記』）

と伝え、皇帝の意に沿うことを拒否し、さらに義満の行為に対して「頃年吾が先君左右に惑わされ、肥官（富カ）口弁の愆《けん》（あやまち）を詳にせず、猥りに外国船信の問を通ず。」としている。また倭寇のことに関しては「これ実にわが知らざるところなり」としながら「当に沿海の吏に命じて制すべし」としている。また、別書に私が明の使臣に接しないのは「先君の病を得るや卜に云う諸神の祟を為す」といっている[11]。

義持はこのように、義満のはじめた日明関係を明確に拒否する態度を示したのである。このため日明関係は途絶するのであるが、義持は外国との関係を一切絶ったわけではなく、朝鮮国王との間ではたびたび書を交換し、一四二二年（応永二九・永楽二〇）には仏教の信仰を深くするため、朝鮮に大蔵経板を求めている。朝鮮国王はこの求めに対して、大蔵経板は一本のみで祖宗の伝えるものであるので譲ることはできないといっている[12]。

義持は一四二八年（応永三五・宣徳三）に没し、翌年第六代将軍として義教が就任する。明朝でも宣徳帝が新たに即位していた。宣徳帝は日本との関係を再開するために義教に勅諭をおくるのであるが、その勅諭は琉球を介しておくられたのである。琉球では巴志が思紹の後を継ぎ、一四二五年（応永三二・洪熙一）に勅使柴山によって中山王に冊封されていた。巴志はまた一四二九年（永享一・宣徳四）に、山南王他魯毎を滅ぼし三山統合を成し遂げ

たとされているのであるが、翌年宣徳帝は再度内官の柴山を遣わしその功を嘉するとともに、尚姓を下賜している。宣徳帝は一四三二年（永享四・宣徳七）に勅諭で、尚巴志に日本との往来の再開の仲介を求めたのである。勅諭には次のように記されていた[13]。

皇帝、琉球国中山王尚巴志に勅諭す。朕聞く、王が国は日本と境を接し、商賈往来し、道路阻むなし。ここに内官柴山を遣わして王が国に来たらしめ、公幹に中《あ》つ。ならびに勅諭一道を遣る。王よろしく人を遣わして齎し去かしめ、日本国王に与えよ。それをして遣使して往来和好せしめ、および売買生理せば、ともに太平の福を享けん。（『歴代宝案』）
（尚巴志王の国は日本と境を接している。いま内官〔宦官〕の柴山《さいざん》を使者とし勅諭一道を遣すので日本国王に届けてほしい。日本との往来が実現し、売買が行なわれると皆が福を受ける）

このときの日本国王への勅諭には次のように記されていた[14]。

爾、日本先王源道義、能く天道に敬順し、恭しく朝廷に事う、是をもって朝廷眷待すること弥厚し。朕今皇祖の志を紹承し、一視同仁の徳を広め、特に王に勅諭す。王それ益天心に順い、先王の志を恪遵し、遣使来朝せよ。朕の爾を待つ、皇祖の爾の先王を待つが如し。（『明実録』）
（先王源道義は能く明朝朝廷に仕えていたので朝廷は厚くもてなした。朕〔宣徳帝〕は位を継いだばかりであるが、皇祖の志を継承し万民に等しく徳を広めたい。王〔義教〕よ、先王の志を守り来朝せよ。私があなたを待つことは、私の先祖があなたの先祖を待った気持ちと同じである。）

尚巴志はこの勅諭を柴山に託して日本に護送するはずであった。しかし柴山が急に態度を変え、琉球に来てから従えていた僧を殺害する事件を起こし、帰国してしまった。このため宣徳帝の勅諭は日本に届けられることはなく終わったのである。しかし、このような琉球を介する義教招諭の動きとは別に、義教は独自に遣明船の派遣を決め、一四三二年（永享四・宣徳七）八月に兵庫から船を発している。このときの遣明船は全部で五隻派遣されたというが、構成は幕府船・山名船・大名寺社合計一三家よりなる寄り合い船からなっていたという。このような遣明船の構成は、日明関係の回復が、明側にとって「太平の福」の実現、すなわち倭寇の活動を抑えることであったのに対し、日本の意図は貿易の利を求める点にあったことを示している。

また、このときの日本からの使節の正使に任命されたのは龍室道淵である。道淵は中国明州の出身で博多の聖寺に住していたのであるが、このときは天龍寺に列していたという。宣徳帝は日本使節の正使である道淵に対して勅諭を与えているが、そこには道淵が仏教を究め、日本国王の命に応じて遠く海を渡ってきたことを嘉し、僧録司の「右覚義」の職を授けている。そして日本に帰ったならば天龍寺の住持にするということが記されている。

道淵は、帰途杭州で亡くなったため、帰国してから天龍寺の住持になることはなかった。しかし、僧録司は中国の官職であり、これを日本に在住する道淵に授けること、および日本の五山のひとつである天龍寺の住持に、中国皇帝が任命するという、一見理解しがたい内容をもつ勅諭である。しかし、このことは、琉球の亜蘭匏に王相の地位と品帙を授与したことに見られるように、中国の朝貢・冊封の思想が、内外を区別しない「一視同仁」の世界観であるということと関連することであると解釈すると理解できることである[15]。

（八）寧波の乱と琉球

一四〇一年（応永八・建文三）に足利義満が明朝に遣使してから日本と明朝との関係がはじまったのであるが、

このことは日本も東アジア国際社会の一翼をしめるようになったということを意味していたことは先に記した。東南アジア諸国も朝鮮国も琉球も中国にかかわっていたのであり、それぞれの朝貢は並行して行なわれていたのである。このため、それぞれの国と中国の二国間関係だけでなく、相互の関係も生じていた。そのような関係を見ることで琉球の立場や国際社会のなかでの情況も理解しやすくなる。ここでは、日本の足利幕府と朝鮮国との関係、および寧波の乱と琉球のかかわりについてみてみよう。

足利幕府六代将軍義教のとき、日明関係は再興されたのであるが、次の義勝の代には在任期間が短かったため、船の派遣はない。八代の義政の時代（一四四九年から一四七三年）には四回派遣されている。一四五一年（宝徳三・景泰二）の第一回の遣船の正使は東洋允膨であり、一四六四年（寛正五・天順八）の第二回の遣船の正使は天《てん》與清啓《よせいけい》であった。第二回目の使節は成化帝の勘合を下賜されて帰国の途に就いたのであるが、帰国した一四六九年（文明一・成化五）には、日本では応仁の乱が起こっており、博多商人と関係が深く西軍山名方に属していた大内氏と、堺商人と関係が深い東軍細川氏との対立が鮮明になっていた[16]。

このため細川氏と結んでいた帰唐船が大内氏に襲われ、貨物とともに勘合も奪われる事件が起こった。そしてこの後、第三回目の船の派遣を計画するに際して、勘合がなくて困ってしまったのである。このとき幕府は第一回目の使節が持ち帰った勘合を使用しようとしたが、それに先立ち、明朝に対して旧勘合を用いることの事前の了解を得ようとして、朝鮮国にこのことを伝えてもらうことを考えたのである。一四七四年（文明六・成化一〇）に義政から朝鮮国王に遣わされた書には次のように記されていた[17]。

是より先、表文を捧げて方物を備え、大明国に朝貢し、且又新勘合の符信を求む。然れども弊邑適軍旅の事に属し、報告弁びに求むる所の勘合は皆盗賊の奪う所となり、一つとして此に至らず。（略）今、また事をもって信を大明に通ぜんとす。さいわいに景泰年中の勘合有り。此れを以て験《しるし》となさば、或いは事を諭《さと》さざる者、我れを嫌疑の地に置かんや。窃《ひそか》に承るに、上国の大明におけるや、封域連接し、聘問頻煩なりと。請う、我れを紹介し、此の事を以て告げらるれば、則ち上国の賜は執《たれ》かこれに加えん。(『善隣国宝記』)

(表文を捧げ、方物を備え大明に朝貢したいのであるが、勘合を賊に奪われて準備することができない。しかし、幸いに景泰帝の勘合が残っているのでこれを使いたいが、事情を知らない人は疑うかもしれない。そこで明国と接していて聘問を行なっている貴国からこのことを明朝に伝えてほしい。)

朝鮮を上国とよび、貴国は明朝と親しい関係にあると聞くから事情を伝えてほしいと頼んでいる。実にストレートな物言いであるが、このようなことが可能な国際関係であったことも事実である。このときの日本からの遣明船は一四七六年(文明八・成化一二)に堺の港を出発し中国に向かったが、中国はこれを受け入れたようで、この船は一四七八年(文明一〇・成化一四)に日本に帰着している。朝鮮を介する事前の連絡はうまく機能したのであろう。

勘合をめぐっての大内氏と細川氏の争いはその後も続き、一二代将軍義晴の代にいたり、一五二三年(大永三・嘉靖二)に明における日本船受け入れ港である寧波において、両氏の勢力が衝突する事件が起こった。寧波の乱である(18)。

このときの遣明船は四隻からなっていたが、一号船から三号船は大内氏の船で、四号船は細川氏の船であった。正使は大内氏側の宗設謙道であった。細川氏方では鸞岡瑞佐と宋素卿が中心であった。四月にまず宗設等の船が到着し、数日遅れて瑞佐・宋素卿の船が寧波に到着した。ところが五月に宗設等が宋素卿等の船を襲い焼却して、自らは船で出帆してしまった。明側は最初宋素卿を審問し、事件は日本の両派が貢使の真偽を争って起こったものとしていた。しかしやがて宋素卿が前回の進貢の際に浙江省の官に贈賄していたことが明らかになり、役人の不正を問うことに発展した。宋素卿はもとは寧波人であるところから中国側は好意を持ってみていたが、真相が分かるにつれて宗素卿は「中国を背棄し、ひそかに外夷に従い本朝に叛賊する人物」ということになり、取り調べがきびしくなった。すでに瑞佐は乱の際亡くなっていたが、素卿も獄に繋がれて獄死している。

この争いは、日本での政治的な争いを背景とし、使節の真偽を争って起こった事件であるが、中国役人の不正行為も明らかになったことで、明側は日本の進貢に疑いを持つようになって、日明通交は一時頓挫している。このとき細川方の一員だった僧の妙賀は無罪なので日本に送り返すことになったが、そのとき中国に来ていた琉球使節の蔡淵とともに送ることになり、妙賀はまず琉球に至り、その後日本に帰っている。

この事件は、妙賀の件だけではなく、その後の処置に関しても琉球が大きくかかわっている。『明実録』の嘉靖四年（一五二五年）六月己亥条に「時に琉球国貢使鄭縄本国に帰る。則ち勅を齎らし、転諭せしむ」とあるが、嘉靖帝は、琉球の尚真王に、皇帝からの日本への勅諭を伝えてもらうために鄭縄に託したのである。この勅は一五二七年（大永七・嘉靖六）、尚清王の初年に、琉球僧智仙鶴翁によって日本に届けられた。

智仙鶴翁に日本で対応したのが月舟寿桂であった(19)。月舟は五山の禅僧で文章を能くし、晩年は建仁寺に住した。月舟の著作として『幻雲文集』があるが、このなかに「鶴翁字名弁序」と題する文があり、智仙のことや、智仙から聞いた琉球に関することが記されている。三山分立のこともあるが、興味深いのは源為朝についての話をしるしていることである。源為朝が琉球に走り、そこで「創業主」となったことを述べている。創業主の子孫は源氏であるから琉球は「吾附庸」であるとしているが、島津氏が後に主張する附庸とは別で、日本の附庸という意味で使われており、中世末の日本の琉球についての認識の一端を示していて興味深い。久米村についてのことも記しており、「頗有文字、子孫相継而学」としている。

智仙がもたらした明皇帝の勅には、嘉靖以来日本と明は不和になっているが、先王の時のように盟約したいということが記されていた。日本も同様に考えていたようで、我が王（将軍義晴）は、予（月舟）に命じて皇帝への「表」を作らせたと述べている。この表は一五二七年（大永七・嘉靖六）の、日本国王源義晴から嘉靖帝への表である。隣好を修し、天恩に沐することを願う文言とともに、「茲自琉球国遠伝勅書」という語があり、たしかに皇帝からの勅諭は、琉球から日本に伝えられたのであり、これはそれに答える表であるということを確かめることができる。

義晴の代の遣明船は一五三九年（天文八・嘉靖一八）に遣わされているから、寧波の乱後の日明の不和は、琉球の仲立ちで解決されたことを知ることができる。将軍義晴はこのとき琉球に次のような書を送っている[20]。

御ふミくハしく見申候、進上の物とも、たしかにうけとり候ぬ、
又、この国と東《（東）》羅国とわよの事申とゝのへられ候、めてたく候
　大永七年七月二四日　御判在之
りうきう国のよのぬしへ（『室町家御内書案』）
（お手紙詳しく拝見しました。贈り物は確かに受け取りました。この国〔日本〕と東羅国〔からこく・中国〕の「わよ」〔和与・和解〕を整えられました。ありがとうございます）

この書に添えられた解説に「一番の御文言ハ、から日本のわよをりうきうよりあつかひにつき候て、かくの分候」と記している。寧波の乱後の日明関係の不和の解決に、琉球が大きな役割を果たしたことを知ることができる。

八　琉球の進貢・冊封と日明関係との比較

一四世紀末から一五世紀初めにかけて、琉球と日本はあいついで中国明王朝に朝貢（進貢）し、その後も継続して使節を送ったので、二つの国の中国との関係は並行して行なわれていた。しかし同じ朝貢といっても、形式や内容において違ったところがあり、それぞれの国の事情が反映されていた。これまで、この二つの同時並行の朝貢についてはそれぞれについての知識は深められてきているが、比較してその異同を探り、そこから当時の東アジア社会におけるそれぞれの国の位置を考えるということは行なわれてきてはいない。しかし近年状況は少しずつ改善されてきつつある。

そのひとつは研究の国際的な交流が行なわれるようになってきていることである。そしてもうひとつは史料の研究が進み、史料集の刊行が進んだことである。ここでは、史料集について述べておきたい。

史料集刊行でもっとも大きな意味を持っているのが、沖縄県による『歴代宝案』の刊行である。『歴代宝案』は琉球国の中国への進貢、国王の冊封にかかわる文書である詔・勅・表・箋・咨などの形式の文書、および中国以外の東南アジア諸国との関係文書を収録した一大外交文書集である。年代も明代の一四世紀から、清代の一九世紀までを含み、約五〇〇年にわたっている。琉球・日本をアジア世界のなかで知るための最も重要な史料であるといえよう。原本は琉球の外交に携わっていた久米村に伝承されてきていたが、昭和のはじめ沖縄県立図書館に移管され、その後不明となっている。さいわい原本の複写や転写したものがいくつかあり、それらを校訂した校本が現在沖縄県によって継続刊行されている。この刊行では、校本だけではなく、訳注本も刊行されており、利用者に大きな便

宜を与えている。(1)

県の刊行がはじまる前に『那覇市史』(資料篇一―四　歴代宝案第一集抄)が刊行されているが、これは第一集に含まれる主要な文書を、原文と読み下しで翻刻したものであり、利用しやすい有用な史料集である。刊行までには多くの時間がつぎ込まれていることを忘れてはならない。(2)

また、膨大な『明実録』『李朝実録』から琉球関係の記事を抜粋した史料集が和田久徳氏によって編まれており、これも研究に大きな便宜を与えている。(3)

日明関係については『善隣国宝記』がある。これは室町時代の五山僧である瑞渓周鳳によって、一四六六年(文正一・成化二)から一四七〇年(文明二・成化六)の間に編まれたもので、日明間の外交文書である中国皇帝からの詔・勅や、日本からの表・咨などを収録したものである。活字本としては、従来『史籍集覧』本があったが、最近本文に訳注を付けた、田中健夫編『訳注日本史料　善隣国宝記・新訂続善隣国宝記』(集英社)が刊行されて研究に大きく役立っている。(4)

『善隣国宝記』は序・巻之上・巻之中・巻之下からなっている。周鳳が本書を編んだ直接の契機は、彼自身が、足利義政の一四六五年(寛正六・成化一)の遣明使派遣に際して、皇帝への表文を作成したことであったという。日本では当時、中国皇帝への表(表文)は、五山の禅僧たちが作成しており、琉球国の久米村に当たるような文書作成の専門集団はなかった。周鳳はこのことに違和感を懐いていたのではなかろうか。周鳳は、本書の序に仏教者として聖徳太子を敬う気持ちを述べて、三宝(仏・法・僧)の伝来したところの百済・震旦を敬い、この地と我が国との関係はそもそもどのような経緯をたどっているのかということがもっとも大きな関心としてあったことを述べている。しかし、他方商船往来により財貨を得て国を富ますのも善隣を宝とすることであるが、これは聖徳太子の本意ではなかろうともいっている。

また、周鳳は足利義満が中国皇帝に朝貢して日本国王を称していることについて、批判的な文言を綴っていることは有名であるが、このことについて田中健夫氏は本書の解説のなかで、周鳳の批判は、たとえば臣ではなく朝臣とすべきであるとか、彼の国の年号を使うのではなく、干支にすべきであるというように「義満の外交文書の字句批判」であるとして、国王を名乗ることで天皇僭上したことを批判したものではないとしている。

しかし、周鳳のこの部分の文をよく読んでみると、田中の引用している文の後に、「書は朝廷より出すべし」という語があり、そして「代わりて之を言うか」という周鳳の一喝が記されていることを見逃すべきではなかろう。巻之上の冒頭に「日本は神国なり」と書き出していることを考えると、義満外交に日本の外交主体としての自覚がないことを批判しているのであり、外交文書が禅僧によって作成され、それを将軍が日本国王を名乗って中国皇帝に呈していることにおおいなる疑問を呈していることが分かる。「代わりて之を言うか」とは天皇に代わって外国にものをいうかという意味に解せるが、義満の天皇僭上を批判したと言うより、日本の外交の主体はどこにあるのかと言っているようである。

さて、琉球の進貢は、初めは不時朝貢で、貢期は決まっていなかったが、一四七五年（文明七・成化一一）に二年一貢となり、その後少し変化があり、一五二二年（大永二・嘉靖一）に再度二年一貢となり、これが明末まで継続した。清朝になって進貢が回復してからも二年一貢であった。進貢はこのように貢期が決まっているので、それに合わせて行なわれるのであるが、必ず一定の手続きが必要であった。

まず、「表」（表文）であるが、国王から皇帝への書である。皇帝の徳をたたえ、皇帝の治下に従うことを述べたものである。文言や文字の台頭などの書式、字体などきびしい規定があったのであるが、これは最初は皇帝から撥與された中国人の指導に従って行なわれたと思われる。王相などの官職制度などと同時に、沖縄初期国家に入ってきたことであろう。

「表」のほかに、琉球の進貢船であることを証明する証書である「執照」、使節団の詳細を記した「符文」が必要であった。符文は福州から北京へ向かう際の使節の証明書にもなった。琉球の船が福州港に入港すると、港口の閩安鎮で、まず手続きが行なわれるのであるが、その際に必要な書類が執照であった(5)。

これに対して、日本の朝貢は、一〇年一貢であった。そもそも日本の朝貢は一四〇一年（応永八・建文三）に使者を遣わしてからであるが、これに対して建文帝は同年「茲爾日本国王源道義云々」の詔を与えている。中国の規定では、王の冊封は、琉球国王は勅による冊封（勅封）であるが、日本・朝鮮は誥《こう》による誥封である。義満の冊封は「誥」によって行なわれているはずであるが不明である。いきなり「爾日本国王」と呼びかけられているので、どこかで冊封があったはずであるが、そのことは史料のうえでは確認できない。義満はこの前に二度使者を退けられていたのであるが、急に進貢が認められたのである。義満の上書には「応永八年」という日本の年号が記されているのであり、これが中国で受け入れられたとは形式上考えにくい。

『善隣国宝記』の田中の解説では、このとき明朝では建文帝と叔父の朱棣《しゆてい》（永楽帝）が争っていたので、建文帝が異例を認めたのではないかという解釈をしている(6)。日本の中国への朝貢は異例の形ではじまっていることが考えられる。

建文帝の詔には、日本に対する要望として、「逋逃を容るることなかれ、姦宄《かんき》をゆるすことなかれ」という文言が入っており、明確に倭寇の禁止を日本に望んでいたのである。日本に対する朝貢の受け入れは、倭寇の取り締りということと一緒にして許可されたのであることを知ることができる。このため、一四〇四年（応永一一・永楽二）には日本の朝貢の手続きとして、「勘合」が与えられたのである。勘合の制度は中国ではすでに一三八三年（洪武一六）に暹羅国や占城国に用いられていたのであり、これが日本にも適用されたのである。

勘合は皇帝の代ごとに、勘合百道、勘合底簿一扇が支給された。日本への勘合は「本字」勘合で壱号から壱百号であった。勘合底簿は「日字」壱号から壱百号であった。日本からの船は本字勘合を持参しなければならなかったのである。日明の通交が「勘合貿易」と言われる所以である。日本からの船は、「表」（表文）と「勘合」が必要であったのであるが、琉球の進貢に必要である執照・符文のことは記されていない。勘合が執照と符文を兼ねていたのかもしれない。

小葉田淳によれば、勘合は幅壱尺三寸（約四〇センチ）、長さ弐尺八寸（約八五センチ）の文書であったという。そして、勘合の裏に進貢方物、附搭物件、客商貨物、乗座海船幾隻、船上人口などが記されることになっていた。(7) これを「塡《てん》」というが、内容は符文の内容と同じであり、勘合は符文の要素をもつことを知ることができる。日本からの進貢方物は、宣徳帝への朝貢の際には、馬二〇匹、撒金鞘柄太刀弐把、硫黄、瑪瑙、屏風、鎗、黒漆鞘柄太刀、長刀、鎧、硯幷匣、扇の名が記されている。乗組員は、正使、綱司、居座、従僧、土官、通事、従人、船頭、水主が記されている。附搭貨物については、この塡には記載がないが、『明実録』には、一四五一年（宝徳三・景泰二）のもとして、蘇木、銅、硫黄があった。(8)

「表」は日本では五山の僧が作成したことは先述したが、たとえば、一四七五年（文明七・成化一一）の表は横川景三が作成し、一四六五年（寛正六・成化一）の表は瑞渓周鳳、一五二七年（大永七・嘉靖六）は月舟寿桂が作成している。朝鮮に遣わす書も禅僧によって作成されていた。

3　東アジア世界の変容と琉球

一　明朝の衰退と琉球

琉球の中継貿易は、その後、成化年間（一四六五年から一四八七年）、弘治年間（一四八八年から一五〇五年）、正徳年間（一五〇六年から一五二一年）の間は順調であったが、正徳期の後半から不安定になる。この時期は尚真王の治世の末である。嘉靖期（一五二二年から一五六六年）、尚清王・尚元王の時期になると、東南アジアの胡椒・蕃錫は手に入らなくなり、一時日本の紅銅が代わりに用いられたことがある。蘇木の入手は万暦年間（一五七三年から一六二〇年）、尚元王の代まで続くが尚永王、尚寧王の代にはまったく途絶してしまい、政府財政は非常な困難に陥っていくのである。(1) そのなかで採られた対応策が自国産品の土夏布の生産であった。東南アジア産品に代わって土夏布を中国に買い上げてもらうようになったのである。

このような琉球の中継貿易の衰退と財政の困窮化は、明王朝の衰退にともなうことであった。明王朝の衰退によって、琉球は二つの面で大きな影響を受けた。ひとつは船の下賜が少なくなり、ついには行なわれなくなったことである。明王朝はその初期においては大規模な造船所を持っており、巨大船を造り、鄭和による大航海も行なわれていたのであるが、造船所は一五世紀の中頃には衰退しはじめていた。一四三九年（永享一一・正統四）の琉球の

「咨」には、洪武・永楽年間には三〇隻の船があったが、いまは七隻を残すだけであると記している。さらに一四八四年（文明一六・成化二〇）の尚真王の「奏」では、永楽年間の船はすでに破壊し尽くし、いまは三隻あるだけである。そこで、自費により福建で造船することを許可してほしいと願っている。

この願いは聞き届けられ、琉球は中国で造船するのであるが、これが琉球による大型船の自力造船の第一歩になったのである。この後、琉球の進貢船は、船字号の付いた船はなくなり、代わりに「本国小船」「土船」による進貢といったことが記されるようになる。船の不足による貿易活動の減少で、東南アジア産の蘇木・胡椒・蕃錫を手に入れることができなくなってきて、これに代わって自国産の「土夏布」を中国に持って行った。琉球は明王朝の衰退に対して、自力造船と自国産物の生産によって対処しようとしたことが分かる(2)。

琉球の中継貿易の衰退のもうひとつの要因は、一五六七年（永禄一〇・隆慶一）の漳州月港の開海禁である。海禁は中国沿岸商人の自由な海上活動を禁止する政策で、管理された対外関係である朝貢・冊封体制を補強する政策であった。しかし、現実には私人の海上活動は行なわれていたのであり、沿岸部の経済的発展とともに、海寇集団の動きと同調するようになり、嘉靖期（一五二二年から一五六六年）のいわゆる大倭寇時代が出現するのである。

嘉靖期の倭寇はほとんどが日本人ではなく中国人であったのであり、沿岸部の海商たちの海禁政策に対する抵抗という面を持っていた。このため明朝は倭寇の取り締まりを強化したのであるが十分ではなく、結局新しい管理組織として海澄県を設置し、督餉館を設けたうえで海禁を解除したのである。これによって福建省漳州府海澄県の月港を拠点にした、中国商人の東西二洋への通販が大きく展開するようになるのである。通販先としてもっとも通船頻度の多い所は呂宋島であったが、他にも東南アジア各地に多くの船が出かけ交易が行なわれたのである。これによって琉球は東南アジアの交易地を失っていったのである(3)。

琉球は貿易の衰退に対する対策として大型船の造船と自国産品である「土夏布」の生産を行なったのであるが、

このような琉球の内部努力も限界があり、財政の困窮は進んでいったのである。尚寧王が即位したのは一五八九年（天正一七・万暦一七）であり、冊封されるのが一六〇七年（慶長一二・万暦三五）であるが、このときの尚寧王の「奏」（礼部より尚寧への咨に引用されている）には琉球国の困窮が深いことが述べられている。[4] 少し長文になるが引用してみる。

> 縄の断つものは続くべく、国の虚なるものは培うべし。琉球は旧く朔を奉ずるの初、洪武・永楽の間より両ながら聖祖の隆恩を蒙り、ともに閩人三十六姓を賜りて国に入る。書を知るものは名を大夫・長史に列し、もって貢謝の司となし、海に慣れるものは任ずるに通事・総官をもってし、もって指南の備となす。けだし才によりて職を効して累世休を承く。謂わざりき、世久しくして代更り、人湮して裔尽く、僅かに六姓を余すもなお侏儒・椎髻の習に染り、天朝の文字音語尽く盲昧となす。外島海洋の針路は常に舛迷に至り、文移は多く駁問に至り、舟楫は多く湮没するを致す。甚だしきは貢期欠誤、儀物差訛するにいたり、万里の螻誠《ろうせい》少しも君父に達するを得ざるなり。（『歴代宝案』）
>
> （縄が切れたら繋いでいかなければならない。国が虚しくなったら立ち直るようにしなければならない。琉球は洪武・永楽の頃から進貢し、閩人三十六姓を賜り、彼らのうち書を知るものは大夫・長史の役に任じ進貢の役を果たさせ、海に慣れたものは通事・総官に任じて、航海に当たらせてきた。しかしながら、洪武・永楽の時代から久しくなり、世代はかわり、人はいなくなっている。僅かに残った閩人《びんじん》〔中国福建省出身の人〕も外国の習俗に染まり天朝〔中国〕の文字・言葉はできなくなってきている。船の操舵を誤り、文字は書けなくなり、船は沈み貢期は誤ることばかりで私の螻《けら》のように小さな誠は少しも皇帝に届かなくなった。）

時代の変化をひしひしと感じ、皇帝への誠が尽くせなくなっていることを訴えているのである。この「奏」とは別に「咨」（夏子陽の尚寧への咨に引用されている）において尚寧王は次のようなことを訴えている。(5)

ひそかにおもうに聖人御極して中国にのぞみ、四夷を撫し東西二洋に開き販を興して餉に充てもって辺費を足らしむ。琉球また属国にあり、而して貿易通ぜざれば国痩せ民貧せしむるを致す。琉球はもと開国の初めより欽みて聖祖三十六姓を恩撥して琉に入れ国に幹たらしむるを蒙る。旧例を稽査するに、もと朝鮮・交趾・暹羅・柬埔寨と興販するあり。これにより、卑国陸続資籍に依るを得たり。今にいたりて三十六姓久しく人湮す。夷酋は指南車路を諳にせず。ここをもって各港に販するを断つ。計るにいま六十多年、毫も利の入るなし。日に鑠《と》け、月に銷《つ》き、貧にして洗うが如し。況やまた地せまくして人希なり。賦税入るるところほぼ出すところを償うのみ。かくの如きの匱窘《ききん》なり。もし懇に議処を乞わざればすなわち国本日ごとに虚しく、民日ごとにつきん。（『歴代宝案』）

（皇帝の力で政治は安定し、東洋・西洋の二洋での興販が行なわれ、経済的な安定を得ていた。琉球は開国の時から皇帝より三十六姓を賜り国の中心にしてきた。古い例を調べてみると朝鮮・交趾・暹羅・柬埔寨と交易を行なって利益を得ていた。いま、交流に携わってきた閩人三十六姓はいなくなり、各地の首長も交易のしかたが分からなくなってきている。交易をしなくなってから六十余年になる。利益が入らなくなって日ごとに衰え、貧にして洗うが如き状態である。琉球は土地が狭く、税による収入も日常の支出を賄うのがやっとである。このように乏しい状態のままでは国は虚しくなり、民は死に絶えてしまうであろう。）

尚寧の「咨」が出されたときから六〇年あまり前とは嘉靖二〇年（一五四一、尚清王一五）頃である。この頃から東アジア国際社会は変容し、貿易は不調になり、財政難が深刻化していったことが分かる。琉球はこのような事態から脱却する方法を模索するが、そのひとつとして、明王朝に対して自由な通商活動を行ないたい旨をのべている。しかし、中国側からは「もとより旧例なし」「通商の議断じて開くべからず」として自由な通商活動は許可されなかったのである。琉球は結局自立の道を歩くことはなく、明朝とともに衰退の道を歩かざるを得なかったのである。日本の封建領主の一人である島津氏の軍勢が、大樹将軍の許可の下に攻め込んでくる直前の琉球は、このような状態だったのである。

二　応仁の乱と日明・日琉関係の変化

沖縄で、尚徳王から尚円王（金丸）の代に代わる頃、日本列島では大きな社会変化が起きはじめていた。応仁の乱（一四六七年から一四七七年）の勃発である。この乱は室町幕府の管領畠山氏と斯波氏のそれぞれの家督をめぐる争いがきっかけになっているが、これに将軍職の相続をめぐる足利義政の嫡子の義尚と弟の義視の争いがからんで、大規模な争いになっていったのである。争いははじめ京都に限られていたが、やがて地方に広がっていった。この戦闘は大名家の相続争いがきっかけになっているが、非常に根深い原因を含んでいて、一時的には治まるが、やがてさらに大きくなり、本格的な内乱に展開していく。いわゆる戦国時代の到来であり、応仁の乱はその幕開けであったのである。根深い原因とは、古代末期以来営々と進められてきた、土地に対する私的な権利の浸透と、それを基礎とする領国の形成であった。土地の私的な占有は、最初は貴族・寺社による荘園の設定からはじまっているのであるが、やがて開発領主・在地領主が出現するにおよび、より広くかつ深くなっていった。そして最終的には直接の用益者である農民による土地の強い占有が生じるにいたる。名田・名主の成立、さらには名田経営の解体による小農民の出現にいたり近世の本百姓体制の基礎が作られるのである。この過程は小農民による地域的な村落共同体の形成でもあった。そして地域によっては、惣や一揆が成立し、他方で下克上により守護大名を倒し、農民支配を強化しながら成長してきた封建領主（大名）と、きびしい対立関係を出現させるのである。

このような社会変動を内部に抱えながら展開していた政治過程が戦国大名の成立・割拠であり、天下統一への動きであったのである。(1) 北条早雲が小田原を本拠地としたのが一四九五年（明応四・弘治八）であり、上杉謙信が春日山城主となったのが一五四八年（天文一七・嘉靖二七）であり、島津氏が薩摩・大隅・日向三国を統一したのが一五七七年（天正五・万暦五）である。

日本列島で戦国大名が成立していた頃の琉球列島は、尚真王・尚清王・尚元王の代に当たっている。一四九八年（明応七・弘治一一）には、中国への進貢開始一〇〇年を記念し、尚真王をたたえる『国王頌徳碑』が建てられ、一五四三年（天文一二・嘉靖二二）には尚清王を讃える『国王頌徳碑』（かたのはなの碑）が建てられている。(2) この碑は、「かたのはな」に立派な道を造り、橋を架けたことを記念したものであるが、次のように記されている。

くにくにのあんしへ、あすたへ、大やくもいた、里主へ、けらへあくかへ、こころ一つにあわせ、ちからをそろへ、いしをはめ、まつをうへれは、ミちはきよらく、まつはすゝし

（国々の按司部、あすたべ、大屋子もい、里主、家来赤頭が心を一つにして石をはめ、松を植えたので、道は清らかに、松は蔭をつくり涼しげになった）

よのぬし（世の主）、あすたへの制度が成立、安定し、その下で皆が力を合わせて国造りを行なっていることを想像することができる。沖縄琉球統一国家の正に隆盛期であることが表明されているのである。

しかし琉球のこのような安定期は長くは続かなかった。この時期を頂点とし、やがて海上貿易活動の急速な衰退と、財政の窮乏化が起こってくることは先記のとおりである。このような変化は、日本列島に起こっている歴史的変動も含んだ、東アジア世界の歴史転換という大きな変化のなかで起こっていたことであり、その中心にある中国明朝の衰退とともに、琉球は立ち直る暇もなく次の時代に押し流されていくことになるのである。

さて、室町時代には琉球の船はたびたび日本に来て貿易を行なっていたのであるが、応仁の乱が起こった頃から疎遠になっていった。このため幕府は一四八〇年（文明一二・成化一六）に島津氏宛に琉球船の来貢を促す奉書を出している。翌年に琉球から文船が薩摩に来たという記事が『島津国史』[3]にあるが、同書にはこの船は「京師」に行く船であると記しているから、求めに応じて琉球から京都（幕府）に遣わされた船であろう。

「文船《あやふね》」とは船の艫に青雀・黄龍を描いた礼船であった。これ以後豊臣秀吉と徳川家康の下に琉球から使者が遣わされるとき用いられているので、政府間の儀礼のときの特別な船であったろうと思われる。しかしこの後、琉球船が日本に来貢したという記事はない。

琉球船が来貢しなくなったことに代わって出てくるのが日本人の琉球への渡航である。一四七一年（文明三・成化七）の右衛門尉行頼より島津氏（立久）への書によれば、近年堺辺から琉球渡航船が多くなっている、印判のない船は追い返すようにと伝えている。

島津氏は幕府の渡唐船の警備を任じられていたのであるが、また幕府の進貢品である硫黄の調達も担当していた。島津氏へはこのことと関連して、琉球への船の取り締りが命じられたのであろう。島津氏のこのような立場が琉球渡航船に対する規制力、はては琉球に対する支配を主張する端緒になっていったようである。島津家第一三代当主忠治は、一五〇八年（永正五・正徳三）の琉球国（尚真王）への書で、「不帯我印判往来等、一々令点検之、無其支証輩者、船財等悉可為、貴国公用」（我が印判持たずに来た商人たちについてはよく調べ、証明のない者については船などすべて没収し貴国のものにしてもよい。）と述べている。[4]

しかし、この頃はまだ島津氏の琉球に対する支配の意識は示されていたわけではなく、船の上下についての相互のことを確かめ合う関係を継続していたのである。このことは、年欠ではあるが、金丸世主（尚円）から嶋津御屋形への書状、および世主（尚真）から嶋津式部大輔（久逸）への書状によって確かめることができる。前者の書状には「彼船共罷下候之条、畏入候」という文言があり、後者には「殊更就上下之船之事御意為悦之至候」という文言がある。書状の前後の文言についてはわかりにくいこともあるが、この文言は船の上下を認め合っていることであることは分かる。[5]

島津義久が三州守護に就任し、南九州の政治的統一が目前に見えはじめると、島津氏の琉球に対する態度も急に威圧的なものに変わっていく。その契機になったのが、義久の守護就任を伝えるために使者の広済寺雪岑《せっしん》が一五七〇年（元亀一・隆慶四）に遣わされたときからである。[6]帰国後雪岑は、薩摩からの書状は小門より受け取り、国王の書は大門よりだした、として琉球の不敬を伝えたが、最も重要な問題であったのは、薩摩の許可の印判を持たない船に入港を許していることを知ったことであった。

琉球は一五七四年（天正二・万暦二）に義久の就任を祝う使者として天界寺南叔と金大屋子を遣わしているが、天界寺南叔には印判付帯のない船の入港を許可したことについての尋問が行なわれている。南叔は、これについて、先王（尚元王）崩御の時で諸事にかかわる余力がなく仕方なく許可したと理由を述べ、今後はそのようなことはないと述べている。

船の規制について島津氏が琉球に力を及ぼしたのはこのときがはじめてである。このとき、「琉球之口」は当家が上意により賜ったものであるから琉球は王一代に一度の文船を遣わすようにということも求めている。島津氏（貴久・義久）が琉球への渡航船に「琉球渡航許可状」を発給しはじめるのもこのころからである。

しかし、実はこの頃から日本列島の政治地図は激変しつつあったのである。尾張の織田信長が勢力を増して、旧勢力および周辺を従えてゆき、前将軍足利義昭を奉じて京都に入り、さらに一五七三年（天正一・万暦一）には義昭を追放して、ここに室町幕府を滅亡させている。日明勘合貿易もすでに一五五一年（天文二〇・嘉靖三〇）に大内氏の滅亡とともに終わっていた。(7) 信長は、一五七六年（天正四・万暦四）には安土城を築き、戦国の世をほぼ統一したかに見えた。しかし一五八二年の本能寺の変で信長の統一は頓挫し、これを引き継いだ豊臣秀吉が一五九〇年（天正一八・万暦一八）に小田原の北条氏を滅ぼして全国統一を完成させるのである。

三　豊臣秀吉の統一と琉球

秀吉の全国統一と、南九州の戦国大名である島津氏の地域統合とは、同時に進展したのである。島津氏は、一五二七年（大永七・嘉靖六）に、本宗家に薩摩半島の伊作を本拠としていた伊作島津氏の貴久が入ることで戦国大名化し、薩摩・大隅・日向の三州統一に向かうことになる。その最初が大隅合戦といわれた蒲生《かもう》、祁答院《けどういん》、入来院《いりきいん》との戦いであった。この戦いは、鉄砲がはじめて合戦に使われたことでも知られている。最後は一五七七年（天正五・万暦五）に飫肥《おび》に拠点を置く伊東氏を敗走させたことで、三州の統一を完成させたのである。島津氏はこの後、豊後の大友氏を攻め、肥前の龍造寺氏を攻め、九州に覇を唱えたが、ついには秀吉と対峙することになるのである。島津氏は元来は惟宗《これむね》姓を名乗っていたのであるが、鎌倉時代一一八五年（文治一）に忠久が南九州の島津荘の下司（地頭）に任命されたところから、やがてそこに土着し島津氏を名乗るようになったのである。その後大隅・薩摩両国の守護に任ぜられ、やがて薩摩・大隅・日向三州を領する大名として成長する。島津荘は、はじめは摂関家領として伝領されてきたが、鎌倉時代に五摂家に分かれたなかで近衛家領となっていた。

忠久は実際に入部することなく、在鎌の御家人であったが、三代目の久経のときに蒙古襲来後に、御家人に異国警護番役が課されたことで薩摩に入部したのである。その後一族は多くの分家を創出してゆき、一〇代当主忠国のときには三〇余家となっていたという。

島津氏の一族は、本宗家の他に、伊作《いざく》家、総州家、豊州家、薩州家、相州家があり、さらに佐多、新納、北郷《ほんごう》、川上、町田、伊集院、等の分家があった。これらはそれぞれが在地領主として自立化の道を歩むとともに、本宗家とも争う存在になっていった。南九州では、島津氏の一族の争いとともに、根占《ねじめ》、肝属《きもつき》、蒲生《かもう》、菱刈《ひしかり》、祁答院《けどういん》、入来院《いりきいん》氏等、他氏との争いがあるが、最終的に薩摩・大隅・日向三国を統一したのは、伊作島津氏からでて、本宗家に入った貴久（日新斎島津忠良の子）とその子の義久、義弘の代で、一五七七年（天正五・万暦五）のことである。一六〇〇年（慶長五・万暦二八）の関ヶ原の戦いの後、徳川家康から家督を認められ、近世薩摩藩初代の藩主になる家久は義弘の子である(1)。

一五八七年（天正一五・万暦一五）に島津義久は豊臣秀吉に屈服した。義久は鹿児島の御内城《みうちじょう》から秀吉が陣を敷く薩摩川内に行く途中、伊集院で剃髪し斎名を龍伯とし、秀吉にまみえた。このとき秀吉は義久に佩刀を授け、薩摩の領有を認めたのである。義弘には大隅の領有が認められ、島津氏は秀吉政権下の一大名として存続することになるのである(2)。

屈服後、義久・義弘は、あいついで京都に登り、聚楽第で再度秀吉にまみえている。このとき、秀吉側近の石田三成から書状で、琉球のこと、勘合のこと、賊船のことを申し付けられている。琉球については早速上京させるようにということであり、勘合については復活の才覚を求め、賊船については「他国よりは不出候、貴老領分より出船の由、其聞候」と薩摩から出ている賊船の取り締りを申し付けられているのである。秀吉は、一五八八年（天正一六・万暦一六）に刀狩り令とともに、海賊取締令（倭寇禁止令）を出しているのであるが、これらのことはこの命令と密接に関連することであったのである。[3]

このことを受けて、義久は同年（一五八八）仲秋（八月）に、大慈寺西院和尚を琉球に遣わし、中山王宛て書状を届けている。この書状で義久は、秀吉の統一の威光は大変なものであり、高麗はすでに安堵の御朱印を受けており、やがて唐、南蛮もやってくると噂されている、琉球も早く使者を遣わすように、と述べているが、もしそうしなければ自分（義久）が面目を失うことになるので武船を催すことになりかねないということも述べている。そして琉・薩は旧約浅からぬ関係であるから、このことを了解されることをひたすら願う、と述べているのである。秀吉政権に屈服した直後の島津義久が、政権の意に沿うように懸命に申し伝えていることが分かる。

これを受けて琉球は、翌一五八九年（天正一七・万暦一七）に、天龍寺桃庵和尚を秀吉の許に送っている。しかし次の年には義久は、秀吉が小田原の北条氏を滅ぼして全国統一したことで、さらに綾船（文船）に管弦などをつけ祝儀をするように求めている。琉球は義久からのたび重なる要請に一五九一年（天正一九・万暦一九）になって、建善大亀和尚と茂留味里大屋子を遣わしているが、これは義久の許に来たのであり、京都までは行かなかった。

このときの中山王（尚寧）の義久への書に、「国家衰微之間、雖不献方物、表楽人等之儀式、云々」とあるが、国家が衰微し、献上する方物はなく、楽人の儀式もできないことを伝えてきていたのである。[4] 結局綾船による秀吉への祝儀は実現しなかった。祝儀の使者のことは、翌年の朝鮮出兵によってうやむやになるのであるが、このとき琉球はさらに一歩新しい事態に巻き込まれていくことになる。

秀吉は一五九二年（天正二〇・文禄一・万暦二〇）に義久・義弘に書を与え、朝鮮出兵に際して琉球を「為与力其方江被相付候」と記した。すなわち琉球を島津氏の与力（家来）として認めたのである。このことは琉球にとっては預かり知らないことではあったが、日本が国家の一部として琉球を取り込んだ最初の意志表示として非常に重要な意味を持っている。しかし現実の行動をともなっていなかったので、実際には変化はなく琉球はそのまま存続したのである。

朝鮮出兵は二度にわたって行なわれたのであるが、衰退しかけていた東アジア国際社会に大きな衝撃を与えることになったのである。琉球は明国に忠実に進貢し、存続してきていたので、日本の朝鮮への侵入には非常な危機感を持っていた。尚寧は、一五九二年に中国明王朝に送った執照に次のように記していた。(5)

関白は自ら王たりて、船万隻を造り、倭国六十六州に盤糧を分備し、各々船隻に駕して、限るに本年初冬をもってして、路朝鮮を経て大明に入犯するの事情あり（『歴代宝案』）

（関白秀吉は自ら王となり、船万隻を造り食料を全国に準備し、今年の初冬に朝鮮から明国に侵入するであろう。）

また、一五九八年（慶長三・万暦二六）には、「倭情を飛報せん」として「関白博多地方にありて人衆を鳩集し、議して六十六州とともに船隻を打して糧米を搬運し、大明に入寇せんとす」とつたえている。(6) さらにこの年の執照には「倭奴関白の身亡ぶを飛報せん」として、「関白本年七月初六日において身故すと」（関白は本年七月六日に死亡した。（実際には八月一八日死亡））と記している。東アジア国際社会のネットワークは非常に緊密であったことが分かる。

四　徳川家康と琉球

徳川氏は日本列島のほぼ中央の、三河国松平郷を出自とする大名であった。家康の六代前の祖、信光の頃から成長し、三代前の清康の時代に居城を岡崎に移して三河一帯を支配下に収めたが、織田氏との戦いのなかで急に力を失っていった。家康の父の広忠のときは、尾張の織田氏と駿河の今川氏に挟まれ、漸く存続するような状態であった。そのため、家康は幼少の頃、今川氏の人質として駿府で過ごし、成長した後は織田氏の人質になっている。

信光が史料のうえで確認できるのは一四六五年（寛正六・成化一）とされていて、清康が岡崎を居城としたのは一五二四年（大永四・嘉靖三）である。家康が人質として成長したのは一五三五年（天文四・嘉靖一四）に清康が亡くなってからである。主に今川氏の許で成長すのであるが、一五六〇年（永禄三・嘉靖三九）の桶狭間の合戦後岡崎城主となり、織田氏とも和睦し、戦国大名として発展する基礎を作った。

徳川氏は信光の代以後矢作川流域を中心に一族を分出していって、十八松平、あるいは十四松平といわれる同族集団を形成していった。その間、国衆・国人などの中小領主の被官化を進め、譜代家臣が形成されていった。初期の被官としては酒井、本多、大久保、内藤の各氏があるが、その後戦国大名として成長する過程で牧野、戸田、榊原氏などを家臣化し、旧今川氏の給人、武田氏の家臣も編入していった。この間居城を浜松に移し、さらに一五八六年（天正一四・万暦一四）に駿府に移している。このとき家康は駿・遠・甲・信・三の五カ国を領する大大名になっていた(1)。

徳川氏が戦国大名として成長する出発点となった一四六〇年代は、琉球では尚泰久から尚徳の時代である。一四七〇年（文明二・成化六）には金丸（尚円）の王統（第二尚氏）が成立するが、この王統の発展と同じ時代に、日本列島では徳川氏の成長が続いていたのである。島津氏は徳川氏より遙かに古くから南九州の地頭・守護として成長しているが、一族を多く創出し、在地の国人を被官化し、領国を形成していった過程は同様であったのである。

一五九〇年（天正一八・万暦一八）に秀吉は小田原の北条氏を滅ぼして全国統一を完成した。家康は秀吉に協力し、小田原攻めに参戦していたが、小田原落城後、秀吉に北条の旧領を与えられ、本拠を駿府から江戸に移されることになった。同年八月朔日に家康は江戸城に入城し、ここに江戸城を中心にする家康の関東経営がはじまったのである。家康は関東七カ国（武蔵・相模・伊豆・下総・上総・上野・下野）に家臣を配置するのであるが、大身の家臣を領国周辺部に、中下級の家臣たちを江戸周辺においたのである。

秀吉の死後、一六〇〇年（慶長五・万暦二八）の関ヶ原の戦いで家康の覇権が確定し、さらに一六〇三年（慶長八・万暦三一）に後陽成天皇から征夷大将軍に任命され徳川幕府が成立した。この間、大名統制がきびしく行なわれ、多くの大名が取りつぶされるのであるが、そこに領国周辺にいた大身の家臣が大名として取り立てられ配置されたのである。親藩大名、譜代大名の成立である。そして三代将軍家光の頃には幕藩体制といわれる近世日本の国家体制は安定化していくのである。

家康が育った時代はヨーロッパ人がすでに日本に来ており、キリスト教宣教師の活動も行なわれていた。鉄砲隊が活躍した長篠での武田軍との戦いでは、家康は信長と組んで戦っており、早くからヨーロッパ文化に触れるとともに、新情報の渦中にあったことも間違いなかろう。家康は関ヶ原の戦いの前にすでに太尼《バタニ》に書を送っており、その後も安南・呂宋・柬埔寨・占城・暹羅などと外交関係を持とうとしていた。このような家康の初期の外交を支えたのは室町時代の五山の流れを受け継ぐ禅僧たちであった。相国寺鹿苑院僧録の任にも就いたことのある西笑承《さいしょうじょう》兌《たい》、以心崇伝《いしんすうでん》（金地院）、閑室元佶《かんしつげんきつ》等が家康の周辺に集まっており、寺院政策や外交政策に知恵を出していたのである。

一六〇九年（慶長一四年・万暦三七）にマニラからメキシコのアカプルコに向かうスペインのガレオン船が嵐のため房総に漂着するが、この船に総督のドン・ロドリゴ・デ・ビベロが乗船していた。彼は江戸で秀忠、駿府で家康に会っているが、家康との面会に先立ち書記官二人に面会している。この二人について村上直次郎は閑室元佶と金地院崇伝ではないかと推定している。しかし、それ以上に注目されることは、このとき日本において銀山開発にスペインの技術者を受け入れる契約も結ぼうとしたということである。(2) 家康の海外に対する関心と知識は並大抵のものではなかったことを知ることができる。

禅僧たちとのつながりで、秀吉の時課題とされていた琉球のこと、勘合の復活のこと、海賊のことは、家康のときにも継承されていた。一六一〇年（慶長一五・万暦三八）に、家康側近の本多正純から中国福建道総軍務都察院都御史宛に送られた書翰は、家康政権の明に対する修好と勘合の復活を求めたものであるが、この書を最初に起草したのは、林羅山であった。この書には、日本の対外関係について、「その化の及ぶところ、朝鮮入貢、琉球臣を称し、安南・交趾・占城・暹羅・呂宋・西洋・柬埔寨蕃夷の君長酋帥各書を上り、賓を輸せざるはなし」と記されていた。ところが実際に送られた書には「朝鮮入貢、琉球臣を称し」という文言は削除されていたという。これは実際に書を送る段になって、金地院崇伝が手を入れたからであるという。このことは、徳川政権に朝鮮、琉球は明に朝貢している国であるという認識があり、その点を考慮したのであろうということである。徳川政権の国際認識は、秀吉政権よりははるかに深い認識を持っていたことを見て取ることがでる。(3)

五　島津氏の琉球侵攻

徳川政権が琉球にかかわる契機になったのが一六〇二年（慶長七・万暦三〇）に琉球船が東北伊達領に漂着した事件である。このとき家康は琉球人に対して非常に手厚い保護を命じており、大坂にいる薩摩藩士島津忠長に引き渡すまで琉球人が一人でも果てたら、送りの衆五人を成敗するというきびしい命令を発し、途中馬を使い送り届けたのである。鹿児島でこれを受けた義久は、翌年船を用意して三九人を琉球に送り届けた。そして一年後の一六〇四年（慶長九・万暦三二）に義久は中山王（尚寧）に書を送り、いまだに家康への御礼がないがどうしたことか、今年の夏か秋までに使者を送り、御礼を述べるように、もしそれをしなければ家康の意に背くことになるとしている。そしてさらに秀吉政権以来の琉球の態度を責めている(1)。

琉球の使節については家康も関心を持ち続けており、家康側近の山口直友から義久への書には、家康が「切々御尋之事候」（しきりにお尋ねになる）と記されている(2)。しかし琉球からの返事は一切行なわれていない。この頃の琉球は、貿易が行なわれなくなったことで財政が極端に窮乏化していたことは前に見たとおりであるが、政治的な圧力に対して内部でどのような対応がなされていたのであろうか。この点については史料がなくほとんど不明である。僅かに『喜安日記』に琉球内の議論を記した記事がある。それによれば、唐の勅使を迎えることを差し置いて日本の役儀をするならば、唐の往来は絶えることになろうという意見があるが、これに名護良豊（馬良弼）が、琉球が今日まで穏やかなのは薩州太守義久のおかげである。義久の命に背くことは礼を失うことであると述べたという。またその後のことで、大島を割譲するか否かの議論では、若那《しゃな》が、昔より琉球は唐に属し、日本とは格別なりと述べたという。他の多くの人たちは、これらにその通りだという人もいたし、今が大事であるという人もいたと記している。方針は一定せず区々であったことを想像できる。(3) この後の展開をみると、薩摩の侵入後、名護良豊(馬良弼)は薩摩に協力して、尚寧の怒りを買うことになり、若那は薩摩で斬殺されるということになったのである。『喜安日記』の記事がどこまで信頼できるかという問題もあるが、当時の琉球内の意向を知る手がかりとして興味深い。

日本ではこの間に、家康側近の山口直友から義久に対して「上様御礼申上候様、御才覚専一存候」(家康への御礼を申し上げることがもっとも大事である)ということが何度も伝えられていたのである。このようななかで薩摩の方では軍事行動へ向けての動きが起こってきた。そして一六〇八年(慶長一三・万暦三六)九月頃には「琉球渡海之軍衆御法度之条々」が作られており、一二月晦日の山口直友から藩主家久への書には「琉球への儀御人数可被出旨、是又披露候へハ尤之旨御諚之通被申越候」(琉球へ人数を出すということであるが、家康に披露したところもっともであるということであった)とあり、薩摩の琉球への出兵のことが正式に家康に示され、それに対して家康が許可の意向を示したことを伝えているのである。出兵の直前の慶長一四年二月一四日付の島津義弘から中山王への書で義弘は次のように記している。(4)

嗚呼其国之自滅、豈可恨誰人乎、雖然頓改先非、大明日本通融之儀於被致調達者、此国之才覚愚老随分可遂入魂、若然則球国之可有安穏歟、(略)伏乞答書、勿移時日、日夜待之(『後編旧記雑録』)

(嗚呼その国の自滅、誰を恨んだらよかろう。しかし、先非を改め、明国と日本の通融を取り持つならば愚老(義弘)は全力を尽くしたい。そうすれば琉球は安泰になるかもしれない。時間はない。早く返事が欲しい。)

朝鮮出兵に参加し、関ヶ原の戦いをくぐり抜けてきた島津義弘（惟新）ならではの文言が書かれている。また、御礼参上ということは明国と日本の通融を計るためであることも知ることができる。

一方琉球にとっては、進貢と冊封は変えることのできないことであり、自由な交易活動を一時望んだことがあったが、明国に否定されているということがあったのであり、日本と明国との通融を取り持つことはそもそも琉球にはできないことであった。

一六〇九年（慶長一四・万暦三七）二月二六日、家久・惟新・龍伯三名連署になる「琉球渡海之軍衆法度之条々」が出され、山川港に鹿児島衆・加治木衆・国分衆が集結したのであるが、藩主家久は山川まで出向き熊野神社で宴をはり、これを見送ったという(5)。軍勢を乗せた八〇隻余の船は三月四日寅の刻（午前三時から五時）に出船した。船は途中、永良部・大島・徳之島を経て同二五日には沖縄に到着し、四月朔日には那覇・首里に入っている。那覇・首里では足軽衆が鉄砲を放ったり放火をしたので、人々は逃げ去った。貴人たちも人質になり、四月四日には王が首里城を下城したので翌五日には城受け取りが行なわれた。このとき城内の荷物改が行なわれ、日本ではみることができないような唐物など珍しいものが確認されたのである(6)。

なお後のことであるが、このとき城内にあった器物である花瓶が薩摩に持ち帰られ、島津氏の菩提寺である福昌寺に奉納された。ところが一六四三年（寛永二〇・崇禎一六）の琉球使節が江戸参府のとき、日光東照宮にも参詣したのであるが、このとき東照宮に琉球から青銅製の香炉と華瓶一対が奉納された。この華瓶は福昌寺に奉納されていたものであったのである。華瓶にはこのことを示す墨書が消えずに残っていたという(7)。

琉球出兵のことはすぐに幕府に伝えられ、慶長一四年七月七日付けで家康・秀忠の御内書が家久に出されている。王は五月一六日に船に乗り、二四日に山川に到着している。尚寧は暫く山川に滞在し、六月二三日に鹿児島に移り新造の行在に滞在することになった。

家康の御内書には次のように記されていた。(8)

琉球之儀早速属平均之由注進候、手柄之段被感思食候、即彼国進候条、弥仕置等被申付候也

（慶長十四年）七月七日　　「家康御黒印」

薩摩少将とのへ（『後編旧記雑録』巻六四）

（琉球を征したとの注進を受けた。手柄でありうれしく思う。彼の国〔琉球〕は〔家久に〕与えるので仕置〔支配〕をしっかりするように。島津少将〔家久〕へ。）

家康の黒印の押された御内書である。ここに明確に琉球は島津家久に与えるということが記されている。豊臣秀吉の朱印状には、琉球を義久の「与力」として付すと記されていたが、実質的には変化はなかった。しかし、この書状で、琉球は島津氏（薩摩藩）の仕置きを受けるようになり、近世日本の国制では島津氏（薩摩藩）の「附庸」という形で徳川幕府に連なることになり、事態は一変したのである。

家康は、このことを御内書・黒印の形式で認めたのであるが、さらに法的に強めたいと考えた節がある。同年七月二七日付けの山口直友から家久への書に、次のように記されている。(9)

琉球相済申、上様御成被成、即御朱印被進之由、本上州ゟ我等方迄被申越候（『後編旧記雑録』）

（琉球のことがおわり、上様が御成になり〔駿府城〕、御朱印が出されるということが本上州〔本多正純〕より言ってきている）

この朱印状は現在知られておらず、実際に出されたかどうかも確認できていない。黒印状も原本はなく、写しで知るだけである。しかし、この後薩摩藩による琉球仕置は、現実に進められるのであるが、そのことは幕府に承認されたうえでのことであったのである。

鹿児島に滞在中の尚寧は、鹿児島の御内城で藩主島津家久と対面している。そして、八月三日には国分の島津義久のもとを訪れている。このとき義久は国分新城の港である浜市《はまのいち》まで迎えに行っている。四日に正式な対面をしているが、このとき南浦文之も加わり詩を披露している。尚寧は一二日に鹿児島に帰っているから八日ほど国分に滞在していたことになる。この訪問では、実は重大なことが話されたものと思われる。尚寧が鹿児島に帰り着いた日に、尚寧のもとに藩主家久から伊勢兵部少輔と鎌田左京亮が遣わされ、「先規のごとく唐の往来有之様に調達あり」ということが伝えられているが、このことが国分で義久との間で話し合われたことであろう。(10)

尚寧にとって、侵攻後これまでどおり中国への進貢を続けることができるかが最大の関心であったのであり、琉球を離れるに当たり、留守を預かる馬良弼（名護親方良豊）にこのことを託したのであった。義久は、琉球が中国に進貢することをこの会談で認めたのであろう。そしてそれが鹿児島の家久に伝えられ、家久から尚寧に伝えられたのである。国分での会談は重要な意味を持った会談であったはずである。

薩摩の決定に琉球は安堵したのであろう。すぐに具志上王子尚宏（尚寧の弟）と、池城親方安頼を帰琉させた。留守を託されていた馬良弼はすぐに池城親方安頼（毛鳳儀）を王舅として中国に派遣したのである。この池城親方安頼（毛鳳儀）の渡唐によって、倭乱による貢期の延期願は明朝に聞き届けられた。そして明朝（神宗、万暦帝）から「修貢常之如し」（これまでのように進貢せよ）という意向を得たのである。ところがこの後、これまでの琉・明関係を根底から覆す事態が起こることになる。そしてその中心にあったのが馬良弼（名護親方良豊）その人であった。

尚寧一行は一六一〇年(慶長一五・万暦三八)四月一一日鹿児島を出発し、江戸に向かった。そして八月に駿府に着し、同一六日に駿府城で家康と対面している。尚寧の江戸行きは、漂着船の御礼参上の延長上にある。そしてそれは家康にとって、勘合の復活・日明貿易の開始を琉球に仲介してもらいたいというところにその意図があったのである。家康は尚寧との面会の場で相当強く仲介を求めたようである。尚寧一行は、江戸で将軍秀忠にまみえ、その後幕府の指示で木曽路を通り京都にでて、翌年一六一一年(慶長一六・万暦三九)に鹿児島に帰還している。九月、尚寧が琉球に帰国するに際して、起請文を取り、薩摩への服従をちかわせ、「琉球国知行高目録」を授け、「掟」を発して規則の基本を定めた。尚寧は一〇月二〇日に漸く琉球に帰ってきたのである(11)。

家久は尚寧が琉球に帰着するかしないうちに待ちかねたように書状を送っているが、その内容は家久のこれまでの書状とは違っていた。尚寧に対して帰国させたことの恩を売り、昔からのことを堅く守り、明国に官人を遣わし、商船往来通好の許可を得てほしいと望み、「足下」(あなた)が関東で大将軍家康公に謁したとき、家康公は西海道九国の衆を動員して寇明する意志を示した。しかし「寡人」(わたし)の仁義の言説でこれは止めになった。しかし、琉球が通商の議を否定すればすぐに兵を進めるであろう。足下は明に対して、日本からの「三事」を伝えてほしい。三事とは、一、近くの島を決めてそこで我が国商船と彼の国との自由な取引を行なう。二、毎年琉球に船を寄せ、日中交易を例とする。三、両方の使者が互いに書を交換し、敵意のない交わりであることを確認する。このうちのひとつでも実現すれば両国は和好し万民が恵を受けるであろう。もしそうしなければ大将軍は軍船を渡し、殺傷することになろうというものであった。この書の内容で、尚寧の関東行きが何のために行なわれたかということと、家康が軍事力で威圧しながらその実現を求めていたことを知ることができる。

しかし、これについて琉球が動いたという気配はない。尚寧は帰国後一六一二年(慶長一七・万暦四〇)正月、福建布政使司に咨を送っているが、そのなかに「万暦三九年一〇月一九日出奔帰国し、皇帝の中山王尚寧に勅諭せるを欽奉するに」という文言があり、池城親方安頼（毛鳳儀）がさきに遣わされたときの皇帝の、進貢は従来どおり行なうことを許す、という勅を見ていたことが分かる。そして、今とくに法司馬良弼・正議大夫鄭俊を遣わすと述べている。ところが、『明実録』の記事では、馬良弼の船について、入港の手続きを取らず突然上陸し、動きが疑わしいと記している。

このとき福建巡撫丁継嗣からの「奏」（皇帝への書）があり、この使節には「蓄髪之倭人」が混じっていることや、貢物に日本の品物が入っていることなどを挙げ、非常に危険な使節であることを訴え、貢を断つことを進言するのであるが、中国の恩を示すために「不絶之絶」として行なうべきであるとしている。馬良弼の使船には倭人（薩摩人）が乗っていたことは明らかである。薩摩は三事を伝え通商を開くため、自ら乗り出し、また薩摩に在住していた郭国安という中国人もこのために使っていた。

馬良弼らの遣使のことは、島津家文書のなかに『琉球国中山王條疏』という文書があることで明らかになった。他の史料などと合わせて検討してみると、馬良弼らはこのとき琉球に帰着したのではなく薩摩に帰着しているが、彼らの行動は明らかに薩摩の差し金で行なわれていたのである(12)。

しかし馬良弼らの「三事」の要求については明朝が認めるはずはなく、逆に明朝は琉球の進貢自体に対する疑いを持つことになったのである。そして一六一三年（慶長一八・万暦四一）に琉球に対する万暦帝の意志が示されたのである。それには次のように書かれていた(13)。

爾が国新たに残破を経て財匱しくして人乏し、何ぞ必ず間関して遠来するや。還りてまさに厚く自ら繕聚すべし。十年の後物力やゝ完するを俟ち、然る後また貢職を修むるも未だ晩きとならざるなり（『歴代宝案』）（あなたの国は破壊を受け、財力も人物も乏しくなっている。頻繁に中国に来ることはない。まず自国の回復を図りなさい。十年して物力が回復してから進貢しても遅くはない。）

先に示されていた、進貢はこれまでのように続けなさいということから一転して、一〇年間は進貢しなくてもよいということに変更されたのである。まさに「不絶之絶」（丁継嗣の言）が実行されたのである。馬良弼は、尚寧が日本に行っている間の琉球の留守を預かる身であったのであるが、このときは尚寧の意向とはまったく反対のことをしていたのである。馬良弼は、もともと親薩的であったこともあるが、このときは明らかに薩摩の威嚇に屈した行動を取ったのである。

明朝からの進貢の禁止にもっとも驚いたのは尚寧王であった。尚寧は一六一四年（慶長一九・万暦四二）に礼部に咨を送るが、そのなかで次のように述べている。(14)

それ蠢《おろか》なる彼狡倭は、昔朝鮮を破り、今琉球を残《そこな》う。□□《ママ》天朝無きが若きなり。況や該国の遭躪の日の若きをや。（略）前差の馬良弼・鄭俊の前来し謝恩するに拠るに、何を作せるやは知らざるも、使命を玷辱し闕に叩するをえず。（略）専ら大臣を遣わすは本より躬らに代りて敬を務めんと欲するが、なんぞ反って命を辱めて尤《とが》を招けるや。（『歴代宝案』）

（おろかでこずるい倭は、昔朝鮮を破り、今琉球を損なう。天朝はないようだ。此国の蹂躙された日を思い出す。〔略〕前に遣わした馬良弼と鄭俊が謝恩の意を示したというが、何をしたのか知らないが、皇帝への礼も行っていない。大臣を遣わすということは、もとより王に代わって礼を行なうことであるが、なんたることか、却って辱めている。）

薩摩の侵攻時の無念なことを悔しく思い出し、馬良弼の使いが王命を辱めていることに怒っているのである。

かくして幕府と薩摩は琉球侵攻までして日明関係の復活・商船の往来の実現を図ったのであるが、実現しなかっただけでなく、琉球の進貢の一時停止という結果をもたらしたのである。

4　近世の琉球国（一）

一　琉球仕置

日本列島のなかで形成され発展してきた武家政権は、他のアジア諸国には見られないダイナミックな力を内側に蓄えた強力な政権であった。この政権は、底で熱せられた水が上昇し、冷えた水が下降し再度底で熱せられて上昇することを繰り返すように、大多数の国民である農民の成長するエネルギーを力の源にして、下位に芽生えた権力が上の権力を凌駕していくということを繰り返して、新しい時代を作り出してきたのである。

古代末からはじまったこのような動きの結論が、戦国期を経て成立した統一政権（将軍権力・近世国家）である。武家政権は、一定の領域を支配する領主として成立するとともに、他との争いを通じて戦闘集団として組織を作り上げていった。そして組織の結びつきを成り立たせていた原理が主従制である。組織が大きくなるにつれて、主従制は政治制度として進化してゆき、土地支配権を媒介とする御恩と奉公の関係と意識され、知行制と軍役が制度として形成されるのである。

武家政権の結論として成立した統一政権（将軍権力）は、このため領域に対する支配権と、家臣に対する主従制支配を権力の内側にもって成立しているのである。将軍権力についてのこのような分析は、室町政権についての佐

藤進一の研究からはじまり、近世史の朝尾直弘らによる研究によってさらに多彩にされ受け継がれてきている。(1)

島津氏は、鎌倉時代に南九州の地頭に任命されてから、守護大名・戦国大名として成長し、薩摩・大隅・日向の三国を領する戦国大名として割拠するに至るが、豊臣秀吉、ついで徳川家康の権力に屈服して、政権下の一大名となっていた。島津氏の領した薩・隅・日三国は、日本の列島の周辺部にあり、本州の中心部に較べ農民の成長は遅れていたが、武家政権の形成ということでは中央の政権の内容と軌を一にしていた。

徳川将軍支配下の一大名である島津氏は、琉球侵攻後、幕府に許されて中山王尚寧治下の琉球国を配下に抱えることになったのであるが、武家政権としての内容をもつ島津氏は、武家政権の外で独自に国家形成をしていて、武家政権に関連する主従制、知行制、軍役、貫高制、石高制などの社会編成の内的契機を持たない琉球国を、どのように支配するようになったのであろうか。

島津氏は、一六一一年(慶長一六・万暦三九)、尚寧を帰国させるに先立ち、琉球国が徳川政権下の大名である島津氏の支配下にはいることを確認する手続きを幾重にも行なっている。

ひとつは起請文の作成である。起請文は、守るべきことを書いた紙(起請文前書)に、熊野午王宝印紙の裏面を使い、誓う神の名をすべて挙げ、違反したらこれらの神の神罰冥罰を受けるという文言を書き、署名し、血判をして、張り足した文書である。起請文は日本の武家社会、とくに室町時代以後多く用いられてきたもので、盟約、約束を守ることを誓う形式である。江戸時代にも諸大名は将軍に忠誠を誓うために起請文・血判を提出していた。琉球もこのような武士社会の儀式に連なる存在とされることになったのである。尚寧の起請文前書きには三つのことが書かれていた。一つは代々薩州に対して疎意はないということ、二つ目が、薩摩よりの法度は守るということ、三つ目はこのことは子々孫々にまで伝えるということであった。王周辺の主だった人からも起請文を取った。(2)

つぎに家老連名で「掟」(十五条)が出されたことである。琉球の内政外交に渉る法令を示したものである。実際には時間の経過とともに、諸種の法令がつぎつぎに出されているのであり、この「掟」だけが統治法令であったわけではない(3)。

また琉球諸島からの薩摩への貢納を定めた。これは琉球の石高が未定の段階の貢納を示したもので、はせお布(芭蕉布)、上布、下布などの布を大量に納めるように指示していた。しかしこれは石高の設定とともに、石高にもとづく税制に整備されていった。

琉球支配にとって最も重要で、また後の貢納の基準になる「琉球国知行高目録」が藩主家久から尚寧に出され、琉球国の石高が設定されたことは大きい。琉球の検地は、尚寧が駿府・江戸に行っている間に実施され、先島を含めた琉球諸島の検地帳が一六一一年(慶長一六・万暦三九)八月に藩庁に提出さている(4)。「琉球国知行高目録」は、尚寧の帰国直前の同年九月一〇日付けで出されているから、この目録は検地帳提出後早々に作られたものであることが分かる。目録に記された石高の数値はこれまでよく知られているが、目録自体は島津家文書には見当たらなく、『喜安日記』に書写されている。次のような文面であった(5)。

琉球国知行高目録

一 悪鬼納　一 伊江　一 久米嶋　一 伊勢那嶋　一 計羅摩　一 与部屋　一 宮古嶋

一 登那幾　一 八重山嶋

都合八万九千八拾六斛

右之諸嶋之封彊、為国主之履(禄也と傍注あり)、而配分之、永々可有御領知者也

慶長十六辛亥九月十日　　　　御判

(『喜安日記』)

目録では「悪鬼納・伊江・久米嶋・伊勢那嶋・計羅摩・与部屋・宮古嶋・登那幾・八重山嶋」の石高は「都合八万九千八拾六斛」とされていた。そして「右之諸島之封彊、為国主之履（禄也）、而配分之」（右の諸島の領域を国主の履〔領地〕として分け与える）という文言が書かれていた。琉球国王を「国主」と記し、「封彊」（領域）を「履〔領地〕」として配分するという形で示されているのである。薩摩は、新しく配下に置くことになった琉球国の領域を国主の領地とし領知せしめたのである。これによって、本来的に異なった内容をもつ社会であった沖縄琉球国は、島津氏との主従制、知行制、石高制など幕藩制的支配の枠の中に置かれたのであり、それに合わせるため琉球の内政の内容は大きく改革されていくことになる。

二　向象賢の政治（琉球国の近世的改革）

薩摩侵入後の琉球でまず着手された改革は、政治改革より、経済面における改革であった。琉球の石高知行制が現実になったことで、それにもとづく財政運営と上納を実現しなければならなかったからであった。そしてそのための政府の徴税制度、政府の財政のあり方も同時に改革されなければならなかったのである。これらの点についてはその詳細を知ることのできる史料は少ないのであるが、薩摩からの諸法令のなかに少しは拾い出すことはできる。一六一三年（慶長一八・万暦四一）の薩摩からの「掟書」のなかに「王位蔵入之算用御沙汰候而被進事」（王の財政はこちら（薩摩）の指示を得て行なうように）とあり、さらに同年の「覚書」には「王位御蔵入御算用被仰付、毎年御仕分被相定可被進由」（王の財政を確立するように。毎年の財政項目を確定するように）とある。また翌一六一四年（慶長一九・万暦四二）の「覚」には「御蔵入収納方毎年拾弐月限に可致皆済様ニ可被仰渡候、自然不相調候ハ、代官曲事之通可被仰付事」（御蔵入〔王の財政収入〕への納税は毎年一二月までに完済するように申し付けること。もし完済できないときは代官の責任を問う。）という文言があり、財政・徴税について、薩摩から具体的な指示が出されていたことを知ることができる。

また、不納のときは「代官」の責任を問うとあり、この時期には徴税機構として代官制が機能していたことを確認できる。(1)

代官制は後に取納座制に変わることになる。琉球国政府もこのような改革の指示に対応したと思われるが、そのことを示す記事が「家譜」に散見される。慶長検地以後の追加の検地や、「代」の改訂が、役人を動員して頻繁に行なわれており、財政・徴税制度の改革に取り組んでいることが推測できる。(2)

この時期はまた、幕府・薩摩による日明貿易（勘合復活）の工作が失敗し、琉球が進貢を差し止められた（不絶之絶）時期である。琉球では、中国皇帝の指示を待つまでもなく、「物力回復」が図られなければならなかったのである。中国との関係はその後、五年一貢に緩和されるが、しかしそれ以上に中国での明・清交替という大きな政治変動があり、琉球は外交的な方向性を失いかけることになるのである。尚賢の時代には、明朝は福建に逃れ、ここで王朝の継続を主張していたのであるが（南明政権）、この政権に進貢している。しかし一六四六年（正保三・順治三）に清朝が中国の新しい政権になるとこれに投誠し、受け入れられている。

清朝との正式な関係が発足するのは、一六六三年（寛文三・康熙二）に勅使張学礼・副使王垓が遣わされ、尚質の冊封が行なわれてからである。このことにより、琉球の進貢は二年一貢に回復するのである。この後、一六七八年（延宝六・康熙一七）には皇帝から下賜された勅書および、先に遣わされていた進貢使を迎えるため、船一隻の迎接が認められ、接貢船の制度がはじまるのである。このように、尚質の治政下で、中国暦の順治末・康熙はじめの頃には琉球の国政もやや安定したかに見えた。しかし、一六六四年（寛文四・康熙三）に北谷・恵祖事件が起こっている。この事件は、進貢の過程で進貢品が盗まれ、毒殺事件が起こったのであるが、これが薩摩に知られ、関係者が処刑されたのである。このとき国相の立場にあったのは尚亨（具志川王子朝盈）であったのであるが、辞任している。そしてこの後任になったのが向象賢（羽地王子朝秀）であった[3]。

向象賢は、薩摩藩の家老の一人である新納久了との関係が深く、薩摩藩の支持をえて一六六六年（寛文六・康熙五）に国相（摂政）に就任したのである。そしてこのときから琉球の行政や政治機構についての改革がはじまる。羽地がまず手を付けたのが地方制度の改革であった。すでに徴税制度の新しい仕組みを作るための再検地や、代の調整が行なわれていたのであるが、それとの関連で村の整理、間切の整理は不可欠だったのである。就任の年の一六六六年に今帰仁間切から本部間切を分出させ、越来間切から美里間切を分出させている。その後も宜野湾間切、小禄間切、大宜見間切、恩納間切、久志間切、与那城間切の計八間切を新しく創出している。村数もこのとき大幅に増加している。これにより三五間切の体制が確立したのである[4]。

ついで行なったのが政府機構の改革である。沖縄琉球国の政治機構としては、世の主（王）、よあすたへ（三司官）、庫理の制度が自生的に成立していることは前記のとおり確認している。羽地はこれを前提にして新しい政治機構を創出していったのである。まず、摂政・三司官を「上御座」とし、この下部機構として「下御座」を設けた。これらの機構は次のようになっていた[5]。

評定所　御政道御評論之御座也
一　摂政　御一人
一　三司官　御三人　内御壱人ハ御物座、御両人ハ御廻合ニ而月番之御勤御座候也
評定所御下御座　御政道御伝達之御座也

一　御物奉行　内壱人御所帯方、壱人給地方、壱人御用意方
一　同吟味役　三人
一　御鎖之側　壱人　　一　日帳主取　弐人
一　御双紙こおり　壱人　　一　同吟味役　壱人
一　平等之側　壱人　　一　同吟味役　壱人
一　泊地頭　壱人　　一　同吟味役　壱人
右人数を十五人と申候也　（『職制秘覧』）

評定所（上御座）は、政道御評論の座とあるように審議を行なう最高機関であった。ここの決定が王に上奏され、裁可が行なわれるのである。これに対して下御座はそれぞれの部門の長官と次官からなるが、任務は御政道を御伝達するところであるとしている。この下に政府の諸行政機構が置かれたのであり、御物奉行以下とそれぞれの吟味役は、表5に示されるように、この行政機構の長官・次官の立場にあったのである。

下御座は一五人からなっているのでこれを「十五人」と称していたのであるが、日常業務の最も重要なところであったから特別視されていたのである。この下御座はこのとき吟味役が新しく設置されたことで成立したのである。このような新しい仕組みが、何を基準にして作られたかということは分からないが、この機構を「評定所」と呼んでであることは、やはり薩摩の形を取り入れていたのでないかと考えられる。薩摩では家老座をこの時期には評定所といっていた。しかし後には家老座に改めるのであるが、琉球ではその後もこの語は変えられず残ったのであろう。

羽地は一六七〇年（寛文一〇・康熙九）の「覚」で「譜代筋目の衆」が新参衆より上座になるようにということを指示している。[6] 琉球国内において、すでに身分と位階制はできていたことは言うまでもないのであるが、政府の

表5　評定所各構部局一覧

評定所各構		各部局
御物奉行	御所帯方御物奉行弁同吟味役	御所帯方・取納奉行・請地方・宮古御蔵・銭御蔵・米御蔵・仕上世座・諸間切検者方・芭蕉苧当方・田地奉行方・両先島
	給地方御物奉行弁同吟味役	給地方・月番方・勘定奉行方・御船手奉行方・御用物奉行方・船改奉行方・給地御蔵・御道具当・唐船楷船御作事弁補修方
	御用意方御物奉行弁同吟味役	御用意方・月番方・高奉行方・砂糖奉行方・山奉行方・山方津口勤番方・御料理座・大台所・御用意御蔵・川原調方
鎖之側方弁日帳主取		御系図座・高奉行・那覇久米村・異国方・諸浦寄物・在番方・通手形・御客屋守・御物座帳当・御状方 御茶園弁花奉行・日帳方
日帳主取構		御書院御状方弁日記方・御用物方
御双紙庫裡弁同吟味役		下庫裏・御書院・御茶屋・納殿・小細工奉行方・貝摺奉行方・御別当・漏刻方・地頭所弁知行方又は御褒美方・御位寄方
泊地頭弁同吟味役		大與奉行方・札改奉行方・寺社奉行方・普請奉行方・加冶奉行方・惣横目方・瓦奉行方・惣與奉行・泊弁鳥島・御用物封印方
平等之側弁同吟味役		首里中・平等所・御嶽当
月番方構		月次公事方・諸御殿おかす

出所：『職制秘覧』法政大学沖縄文化研究所所蔵，『近世地方経済史料』第10巻より筆者作成。

官職構成とどのように関連するかということについては明確ではなく、混乱が出てきていたのである。この「覚」はこれを正そうとしたのである。筋目と官職についての関係はその後整理されてゆき、康熙年代末（一八世紀初め）には一定の形ができて、筋目の区別が厳重になる。(7) この「覚」の附に、「諸人筋目之儀、公儀江然々不相知候間、各系図作成仕可差出候以上」という文言があるが、これが家譜作成の端緒をなすものであった。

また、位階の昇進は、『那覇市史』（資料篇一―七）では図4のようになっている。

琉球における支配的身分階層の系図は、まず王家の系図である『中山世鑑』からはじまっているのであるが、これの編集に直接携わったのは向象賢（羽地王子朝秀）であった。「序」によれば、尚質王が琉球国家の歴史を顧みて、歴代の王の治世に深く感じ、摂政金武王子朝貞・三司官に編纂が命じられたと記している。しかし実際には向象賢が編纂に携わったのであり、完成したのは一六五〇年（慶安三・順治七）であった。

向象賢は「撰自古所無之世系図」（いにしえより琉球には無い王の系図を撰する）と編纂の意図をのべているが、王家の家系図を作成することが主な目的であったことが分かる。

官人（諸士族）の系図である「家譜」の作成については、政府に系図座が設けられて形式が整っていった。その過程で、「大やこもい」を地頭、里主所を地頭地と表現する形式もできていった。

琉球の家譜は本州武士社会の系図とは形式が違っている。家譜は、中国の「宗譜」（族譜）に共通する部分もあるので影響を受けていることは確かである[8]。家譜は二部作られ、一部は政府系図座に、一部は各官人のもとに保管された。家譜作成が許されたのは官人層（士族）のみで間切の農民には許されなかった。

図4　位階昇進図

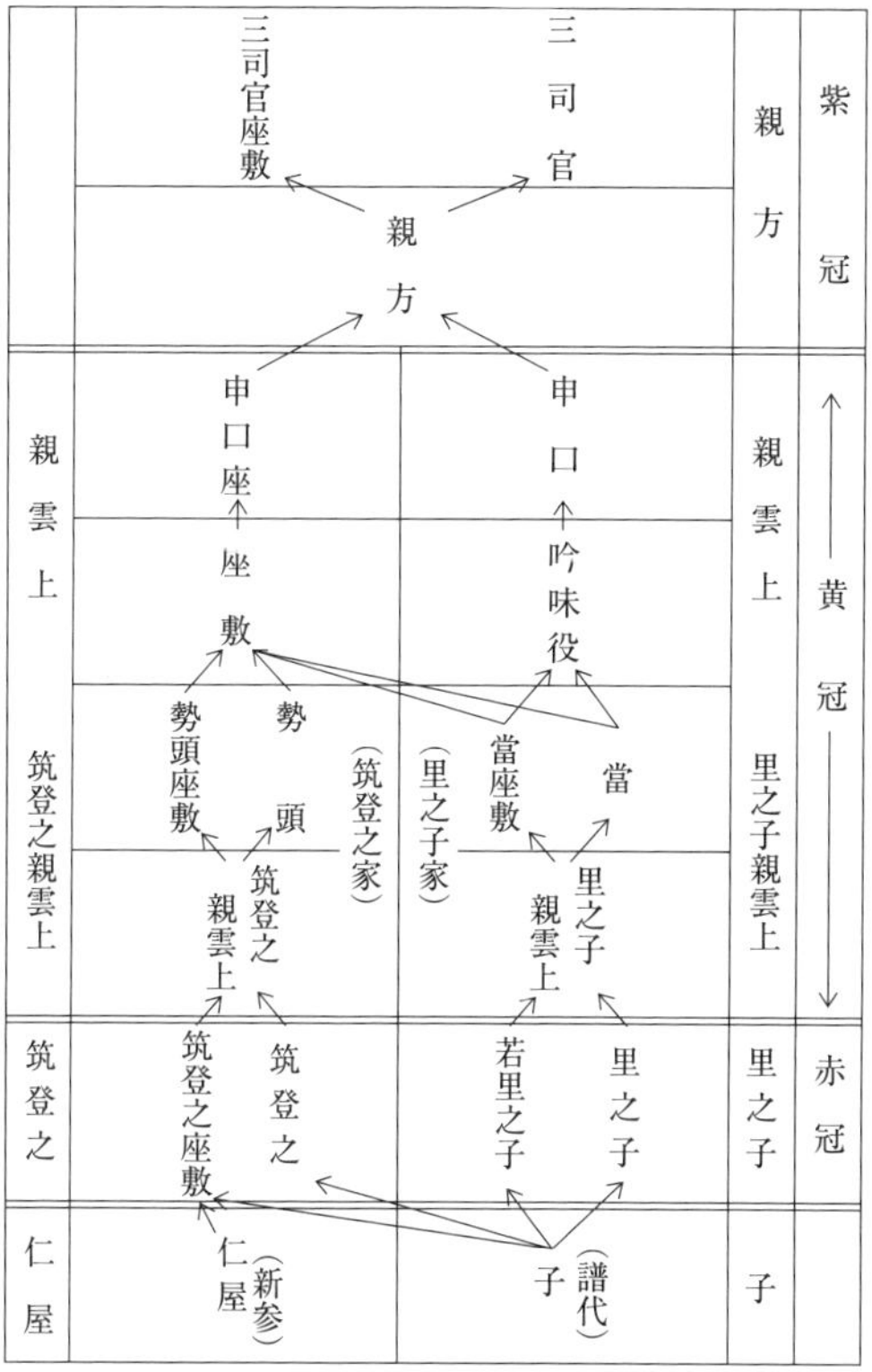

出所：『那覇市史』（資料篇 1-7）解説，11 頁。

琉球の家譜がこの時代に作られるようになったのは、近世日本（幕藩体制）における系図編纂事業が行なわれたということとも関連することが考えられる。幕府は、徳川氏のもとに結集する諸武士を家集団として編成していくのであり、最初の系図として『寛永諸家系図伝』(9)が編まれたが、それを重修する事業が実はこの頃はじまっていたのである。『寛政重修諸家譜』(10)である。これを受けて薩摩藩でも系図編纂が本格的にはじまっていた。薩摩藩の系図はやがて『新編島津氏世録正統系図』『新編島津氏世録支流系図』として完成するが、この事業に新納久了も関与していた(11)。琉球における家譜の作成は、琉球の国内的な身分・位階と、官職の関係を整理することにその主な目的はあったのであり、中国の族譜の影響を受け、日本の家制度とは違う「家」（家統）観念の上に作られたのである。

しかし他方近世日本の「家」秩序を成り立たせている身分制（兵農分離）という要素も取り込まれているのである。したがって家譜作成は、結果として官人（諸士族）と農民を区別することにもなったのであり、琉球国における近世日本的兵農分離の実現でもあったのである。琉球古来の身分・位階制に近世日本の身分制が重ねられたということを意味していた。

三　琉球在番奉行と鹿児島琉球館

一六一一年（慶長一六・万暦三九）九月、尚寧の帰国は実現する。しかし琉球国はもはや以前の琉球国とは同じではなく、国王は島津氏の家臣とされており、薩摩藩の統治下に置かれることになったのである。このため、以後薩摩と琉球を日常的に結ぶ連絡機構が設置される。薩摩は侵攻の軍勢を引き上げたあとに奉行を残留させているが、一六一二年（慶長一七・万暦四〇）には「琉球江当分被罷居奉行之内一人来年迄召留度由候へ共、先々可為帰国」ということを琉球に申し送っている。これが琉球在番奉行と呼ばれるようになるのは、一六三一年（寛永八・崇禎四）に尚豊に対する冊封使の来琉が分かったとき、薩摩はそれを機に一気に貿易を拡大することを計画するが、そのことを担って遣わされた川上又左衛門の時からである。川上は一六三四年（寛永一一・崇禎七）まで滞在している。これ以後在番奉行と付衆が那覇に滞在して、藩からの指示を琉球国三司官に伝えるとともに、進貢・冊封について、琉球からの報告を受け、指示を伝え、漂着船についての監視、キリスト教禁止のために行なわれた人数改の監視等を主な任務としていった。在番奉行の交替の際には琉球側の供応が行なわれた(1)。

琉球の出先として鹿児島に置かれたのは琉球在番親方で、その施設を琉球仮屋（琉球館）と称した。琉球館は鶴丸城の前方の海岸（前之浜）に面しており、広大な敷地の施設であった。運河により船から直接荷物の上げ下ろしができるようになっていた。琉球館は一七世紀後半から琉球貿易が盛んになると、琉球への貨物の輸送、琉球からの中国産品の販売輸送、銀の入手などについて大きな役割を果たすようになった。しかし最初からそのような機能を持っていたわけではない。

琉球館の前身である施設は、最初は尚寧の鹿児島での行在所として作られたもので、琉球仮屋と称されていた。尚寧の帰国に際し、入れ替わりに人質（国質）の制が行なわれている。国質の最初は一六一一年（慶長一六・万暦三九）の摩文仁親方安恒である。この年六月に鹿児島に来ていたのであるが、九月尚寧の帰国とともに国質となったのである。次の年には伊江按司朝仲に代わっている。伊江按司は一年滞在し、一六一四年（慶長一九・万暦四二）に帰国している。一六一六年（元和二・万暦四四）には十年質として佐敷王子朝昌（後の尚豊）が在薩することになっていたが、その冬には摂政に就任したため帰国している。国質についてはこれ以後の記事がないので、ここで終わったのかもしれない。

国質とは別に一六一三年（慶長一八・万暦四一）から年頭使の制がはじまっている。しかし最初のうちは、ことが終わればその年のうちに帰国していたようである。これが三年詰になるのは一六三〇年（寛永七・崇禎三）からである。一六四二年（寛永一九・崇禎一五）には年頭使兼三年詰となり、三司官の一人が任ずることになった。しかし実際には三年ではなく春に上国し、翌年冬に帰国すという形が多い。新・古の役人が重なる時期があったのであるから、事務の引き継ぎはスムーズに行なわれたであろう。親方身分の人が在番するようになったことから在番親方と称されるようになった。(2)

薩摩の方の琉球担当者は琉球仮屋守と称された。一六七〇年（寛文一〇・康熙九）には中国への進貢使が帰国したとき、琉球からそれを薩摩に報告するために使者が上国しているが、これは一六七八年（延宝六・康熙一七）から定例化し、以後進貢使が帰国したあと必ず報告のため上国するようになった。このことは近世の琉球貿易が安定してきたことと対応しており、貿易が盛んになると、そのための仕組みも整っていったことを知ることができる。一七三六年（元文一・乾隆一）には、琉球仮屋地の加増を謝する使者が遣わされているから、このとき仮屋の拡張が行なわれたと思われる。一七八四年（天明四・乾隆四九）には琉球仮屋は「琉球館」、琉球仮屋守は「琉球館聞役」と改称された。(3)

琉球館での琉球の経済活動がとくに活発化するのは一九世紀に入ってからである。薩摩藩の天保の改革の時期と重なっている。この時期の琉球の経済活動の中心になっていたのは黒糖であった。琉球から砂糖が上納されるようになるのは一八世紀半ばからであるが、一九世紀に入って大幅に増加するようになっている。仲原善忠によれば、二四〇〇から二五〇〇万斤が琉球館に届けられたという。(4)『職制秘覧』には、届けられた砂糖の内訳を知ることができる史料がある。それに因れば砂糖は御物（琉球国王分）、諸士自物（琉球士族分）及重出米分（薩摩への加徴出米分）からなっている。御物砂糖は定式砂糖とも呼ばれているが、一五〇〇万斤が定まった額であった。御物砂糖から上方用聞への依頼、渡唐銀の調達、琉球館の維持費などが賄われていた。諸士自物では、諸士の朝夕の入用品が館内用聞を介して購入されている。また、医道稽古その他稽古のために上国するときも砂糖を持ち上っている。(5)

薩摩藩で在番親方や上国諸役人を管轄していたのは家老座の琉球掛であった。この役には一五九一年（天正一九・万暦一九）に日新斎島津忠良の家老であった新納伊勢守康久が琉球に遣わされてから代々新納氏が担当することがおおい。一八二九年（文政一二・道光九）に琉球付役に任ぜられ、一八五四年（嘉永七・咸豊四）に琉球掛、琉球産物方掛の家老に任ぜられた新納駿河久仰もその一人である。久仰は大部の『新納久仰雑譜』を書き残しており、ペリー来航による対外関係の急迫のなかでの在番親方や使者役人との関係を記した記事が多く記されている。(6)

四　石高制の設定

(イ)　琉　球　高

琉球国の知行高（石高）は、一六一〇年（慶長一五・万暦三八）から翌年にかけての薩摩藩による検地（慶長検地）によって八万九〇八六石とされたのであるが、一六二九年（寛永六・崇禎二）にいたり、石高に誤りがあったということで六〇〇〇石を減じた八万三〇八五石三一の新しい知行目録が発給されている。

その後一六三五年（寛永一二・崇禎八）にいたり、薩摩藩の内検に合わせて琉球にも石高の「盛増」と上木税がかけられることになった。盛増《もりまし》は高一〇〇石に付き七石三斗六升五合一才を増税するものであり、上木税は芭蕉地、唐苧地、室藺地、等の地や、桑、棕櫚、漆等の木に新しく税がかけられたのである。この結果琉球高は九万〇八八三石余となったのである。一七二七年（享保一二・雍正五）には再度薩摩藩の内検（享保大御支配）があり、この

表6　琉球国知行高目録の変遷

年月日	目録名	判	宛　所	石　高	出　典
1611年（慶長16・万暦39）	琉球国知行高目録	御判	不記	89,086石	「喜」・「御」・「近」
1629年（寛永6・崇禎2）	琉球国の内知行高目録	家久御玉印	中山王	83,085石	「近」・「御」
1635年（寛永12・崇禎8）	琉球諸島	家老連名	三司官・金武王子	90,883石	同上
1727年（享保12・雍正5）	琉球諸島	種子島弾正	摂政三司官	94,230石	同上

出所：「喜」（『喜安日記』），「御」（『御当国御高弁諸上納里積記』），「近」（『近世地方経済史料』第10巻）より筆者作成。

ときも盛増が行なわれるが，寛永時の半分の，一〇〇石に三石六斗八升二合五勺が増額された。その結果琉球高は九万四二三〇石余となったのであり，これが最後まで継続する。(1)

(ロ)　出米と徴税

琉球国に石高が設定されたことで，琉球国内にどのような変化がもたらされたのであろうか。

まず第一は知行を受けた琉球国王が，知行を宛行った島津氏に対して石高による上納の義務を負ったということである。このため，琉球国王はその上納を実現するため，米その他の上納品を琉球の人々から，税として収取する仕組みが必要となったのである。

琉球の上納の義務は，薩摩藩における諸士の上納の仕組みを適用したもので，琉球だけに特別に課したものではない。薩摩藩では，知行制は基本的に地方知行が行なわれていた。諸士が，藩主に対して負っている負担を「出米」（しゅつまい・だしまい）というが，これは戦国期における軍役米に淵源するものである。薩摩藩における出米は初期の頃は銀で課されていたので「出銀」と称されていたが，のち石高制が設定されたことで米で賦課されるようになったのである。琉球に対する賦課も最初は銀で賦課されており，薩摩と同様であったことが分かる。薩摩藩において，出米が銀から米に変わったのは、一六三九年（寛永一六・崇禎一二）からである。その後年々多少の変化はあるが、一六七七年（延宝五・康熙一六）に一石に付八升一合になってからはだいたいこの割合が継続された。

琉球が、石高にもとづき米で上納する形式になるのは一七〇九年（宝永六・康熙四八）からである。高一石に付八升一合の割合で課されたが、これは薩摩藩内と同じである。しかし、琉球には、これに運賃分が加算されて、合計一斗一升四才ということになっていた。この出米は「本出米」あるいは「反米」と呼ばれた[2]。

琉球の本出米は、琉球高に本出米の割合をかけた数量であるが、宝永六年以後は、寛永盛増の石高九万八八三石余に一斗一升四才（〇・一一〇〇四石）をかけた数量である。実際に計算すると一万石余になる。享保期には再度盛増されるが、それをもとに計算すると一万三六九石余となる。琉球の負担した本出米（反米）は一万石余であったのである。

薩摩藩においては諸士に対する賦課は、本出米（反米）だけではなく、他に役米・代米・賦米などの加徴米があった。役米はもとは普請夫に対する代納米として課したものである。代米は年中納物、礼節納物の代わりに納める米である。賦米は古くは殿役米と称されていたが、一七一三年（正徳三・康熙五二）に賦米と改称された。役米・代米は琉球には課されてないが、賦米は宝永六年から琉球にも課された。割合は薩摩と同じ割合で一石に一升一合とされたが、琉球には運賃が加算されて一升四合九勺五才とされた。琉球に対する加徴米は、この他に荒欠地出米、浮得出米、牛馬出米等があった[3]。

これらの加徴米は合計して一五〇〇石程度だった。本出米と合計すればだいたい一万一八〇〇石という数字が出る。この数量が琉球国王が知行主として宛行主の薩摩に対して上納する石数であったのである。しかし、上納は米だけで上納されたのではなく、時代の経過とともに諸物で代納することが行なわれるようになっていった。もっとも大きな部分は宮古・八重山の税が布で代納されていることである。また近世後半には砂糖による代納が行なわれ

表7　本出米（反米）の変遷

	出物の変遷	運　賃	定例化した年
本出米	上木・上草		1611 年（慶長 16・万暦 39）
	銀 32 貫		1613 年（慶長 18・万暦 41）
	高 1 石に銀 8 部		1617 年（元和 3・万暦 45）
	高 1 石に米 8 升 1 合	1 石に 1 斗 1 升 4 才	1709 年（宝永 6・康熙 48）

出所：『近世地方経済史料』第 10 巻より筆者作成。

表8　諸出米一覧

出米の種類	高 1 石に付出米	運賃添え出米	定例化した年
御賦米	1 升 1 合	1 升 4 合 9 勺 5 才	1709 年（宝永 6・万暦 39）
荒欠地出米	1 升 7 合 1 升 7 合 7 勺 5 才		1682 年（天和 2・康熙 21） 1711 年（正徳 1・康熙 50）
浮得出米	3 勺 8 才		1699 年（元禄 12・康熙 38）
盛増出米	4 合 7 勺 2 才		1729 年（享保 14・雍正 7）
牛馬出米	1 疋に 2 分 5 厘 1 疋に 1 升 9 合 4 勺 7 才，間切別の高掛		1635 年（寛永 12・崇禎 8） 1694 年（元禄 7・康熙 33）
在番出米	7 勺（以前は両惣地頭負担）		1741 年（元文 6・乾隆 6）

出所：『近世地方経済史料』第 10 巻，『御当国御高并諸上納里積記』より筆者作成。

るようになる。

琉球国政府は、毎年の上納を実現するために徴税機構を整備していった。そしてこれが完成するのは一八世紀前半の尚敬王のときで、蔡温の政治主導のもとではじめて実現したのである。徴税機構の改革の最初は、一七二八年（享保一三・雍正六）に政府内に取納座が設置されたことである。これは、それまでの徴税制である代官制を改めたものである。代官制は徴税官である代官を各地においた制度であり、次のような七代官の分担になっていた。首里之平等（真和志・南風原・西原）、東代官（大里・佐敷・知念・玉城）、島尻代官（具志頭・東風平・摩文仁・喜屋武・真壁・高嶺・豊見城）、浦添代官（浦添・中城・北谷）、越来代官（越来・読谷山・具志川・勝連）、今帰仁代官（金武・名護・羽地・今帰仁・国頭）、久米代官（久米島・慶良間島・粟国島・渡名喜島）。これは一六六六

○年（万治三・順治一七）には島尻方代官（一五間切）、中頭方代官（一一間切）、国頭方代官（九間切・伊江・伊平屋二島）、久米方代官（久米・慶良間・粟国・渡名喜四島）の四代官の制度に変わっている。[4]しかし、代官制については組織がどのようになっていたのか、徴税がどのように行なわれていたのか明らかでない。

新しい取納座の制度は、国頭方、嶋尻方、中頭方の三つに分けられ、それぞれに奉行一人と筆者四人からなる部署であった。[5]取納座の設置は、実は徴税のしかたの確立と関連したことであった。一七四九年（寛延二・乾隆一四）に徴税台帳である「本立帳」が作られ、これによって取納座で徴税が行なわれるようになったのである。これまで「本立帳」による徴税ということは研究上知られていなかったわけではないが、その内容については十分に明らかにされてきてはいなかった。ところが久米島の与世永家文書が知られ、そのなかに「乾隆十二年久米具志川間切各村田方取納帳」など租税徴収に関する文書が含まれていることが確認されたことで、実態が解明されてきた。この文書については、山本弘文氏によって翻刻が行なわれ、詳細な内容分析が行なわれている。[6]そのことについては後に史料と表を掲示し確認するが、ここではこの史料の原本について述べておきたい。

与世永家文書は転写文書であるが、この文書の原本と見られる文書が具志川間切の『公義帳』に合冊されていることがわかったのである。『公義帳』は一七三五年（享保二〇・雍正一三）に久米中里間切に出された『公事帳』と内容はほぼ同じである。したがって、現在は『公義帳』の名で残っているが、もとは久米具志川間切の『公事帳』であった可能性がある。『公義帳』は現在、琉球大学図書館に所蔵されているが、（一）（二）の二分冊にされ、それぞれに『公義帳』（一）、（二）の題簽が添付されている。このうち、（二）の方には『公義帳』の本文のほかに、公義帳ではない他の文書が数点綴じ込まれている。そのうちのひとつには、表紙に「田方本立　久米具志川間切」と書かれている。全部で五八丁からなる冊子である。この文書には各丁に鎖印が押されていて、印文は「取納座印」と読める。文中に訂正がおおいが、いずれにも訂正印が押されていて、取納座から出された公式な文書であることを示している。

この内容を与世永家文書の「田方取納帳」と較べてみると、まったく同じであることが分かる。このことから、久米具志川間切の租税徴収に際して、取納座から「田方本立　久米具志川間切」が出され、これにもとづいて徴税が行なわれていたことが分かる。与世永家文書の「乾隆十二年久米具志川間切各村田方取納帳」は徴税の際に転写されて与世永家に残ったのであろう。(7)

さて、本立帳による徴税は実際どのように行なわれていたのであろうか。近世沖縄農村において、石高が設定されたということと、それによる徴税の仕組みがどのように行なわれていたのかということについては、これまであまり説明されてきていない。ここでは少しスペースを取り、史料を挙げて実態をみてみたい。

「田方本立帳　久米具志川間切」（「乾隆十二年久米具志川間切各村田方取納帳」）には、具志川間切の全村である、上江洲村、山里村、仲地村、嘉手苅村、具志川村、西目村、仲村渠村、大田村、兼城村の九か村の名が記されている。すべての村について、石高にもとづいて「納米」「出米」が計算されているのである。ここでは九村のうち、具志川村を例にとってそのことを確認してみよう。史料は次のようになっている。(8)

具志川村

仕明

本高　百五拾五石八斗九升七勺七才

内　五斗九升六合七勺壱才

田方　百六拾七石三斗七升弐合壱勺四才

納米　四拾六石九斗九升五合四勺七才

高　弐百九石九斗弐升九合四勺四才

内畠方　四拾弐石五斗五升七合参勺
出米　七石九斗三升七合四勺三才　四出米
同　　壱石弐升六合八勺五才　牛馬口銭代米
右之内
本高　四拾三石七斗三升五合三勺弐才　按司掛
田方　四拾六石九斗五升六合四勺三才
　弐斗八升代
納米　拾三石四斗壱升七勺六才
本高　壱石八斗五升　同人
田方　壱石九斗八升六合弐勺五才
　弐斗三升代
納米　四斗六升五合九勺七才
高　四拾八石九斗四升弐合六勺八才
出米　壱石八斗五升五勺弐才　四出米
同　　弐斗三升九合四勺　牛馬口銭代米
本高　弐拾九石五斗七升五合三勺三才　具志川里主所
田方　三拾壱石七斗五升三合五勺五才

　弐斗八升代
納米　九石六升八合八勺壱才
高　四拾三石六斗三升九合五勺六才
内畠方　拾壱石八斗八升六合壱才
出米　壱石六斗五升壱才　　　四出米
同　弐斗壱升三合四勺六才　　　牛馬口銭代米

本高　五石六斗四升　　　仲村渠掟
田方　六石五升五合三勺九才
　弐斗八升代
納米　壱石七斗弐升九合四勺弐才
高　八石八合七勺壱才
内畠方　壱石九斗五升三合三勺弐才
出米　三斗弐合八勺壱才　　　四出米
同　三升九合壱勺七才　　　牛馬口銭代米

本高　弐石九斗六合六勺七才　　　具志川のろくもい
田方　三石壱斗弐升七勺五才
　弐斗八升代

納米　八斗九升壱合弐勺九才
高　三石弐斗四升壱合七勺壱才
内畠方　壱斗弐升九勺六才
出米　壱斗弐升弐合五勺七才　四出米
同　壱升五合八勺六才　牛馬口銭代米

本高　五斗九升六合七勺壱才　仕明
田方　六斗四升六勺六才
弐斗八升代
納米　壱斗八升弐合九勺七才
出米　弐升四合弐勺弐才　四出米
同　三合壱勺三才　牛馬口銭代米

本高　拾弐石八斗七升壱才　百姓地
田方　拾三石八斗壱升七合八勺九才
弐斗三升代
納米　三石弐斗四升壱合六勺八才

本高　五拾八石七斗壱升六合七勺三才　百姓地

田方　六拾三石四升壱合弐勺弐才
　弐斗八升代
納米　拾八石四合五勺七才
高　　百五石四斗五升六合壱勺弐才
内田方　七拾六石八斗五升九合壱勺壱才
　畠方　弐拾八石五斗九升七合壱勺
出米　三石九斗八升七合三勺　　四出米
同　　五斗壱升五合八勺三才　　牛馬口銀代米

〆米　五拾五石九斗五升九合七勺五才

最初の八行は、まとめであり、この村全体の数字である。「本高」と「高」があるが、「本高」は「もとだか」と読むべきで、基本になる高で、慶長検地時の高を示している。「田方」は寛永増盛後の田高である。「田方」と「畠方」を合わせたのが「高」である。この「高」が現在の村高である。具志川村は二〇九石九斗二升九合四勺四才の高の村である。

租税には「納米」と「出米」があり、「納米」は田方に懸かり、税率が「代《だい》」で示されている。「出米」は田方と畠方の合計である「高」に懸けられている。「出米」には「四出米」と「牛馬口銭代米」がある。「四出米」とはこの史料の最後の部分に記されているが、それによると「賦米、荒欠地出米、浮得出米、盛増出米」である。

「納米」は琉球国政府の蔵に入る税であり、政府の諸経費、および薩摩への「本出米」（反米）はここから出される。「四出米」「牛馬口銀代米」は諸出米（加徴米）である。「牛馬口銀代米」は、本来は山林・原野への課税であり、他の出米とは違っていたのであるが、後に高に掛かるように改められている。本出米は知行主としての琉球国王の知行にかけられているので「納米」から出ているのであるが、諸出米は琉球高にかけられて直接薩摩に納められる。

「代」は本州部の「斗代」に由来するもので、年貢率である。琉球の税制は、「代」（年貢率）が村高全体に懸かるのではなく、「地」ごとにかけられているところが特徴である。「地」は地目でもあるが、一般的には地頭地、オエカ地、のろくもい地、百姓地等があるが、この文書では按司掛《あじがかり》（地頭地）、具志川里主所《さとぬしどころ》（地頭地）、仲村渠掟《なかんだかりうっち》（オエカ地）、具志川のろくもい（のろくもい地）、仕明地《しあけち》、百姓地《ひゃくしょうち》と表記されている。「代」はだいたいが「弐斗八升」（一石に二斗八升の割合）であるが、「弐斗三升」のところもある。

「代」は地によって上げ下げが行なわれたというが、石高設置以前の税額を、新しい石高の税額とだいたい同じになるように操作されたのである。地目ごとの「代」の設定こそ、旧来の税制を新しい税制につなげる仕組みの創設であったのである。琉球国政府は、慶長検地により設定された石高を基準にして、新しい徴税の仕組みを内部的に組立なければならなかったが、ところによっては再検地による修正をしながら、「代」の妥当性を調整する作業が、かなり長期間継続したのである。再検地、「代」の調整についての経過、内容を知ることのできる史料は残念ながら何ひとつ残っていない。しかし「家譜」の記事にそのことを伝える記事が少し記されている。このことは『那覇市史』（家譜資料（三）首里系）の「解説」に田名真之氏によって明らかにされている。いくつか例示してみると次のようである。順治六年（一六四九年）、南風原、島尻大里、玉城三箇間切の代定（『益姓四世里紀』。順治一七年（一六六〇年）国中代回検者となり伊江、伊平屋、久米、慶良間、粟国、渡名喜島に赴く（『麻姓』八世真時）。康熙三三年（一六九四年）北谷間切間謝、玉代勢、野里三箇間切再検地願に因り検地（『翁姓』六世盛武）。

これらのことによって代定や再検地が行なわれていることを確認できるのである。(9)

さて、具志川村では、土地の種類（地目）が按司掛・具志川里主所・仲村渠掟・具志川のろくもい・仕明・百姓地の六種類あったことが分かる。「按司掛」とは按司地頭の地頭地であり、「具志川里主所」は具志川里主の地頭地である。「仲村渠掟」は間切役人（夫地頭）である仲村渠掟の作得地であり、オエカ地である。「具志川のろくもい」は地方神女であるのろくもい（のろ）に授けられた作得地である。「仕明《しあけ》」は仕明地（開墾地）である。「百姓地」は百姓が自分たちの得分を得ることが許された土地である。古い時代には「まきよ地」と呼ばれていた。地頭地、オエカ地、のろくもい地は、首里（国王）からそれぞれに授けられていると言っても、その土地に対する支配権を授けられているのではなく、それぞれの得分権があることを示しているに過ぎないのである。

地目と土地の耕作については、沖縄の特異な土地制度である「地割制」について知らなければならない。沖縄においては土地は百姓個人によって占有されているのではなく、村全体によってまず占有されていたのである。そして、村の中で、土地を田、畠、山畑などの土地の種類と、地頭地・オエカ地・のろくもい地などの地目に分け、それぞれの種類、地目に特定された耕地片をいくつか組み合わせて「一地」をつくり、農民の家族の男女・年齢などの構成に応じて配分する仕組みであった。「一地」の構成は役人と村の地功者《じこうしゃ》が土地の「カネー」（生産性）を見積もり、決めていったものであり公平になるように作られていた。土地の状況や家族の有り方は年数が経つと変わるので、土地の配分の割替えが行なわれていたのである。したがって、沖縄の農村においては、特定の土地を農民が占有し、それを代々子孫に伝える独立した小農民（日本の本百姓）は成立していないのであり、それを基礎とする領主も成立していないのである。地頭地・オエカ地などは、地頭や地方役人の領地（領有する土地）ではなく、首里政府により、地頭や役人にそこから得分を得ることが許された土地であるというに過ぎないのである。土地の耕作は、地割制下の農民によって分け持たれて耕作されていたのである。

ところで地頭の得分や農民の仕得はどのように実現していたのであろうか。この点については、与世永家文書の別の文書である「康熙三十年　久米具志川間切諸地頭作得帳」によって知ることができる[10]。この文書には、具志川間切に作得のある按司地頭・親方地頭・脇地頭と、仲村渠掟などの六人の夫地頭について、その作得の実態を記している。冒頭に記されているのが按司懸《あじがかり》（按司掛と同じ。按司地頭地）である。その部分を記してみる。

久米具志川　按司懸

田方　四拾八石九斗四升弐合六勺八才

内　四拾五石五斗八升五合三勺弐才　本高

三石三斗五升七合三勺六才　増高

かや　拾六かや拾五丸九束　但四升廻

正米　六拾四石六斗三升六合

内

拾五石七斗四升五合三勺七才　公義上納

内

弐斗七升七合九勺七才八厘　押入代

拾三石八斗七升六合七勺三才　代之納口米籠

七斗五升九合壱勺　賦米

八斗四升八勺四才　荒欠地出米

壱升八合六勺　浮得出米

壱斗五升壱勺　牛馬口米

弐拾壱石五斗四升五合三勺三才　　百姓仕得
弐拾七石三斗四升五合弐勺九才　　按司作得

まず「田方」が記されているが、これは本高と盛増（寛永盛増）を合わせた高である。つぎに「かや」として「拾六かや拾五丸九束」という数字が記してある。これは沖縄独特の稲の量を表す単位であり、一〇束《つか》で一丸《まるき》、一〇丸で一かやである。「但四升廻」というのは一丸を四升に換算するという意味である。「田方」四八石九斗四升二合六勺八才の石高の土地は、農民が耕作し収穫された時点では伝統的な「かや」の単位で計算されているが、納米・作得の計算の際には石に換算されていることを知ることができる。この地頭地の実際の収穫は米（正米）で表すと六四石六斗三升六合あったのである。そしてこれが「公義上納」と「百姓仕得」と「按司作得」に三分されそれぞれが受取っていたのである。「公義上納」は「代之納　口米籠」（納米）と、三出米と牛馬口銀（諸出米）を合わせていることがわかる。実際の農民の耕作と石高制による徴税は、古来の単位である「かや」を新しい単位である石高に換算して成り立っていることを示しているのである。

また、地頭地の収穫は、公儀・百姓・按司の三者が分割取得していたことも明確に示している。百姓仕得は割合で出せば三三・三パーセントであり、三分の一である。他の地頭地やオエカ地などにおいても百姓仕得は三分に一であるということは変わらない。公義上納と按司作得は一方の増減が他方の増減になるという関係を持っている。このことから沖縄における土地の収穫は、公儀（政府）と百姓と政府から作得を認められた地頭・役人が、原則としてそれぞれ三分の一ずつを受け取っていたことを知ることができるのである。

このような作得の分割収得の仕方は近世になって行なわれるようになったのではなく、島津氏の侵攻以前から行なわれていた制度である。そのことは万暦五年（一五七七年）九月六日付けの北谷間切の北谷掟知行安堵辞令書に

「又のろのかないはくにのかないの三分一かなうへし」（のろの「かない」は国の「かない」の三分一である）とあることや、万暦一五年（一五八七年）二月一二日付けの国頭間切の安田よんたもさ掟知行安堵辞令書に「いろいろのみかないの三分一はおゆるしめされ候」とあることなどで確かめることができる。[11]「かない」とは王への貢租のことをいうことが多いが、ここではのろや地方役人の収得分のことを指している。このような古琉球の仕組みが近世に石高制が導入された後も生きていたことを確認することができるのである。

以上「本立帳」（「田方取納帳」）および「地頭作得帳」から石高制施行後の琉球の徴税の実際について見てきた。地目ごとに石高が設定され、「田方」の高に「代」（年貢率）が適用されて「納米」が算出され、これから薩摩に対する国王の上納（本出米）は出されたのである。加徴米である諸出米は、「畠方」を含む総高（村高）にそれぞれの割合が適用されて算出され、本出米と合わせて薩摩に上納されたことが分かる。

限られた史料から一応の仕組みについて明らかにできたが、各地における徴税の実態を伝える史料や、政府の年々の上納を記した帳簿類は今はほとんど伝わっておらず、詳細についてはなお多くの問題は残っている。

（八）琉球国政府財政の石高制構造

政府の財政において、「公義上納」（「納米」・「出米」）がどのように歳入として入り、どのように支出されたかということについてみてみたい。この問題に答えてくれる史料が『御財政』である。これは（一）（二）（三）の三つの部分からなっている。（一）は収入、（二）は支出、（三）は銀勘定である。[12]ここでは（一）と（二）を一覧表として掲げ、政府の財政が石高によって構成されていることと、それがどのような特徴を持っていたかについて確認してみたい。

『御財政』（一）についてみると、まず「田方」の代の納米が、九〇八五石余と記されている。「田方取納帳」で

表9　御財政（1）

	米（石，斗·升·合·勺·才）·諸物	米合計·米換算（左同）	銭（貫文）	備考
田方 代之上納（両先島田高籠），米（納米）	9,085,3·7·7·5·2			納米（所帯方の本出米を含む）
御賦米	1,321,0·8·8·1·8			諸出米
荒欠地出米	1,568,5·1·6·0·7			同
浮得出米	26,3·2·2·9·7			同
牛馬出米	443,3·1·2·4·3			同
知行出米	4,306,7·2·8·2·2			給地高の本出米（反米）
仕明知行出米	88,7·2·8·0·3			仕明知行の本出米
合米		16,895,1·9·6·3·0		宮古·八重山運賃部下を含む
畠方　代之上納	雑穀（同上）			
麦	1,112,6·6·4·2·2	675,5·4·6·1·4		
粟籾	100,1·8·1·2·2	57,2·4·6·4·1		
黍	17,0·0·0·0·0	9,7·1·4·2·9		
下大豆	313,6·8·3·3·5	291,2·7·7·4·0		
白太豆	13,3·6·3·6·8	15,2·7·2·7·7		
本太豆	93,3·0·9·2·6	99,9·7·4·2·1		
菜種	260,0·0·0·0·0	334,2·8·5·7·1		
白へんッ	0,5·0·0·0·0	0,3·7·9·4·6		
雑穀	279,7·0·0·4·6	159,8·2·8·8·3		
小豆	2,2·7·0·0·0	3,1·4·2·8·6		
銭			90,049貫540文	
合雑石（両先島畠高籠）	3,086,5·0·2·2·8			先島分を含む
浮得上納（雑税）				
塩（国頭）	塩2,483俵4升5合（1俵に5升入り）	46,6·6·2·6·3		
塩（潟原）	塩27石7斗8升8合	5,3·1·6·5·8		
棕櫚皮	39万9108枚	151,4·4·7·2·2		
浮得銭			3,908貫50文	
銭				
夫銭			388,506貫420文	
請地夫銭			1,361貫420文	
諸細工弁職人上納			6,544貫493文	
宮古島より相納候運賃弁部下届（粟）	粟35,2·5·6·3·4			米で「合高」に合算
八重山島より相納め候部下届	米19,8·6·6·5·4			「合高」に合算
越来間切之内宇久田大工廻弐ヶ村炭上納	炭2,040俵	31,2·2·4·4·9		
	鍛冶炭1,200俵	30,6·1·2·2·4		
いなん地ちゃか神之干瀬上納			240貫文	
慶島之内大いふ小いふ神山三ヶ所上納			100貫文	
	綿子4貫775匁5分	10,1·8·8·7·5		
宮古島上納	直上布2,411疋3合9尺4寸	609,1·0·0·0·0		「頭懸り」上納
	本上布160反5尋1尺4寸	6,2·6·6·9·6		同
	直下布2,228反5尋1尺4寸	194,4·2·8·9·9		同
	本下布314反3尋4尺6寸6リ	21,1·9·9·0·5		同
	ふくゐ莚105枚	2,4·1·0·7·1		
	あたん葉莚101枚	1,7·0·0·5·1		
	角俣524斤148匁5分2リ	6,6·9·5·5·1		
八重山上納	直上布1,226疋1合2勺7才	347,1·9·4·1·2		「頭懸り」上納
	本上布46反3尋4尺7寸8分	6,2·6·6·9·6		同
	直下布2,136反5尋2尺3寸2分	196,2·3·4·9·5		同
	本下布175反4尋3尺5寸7分	12,6·4·5·8·1		同
	黒縄15,046斤127匁6分	43,3·2·3·3·7		
	ミミくり78斤40目	1,4·9·1·1·3		
宮古島銭			6,231貫344文	
八重山銭			1,884貫369文	
所座所望物売物諸色代			196,576貫237文	
銭惣合·米換算		4,434,9·6·0·9·5	695,401貫877文	銭を米に換算
米惣合		24,709石5·1·3·8·4		政府財政の歳入

出所：『那覇市史』資料篇1-12より筆者作成。

「納米」とされていたものがたしかに首里政府の財政に集められていることを確認できる。所帯方の本出米はここに含まれている。ついで賦米以下諸出米が記されている。これもたしかに政府財政に入っていることを確認できる。出米のなかに「知行出米」というのがあるが、これは給地方の分である。「高壱石に八升一合」の説明があり、「俗に反米とも唱え申候」という注が付いているから明らかに本出米である。これらは知行主である国王が宛行主である薩摩に上納する分である。村での徴収では本出米の項目はなかったが、政府財政のなかでは区別され別立てにさ

表 10　御財政（2）

	米（石，斗・升・合・勺・才）
出物（出米・賦米，現米仕上分）	6,843,1・9・8・9・5
御奉行横目衆他乗間三分八運賃	60,6・9・4・4・4
一番方返上物乗間 3 分 8 運賃	49,0・3・1・0・5
三行の 3 分 8 運賃	2,492,5・5・7・8・2
御奉行横目衆他御賦飯米	105,1・2・9・7・2
大和御用物代出物引合分積間運賃	2,035,9・8・1・6・9
牛馬口銀代米	156,8・5・5・0・7
唐定式御礼格	118,4・1・6・7・8
御国元定式御礼格	505,6・6・1・2・2
大美御殿御知行物成	421,0・1・4・2・8
	夫銭 76,5・3・0・6・6
御太子御知行物成（反米除く）	466,6・1・2・4・3
	夫銭 114,7・9・5・9・2
御妃御知行物成（反米除く）	93,3・2・2・2・9
	夫銭 22,9・5・9・1・8
合	13,562,8・6・0・5・0
残	11,146,6・5・3・3・4
義貯	1,114,6・6・5・3・3
副貯	1,114,6・6・5・3・3
残	8,917,3・2・2・6・8
御礼式	49,3・4・3・8・4
先王御祭礼	165,6・3・7・5・7
年中御祭礼	8,1・9・9・6・4
御祈願	132,9・4・0・1・0
寺院	149,3・2・1・8・2
久米村中諸祭祀	30,4・1・5・7・8
御祝儀	30,1・8・4・1・3
唐御通融	513,5・2・6・9・8
御国許御取合	335,2・3・3・7・0
御国許出物仕出	39,6・0・1・8・8
御奉行方御取合	217,1・0・5・4・3
御奉行横目衆他所望物	188,7・5・0・7・0
御国許脇方所望物	1,8・5・8・5・6
琉仮屋続料	2,029,4・7・0・4・6
御内原御用	200,4・5・5・7・1
御女房衆弁下遣飯米故実	136,0・3・2・3・2
御親族諸祝儀	8,0・0・9・2・5
御親族御祭奠	5,1・1・4・4・1
御褒美御合力	5,5・0・1・6・1
切米	2,223,3・5・9・6・2
諸役人飯米故実	55,5・5・9・5・5
諸士旅衆所望物	467,7・7・6・2・6
両先島鳥島	169,4・9・8・6・1
御普請條甫	413,8・9・5・5・0
御道具仕立條甫	129,5・2・7・0・5
諸船作事條甫	312,1・5・6・3・5
減廃物	117,6・8・2・4・4
雑類	490,2・9・7・3・0
払物仕立	269,4・9・8・4・4
合	8,890,9・5・5・0・5
惣合	22,453,8・1・5・5・5
残	26,3・6・7・6・3

出所：『那覇市史』資料篇 1-12 より筆者作成。

れていることを確かめることができる。「畠方」の徴収は雑石で行なわれているが、財政のうえでは米に換算されている。宮古・八重山の布の上納も米に換算されていることを確かめることができる。政府の財政は、村における石高制の徴税に対応していることをはっきりと確認することができる。

『御財政』（二）は支出について記したものである。出米・賦米などの出物は、計算どおりの額で米で薩摩に上納されていたわけではなく、在番奉行の経費や他の経費、運賃などがここから差し引かれて上納されていることが分かる。これは一万三〇〇〇石余である。ただし琉球国政府の経費も一部ここから支出されている。「惣合」に、「義貯」・「副貯」と、「残」を合わせると二万四七〇九石余となり、『御財政』（一）の数字と合致する。

琉球における石高制は、このように伝統的な関係を前提としながら、徴税から上納まで、見事なシステムに構築し直されていることを確認できるが、しかし他方でいくつもの無理を抱え込んでいたことは忘れてはならない。重い負担が農民にしわ寄せされてゆき、近世後期においては農民の疲弊と荒廃が進むのである。また、琉球国政府においても農民の疲弊について憂慮していたのであり、鹿児島在留の在番親方が藩当局に対して訴えることがしばしば行なわれている。(13)

五　近世琉球貿易の実現と日本銀

(イ) 明朝の滅亡と清朝の成立

中国沿岸部の経済的発展と海上活動は、一五世紀後半から顕著になり、一六世紀前半の正徳・嘉靖期には漳州月港を中心とする地域に人や物が集まり、一大都市が形成され、「小蘇州、小杭州」と呼ばれるようになっていた。

月港の豪民は大船をつくり、蕃船夷商と連絡し、さらに海盗集団をも引き入れるようになっていた。明朝はこれの取り締りを強化したがやがて対応できなくなり、新しく海澄県を設置し一五六七年（永禄一〇・隆慶一）には海禁を解除し、東西二洋への商販が認められるにいたった。(1)

沿岸部の経済的発展と反対に、明朝の衰退は急速に進んでいった。諸国からの進貢に際して、船の出入りを司る市舶司は、一五八〇年（天正八・万暦八）に廃止され、業務は地方政府におろされた。

この頃北方では満州族が起こり、一六一六年（天和二・万暦四四）には愛新覚羅努爾哈齊《ヌルハチ》が帝位につき、国号を「後金《こうきん》」とし、都を瀋陽においた。努爾哈齊は旗の色で区別される軍団である「八旗」をつくり、明朝と戦い、モンゴル、朝鮮と対立しながら強大化していった。一六三六年（寛永一三・崇禎九）には国号を「清《しん》」と改めた。八旗の軍団組織は、その後に投降した中国人やモンゴル人を加え、行政組織として定着していった。

努爾哈齊の後は皇太極《ホンタイジ》（太守）が後を継ぎ、一六四四年（正保一・順治一）には順治帝（世祖）が即位している。世祖はこのとき幼少であったので、叔父の睿親王多爾袞《ドルゴン》が摂政となった。この年、北京を李自成の軍が占領し、毅宗（崇禎帝）は自殺した。清朝は軍を、山海関から北京に向かわせ、李自成を破り、一〇月に順治帝は瀋陽から北京に遷都し、ここに清朝が成立した。(2)

毅宗の死後、明朝の皇族や遺臣らは南方に逃れ、各地で王朝を唱えて清朝に抵抗した。その最初の政権が一六四四年（正保一・順治一）五月に南京で即位した福王（弘光帝）である。しかし南京は翌年五月には陥落し、福王は北京に送られる途中で殺されている。ついでこの年閏六月、明朝太祖九世孫の唐王聿鍵《いっけん》が福州で即位し、隆武帝を称した。しかし翌一六四六年（正保三・順治三）八月には滅ぼされた。この年一一月には神宗（万歴帝）の孫の桂王が即位し、永暦年号を制定した。永暦帝は広州、貴州、昆明などを転々とするが、一六六一年（寛文一・順治一八）に緬甸《めんてん》で清軍に捕らえられ、翌年に昆明で死亡している。一六六二年（寛文二・康熙一）には明朝遺臣として反清活動を行なってきた鄭成功も死し、また順治帝も亡くなり康熙帝が即位し、ようやく安定した時代が到来するのである。弘光帝・隆武帝・永暦帝の政権を総称して「南明政権」と称している[3]。

中国におけるこのような王朝の交替という変動に、琉球はどのように対応したのであろうか。一六四〇年（寛永一七・崇禎一三）に尚豊が薨去し、翌年尚賢が即位した。尚賢は、尚豊の訃を報じ、自らの冊封を求める使者を一六四四年（正保一・崇禎一七）に遣わした。まさに北京で王朝の交替が起こった年である。このとき遣わされたのが正議大夫金応元である。金一行は北京へ行くことができず、福州に滞在していたのである。この間南京の福王からも、福州の隆武帝からも、琉球国への勅がもたらされている。琉球はそれぞれに対して使者を送っているから、琉球は南明政権と進貢の関係を持っていたことを確認することができる。しかし一六四六年（正保三・順治三）八月に福州が清軍により陥落すると、福州に滞在していた金応元と、隆武帝への使節として福州に来ていた毛泰久・金思義は、清軍に従い北京に行き、清朝に投誠している[4]。このとき清朝は、明朝から下賜されている印の返却が必要であることを告げ、謝必振を遣わした。しかしこのときも、また再度謝必振が来琉したときも印は返還できなかった。印は結局一六五三年（承応二・順治一〇）に世祖順治帝の登極を祝う使者が遣わされたとき返還されている。

尚賢は、結局冊封されることなく一六四七年（正保四・順治四）に薨し、翌年尚質が即位している。このあと順治帝は尚質を冊封するため一六五四年（承応三・順治一一）勅使張学礼と王垓を派遣することを決めたが、海気いまだ靖からずということで延期された。その間一六六一年（寛文一・順治一八）に順治帝が亡くなり、康熙帝が即位する。そして一六六三年（寛文三・康熙二）に康熙帝の勅使の来琉が実現し、尚質の冊封が実現したのである。中国ではこの後三藩の乱が起こり、一六七三年（延宝一・康熙一二）に琉球に援助の要求があったのであるが、琉球はこれに従わず、逆に清朝に安否を問う使者を送っている。康熙帝はこの使者に大悦し、琉球の忠順を深く嘉し、このあと進貢使に勅書を下賜するようになる。琉球から進貢の前年にこの勅書を迎える使者が遣わされるようにな

「琉球国王之印」（左は乾隆 21 年以前，右は同年以後）
出所：『琉球国王表文奏本展展示図録』（沖縄県立公文書館，2000 年）

るが、これが接貢使の始まりである。

尚貞の冊封は一六八三年（天和三・康熙二二）に勅使汪楫・林麟焻によって行なわれている(5)。

（ロ）琉球貿易と日本銀

一七世紀半ば過ぎ、新しく成立した清王朝との間で、進貢・冊封の関係ができたことで、ふたたび二年一貢の進貢が行なわれるようになった。この時期には接貢も行なわれるようになったことで、実質的に琉球からは毎年渡唐船が遣われることになった。国際関係の安定とあいまって、これ以後琉球貿易が大きく発展することになる。清代の貿易は、最初は明代の貿易の形を踏襲していたが、一六七一年（寛文一一・康熙一〇）に福州の琉球館での貿易が許可され、さらに随帯貨物と銀による中国産品の購入を許されたことでこれまでにない新しい形の貿易が行なわれるようになったのである(6)。

琉球貿易は、琉球国の進貢の際に行なわれる貿易であるが、実は琉球国だけの貿易ではなく、中身は薩摩藩と半分ずつに分けて行なわれていた。

薩摩藩は侵攻当初、幕府と一緒になって日本と中国の貿易を実現するために工作を行なったのであるが、それが失敗したあとは内政面の

図5　琉球・福州航路図

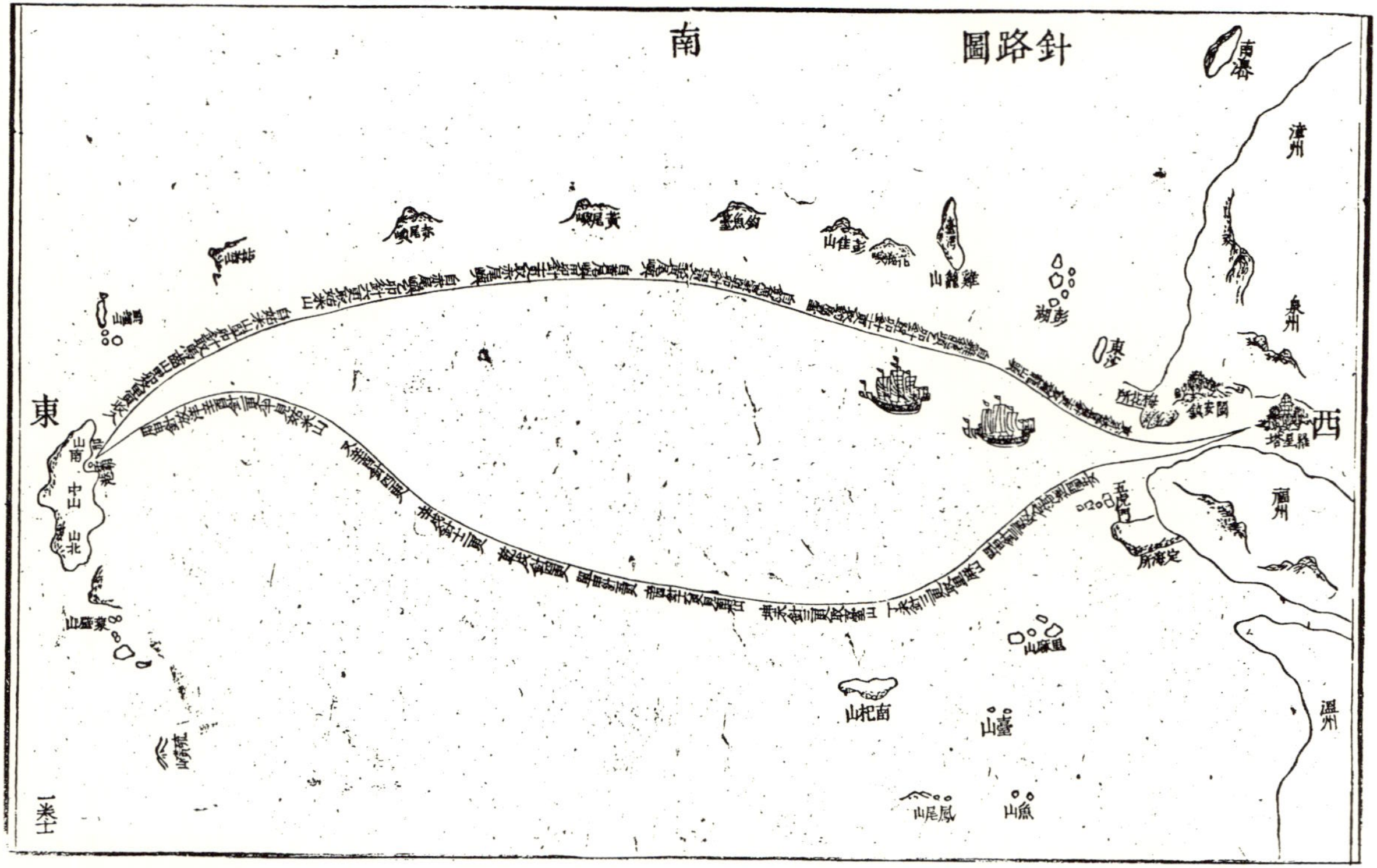

出所：『中山伝信録』より。

琉球仕置きに関心を移していた。しかし中国産の絹織物（反物）と生糸を買い入れる動きは早くから見られた。そして一六三三年（寛永一〇・崇禎六）の尚豊の冊封使（杜三策・揚掄）が来琉するに際して、薩摩藩の琉球貿易への本格的な介入が計画されている。それによると、以前は琉球の船に薩摩の荷と御物銀を託していたが、このときから進貢船二隻のうち一隻を薩摩の船とし、必要経費を薩摩が負担して行なうように指示しているのである。[7]このときから琉球の進貢・貿易に、薩摩の貿易が別に仕立てられ、いわば折半した形で行なわれるようになったのである。薩摩は大量の銀を遣わし中国産品を買い入れ、藩財政の立て直しを図ろうとしたのである。しかしこのときは困難がつぎつぎ起こり、ついに安定した貿易が実現することはなかった。そして、一七世紀半ばにいたり漸く安定してきたのである。

中国では清朝成立後も、南明政権の存続や、明朝の遺臣の鄭成功による反清活動が沿岸部を舞台に行なわれていた。これに対して清朝は一六六一年（寛文一・順治一八）に遷界令を出している。これは沿岸部の人々を海岸より三〇里内側に移す命令である。このため人々の海上活動はできなくなっていた。しかし南明政権も消滅し、一六六二年（寛文二・康熙一）に鄭成功が亡くなり、反清活動も行なわれなくなったことで、一六八四年（貞享一・康熙二三）遷界令は廃止された。そして、これを期に沿岸部の人々の海上活動は一気に盛んになる。海上活動は国内の交易だけではなく、海外との交易も活発化したしたのである。清朝では海外との交易の活発化に対応して、これを管理し、徴税を行なう制度を作った。これが海関（常関）である。海関は一六八四年と八五年に四カ所に設置された閩《ビン》海関・粤《エツ》海関・江《コウ》海関・浙《セッ》海関である。一六八四年の遷界令の廃止は中国の対外政策の大きな転換であったのである。これを期に中国商人が大挙して日本に来ることは予想されたところであった。[8]

日本江戸幕府は、中国船が多く長崎に来航するようになったことから、大量の日本銀の海外流失を恐れ、一六八五年（貞享二・康熙二四）に貿易量の総量規制である「御定高制」を施行するようになる。これにはオランダも含まれ、年間貿易額を銀でオランダ船は三〇〇〇貫、中国船は六〇〇〇貫に限った。

この貿易規制は琉球貿易にも適用された。幕府は薩摩に対して、琉球から中国に渡る銀の量を報告するように求めた。薩摩は一六八二年（天和二・康熙二一）から一六八四年（貞享一・康熙二三）の三年間の進貢船・接貢船の持ち渡り銀の額を報告しているが、それに拠れば進貢船二隻で八七六貫乃至八七八貫、接貢船一隻で四二六貫という数字を報告している。幕府はこれに対して減額を申し付けるが、結局は一六八七年（貞享四・康熙二六）に、進貢のとき、銀八〇四貫、接貢の時銀四〇二貫という額を決定した。このとき、琉球を介して買ってきた中国産品の払方についても指示があり、京都の問屋を通して払うことが指示されたのである。幕府によるこのような施策は、琉球貿易が近世日本の貿易体制のなかに位置づけられることを意味していた。

琉球貿易で使われるようになった銀は、日本国内で流通していた貨幣である丁銀が用いられた。徳川家康は、当時各地で作られていた種々の形態の銀貨を統合しようとして、一六〇一年（慶長六・万暦二九）に銀座を設置し、大黒常是を吹き手とする丁銀（大黒銀）を通用銀として流通させた。このときの銀は後に慶長銀・古銀と称されたもので、銀の含有率が八〇パーセントの上質の銀であった。しかしこの後、幕府の財政状況に応じて、貨幣改鋳が行われ、銀の含有率は下げられていった。

最初の改鋳は一六九五年（元禄八・康熙三四）元禄銀の鋳造であった。元禄銀では銀位が六四パーセントに下げられたのである。銀位が下げられたことで出てくる銀を「出目」と称しているが、改鋳は出目で財政不足を補おうとする幕府の政策であったのである。この政策をになっていたのが勘定奉行の荻原重秀であった。しかし銀位の低下は、中国と貿易をしていた薩摩・琉球、朝鮮と貿易を行なっていた対馬藩に大きな問題を投げかけたのである。薩摩・琉球は、元禄銀については何とかこれに対応して使っているが、その後の宝永期の三度にわたる改鋳で対応できなくなり、幕府に対して特別に元禄銀の銀位の丁銀の鋳造を願い出るにいたる。

しかし幕政の担当が新井白石に変わったことで、幕府の貨幣政策も一変し、一七一四年（正徳四・康熙五三）には銀位は慶長銀の銀位（八〇パーセント）に引き上げられた。薩摩・琉球、朝鮮にとって都合のよいことであったのであるが、幕府からは銀位を上げたのであるからこれまでの貿易総額の減額するようにということが命じられた。薩摩はこの求めに応じ、進貢船は六〇四貫、接貢船は三〇二貫に減額している。八代将軍徳川吉宗の代である一七三六年（元文元・乾隆一）にはふたたび銀位が四六パーセントに引き下げられるが、幕府は一七四二年（寛保二・乾隆七）には薩摩・琉球と対馬に対して、貿易用として古銀の銀位（八〇パーセント）と同じ特別銀を鋳造することを決定している。これは「薩州御渡銀《さっしゅうおわたしぎん》」「薩州渡古銀」、「対州御渡銀《たいしゅうおわたしぎん》」「対州渡古銀」、と称されている。また、琉球使節と朝鮮使節が江戸参府の際、将軍と諸大名から銀（丁銀）が贈られるのであるが、その銀も古銀の銀位で鋳造された銀であり、これは「琉球人被下銀《りゅうきゅうじんくだされぎん》」「朝鮮人被下銀《ちょうせんじんくだされぎん》」と称された。特鋳銀は近世を通じて作られるが、日本開港後の一八六四年（元治一・同治三）に廃止された(9)。

六　家譜の成立と唐格化

近世琉球における「家譜」は、王を中心にした国家の官人組織の編成に重要な意味を持っていた。琉球の家譜は近世になって作られるようになったもので、官人（琉球士族）の家統（家）の内容を記したものであり、本州を中心にした地域の家の系図にあたるものである。完成された形式では家譜は姓ごとに作られ、同姓のなかでは始祖を誰にとるかによって大宗・小宗の区別がなされている。「尚姓家譜」は王の子孫の家譜であるが、たとえば後に小禄姓を名乗る家統の家譜では、大宗を朝満としている。朝満は尚真王の第一子であり、この人を一世とし、以下その子孫が継承しているのである。ちなみにこの四世は尚寧であるが、尚寧は嗣子がなかったため弟の朝盛（尚宏）の子孫が継承している。また二世の朝喬の三男朝元の系統は別家譜を形成するがこの四世が羽地王子朝秀（向象賢）である。十一世朝恒の時小禄間切総地頭職を転授され、十二世朝睦の時明治を迎えたことで間切名を姓とし、小禄姓を名乗っているのである。(1)

さて、琉球における家譜編集の端緒になったのは、向象賢による『中山世鑑』の編纂である。『中山世鑑』は尚質王の代に摂政金武王子朝貞と三司官に編纂が命じられ、向象賢が実際の編纂にあたり、一六五〇年（慶安三・順治七）に完成したものである。これは序にあるように、これまで琉球にはなかった世系図を撰したもので、王家の系図である。文章は和文でつづられ、年号も慶安三年と和年号で記されている。琉球王家の継承については、冊封の際にそれが正しい継承であることが証明されなければならないが、琉球では中国で作られているような宗支図冊は作られていなかった。このためいずれそのような形式が必要ではあった。しかし、最初の世系図である『中山世鑑』は冊封の必要から作られたのではなく、実は日本（薩摩）から最初の動機が与えられたものである。和文と和年号の使用はそのことを示している。

『中山世鑑』の編纂に先立って、日本では一六四一年（寛永一八・崇禎一四）に徳川幕府が最初の系図である『寛永諸家系図伝』の編纂をはじめている。これは徳川氏を中心にした家秩序を形成しようとしたものであり、林羅山が中心になって進められたものである。このため諸大名家にはその家の系図の提出が命じられ、各大名家では急遽藩内の資料収集と系図作成が行なわれたのである。薩摩藩では幕府の命を受け、川上久国、島津久慶が中心になって進められたが、これに若い新納久了もたずさわっている。(2)そして一六四五年（正保二・順治一）から一六五七年（明暦三・順治一四）の間に藩主光久の命を受けた平田純正が『島津氏世録正統系譜』一一四冊を完成している。(3)

『中山世鑑』はこれと同時進行で作られたことがわかる。新納久了と向象賢はほぼ同年齢であるが、このときはまだ交流はなかったと思われるが、後に薩摩藩の万治内検が行なわれていたとき向象賢は在薩していたのであり、内検と近世的行政改革に関していろいろな交流があったと思われる。羽地仕置の背景はこのとき形成されたと思われる。さて、『中山世鑑』については、金武朝貞が第一回、第二回の琉球使節として薩摩、京都、江戸に行っているのであり、このとき交流があり系図編纂のことも伝わっていたのであろうと思われる。またこのとき、琉球では家譜の編纂も行なわれていて、実際に「傅姓大宗家譜」が作られているというが、このときは家譜編集は全体には広がらなかったようである。この家譜は和系の家譜であるという(4)。

家譜作成が琉球で本格的に動きはじめるのは一六七〇年(寛文一〇・康熙九)一二月一八日の「覚」(羽地仕置)からである。それは「諸人筋目之儀、公儀江然と不相知候間、各系図仕可被差出候」というものであった。諸官人(琉球士族)の筋目を明確にするための政策であったのである。これを受け、一六八九年(元禄二・康熙二八)に系図奉行が置かれた。『球陽』には次のように記されている(5)。

始メテ群臣ヲシテ各々家譜ヲ修セシム。已ニ二部ヲ謄写シ以テ上覧ニ備フ。ソノ一部ハ御系図座ニ蔵ス。一部ハ御朱印ヲ押シ以テ頒賜ヲナシ、各伝家ノ至宝トナス(『球陽』)

家譜は二部作成し、一部は政府の系図座に一部は朱印を押して各官人に与えたのである。

家譜の作成と関連してもうひとつ重要なことが令されている。この翌年一六九〇年(元禄三・康熙二九)に「始メテ姓ヲ群臣ニ賜フ」(『球陽』)ということである。これまで琉球には姓はなかったのである。官人は賜った領地の名を家名としていたが、領地は転授されるので家名は一定しなかった。しかし一六〇六年(万暦三四)に尚寧王の冊封使として来琉した夏子陽の使録には営中（久米村）は廃墟になっていて、閩人三十六姓はおおかた絶えてわずかに蔡・鄭・林・程・梁・金の六家が残っているだけであると記しているが、閩人（中国福建省を出自とする人々）たちは姓を名乗っていたのである[6]。そのようななかで琉球人も渡唐役を果たした上級官人が中国風に一字を姓に用いるようになり、これがだんだんと広がっていったのである。政府はそれを追認する形で姓を定めたのであろう。一六九一年には、王家からでた一族は「向」を姓とし、「朝」を名乗り頭の字とすることも定められた[7]。これによって姓ごとに家譜が作られるようになったのである。

しかし家譜の内容構成は、最初の動機からして和系図に近いものであった。このような家譜は「和系格」と称されているが、一六九六年（元禄九・康熙三五）から漢文に書き換えられ、乾隆から嘉慶にかけての時期に書き方も世代を縦に連ねる中国風の書き方になるという。これを「唐系格」というが、これが確立した家譜の書き方として廃藩まで行なわれたのである[8]。なお、家譜の漢文化の翌年、『中山世譜』が漢文で著されるが、同じ動向であったと見られる。近世になり、清朝との間で安定した政治関係が作られ、進貢船、接貢船がほとんど毎年派遣され、多くの琉球人が渡唐し中国文化を体験したことにより、中国文化がいろいろな形で琉球に根付いていったのである。門中のまとまりや亀甲墓、清明祭などはこの時期に広まったものであり、中国文化は閩人・官人だけでなく、のちには沖縄の庶民にまでその影響は及んだのである。

このような動向に主要な役割を果たしたのが程順則である。程順則は一七世紀後半から一八世紀前半にかけて五度にわたって渡唐しているが、彼によってもたらされた『十七史』や『六諭衍義』は琉球のみではなく日本にも大きな影響を与えたのである（『程順則伝』）。一八世紀の中頃からはじまる蔡温の政治改革はこのような新しい文化状況のなかで行なわれたのであり、近世琉球国の確立の作業であったのである。

七　近世の久米村

久米村の起源は一三九二年（明徳三・元中九、洪武二四）察度の時中国皇帝から三十六姓を賜い、琉球に文教を広め、あわせて中国往来の貢典を掌らしめたときからはじまる。このとき察度は深く喜び、那覇の久米村を選び、来琉した三十六姓を居住せしめ、そこを唐栄（営）と名付けたという。[1] これは近世になってから書かれた文であるが、史書で久米村のことを記したもっとも古い例は、申叔舟『海東諸国記』（一四七一年）の「琉球国之図」に記された「九面里」という語である。[2] この図には那覇と本島を結ぶ橋も記されているが、那覇の一角にこの名が記されているのである。港には「江南南蛮日本商舶所泊」という書き込みがあり、この時期には那覇が港としての機能を発揮して多くの商船が入港していたことを示している。

また、この書には「琉球国記」が記されていて、その「国俗」の部分にも「地狭く人多し、海船行商を以て業とす、西は南蛮中国、東は日本我国（朝鮮）に通ず」と記している。『海東諸国記』が書かれたのは尚円王の頃であり、このころ琉球が盛んに海外との貿易を行なっていたことがわかる。ところがこのときから約一三〇年後一六〇六年慶長一一・万暦三四）に尚寧王の冊封使として夏子陽が来琉した頃には大きな変化が起こっていた。

琉球の海外活動は尚真王の後半頃から明朝の衰退に従って下り坂になっていたことは前に述べたが、この動きと反対に日本の海外活動が活発化してきている。夏子陽は琉球での日本人の動向についてきわめて危険視しており、『使琉球録』に「倭とは国家によって外国に棄てられた者なのだ、これらの者と通ずることは禁止する」ということを在琉の中国人に号令していることを記している。[3] 琉球における日本人の危険な行動は、一五三四年（天文三・

表11　近世久米村の役職

役　名	人数	知行高（役知・扶持）
惣役	1名	80石
長史	2名	20石
文組（主取・寄役・足役）	4名	7石（主取）
漢字御右筆（主取・相付・筆者）	4名	7石（主取）
通書（主取・寄役・加勢・相付）	4名	6石（主取）
講談師匠	1名	7石
読書師匠	1名	6石
惣横目（惣横目・中取・筆者）	3名	
惣與頭（惣組頭・中取）	4名	
夫取〆主取（主取・筆者）	3名	
久米村筆者（筆者・左事）	3名	4石（筆者），1，5石（左事）

出所：「古老集記類二」『近世地方経済史料』第十巻所収。

表12　進貢時の使者の構成

役　名	記　事	人　数
勢頭（正使）	御鎖之側	主従10人
大夫（副使）		主従11人
才府	一番方御用物構	主従5人
大通事		同上
官舎		同上
北京大通事		主従6人
脇通事		主従5人
大筆者	一番方御用物構	主従3人
脇筆者		同上
総官		
勤学		
五主		

出所：『近世地方経済史料』第十巻，336頁。
註：1）勢頭はもともとは三司官であるが，進貢の正使は御鎖之側が勤めた。御鎖之側は申口であり，耳目官である。副使の大夫は正議大夫であり，久米村人が勤めた。
2）明初は使者は王相・王舅・正議大夫・長史が遣わされたが，清代の康熙七年（1668）尚質王の時から耳目官と正議大夫が勤めるようになる。

嘉靖一三）の、尚清王の冊封使の陳侃の頃から見られていたようで、日本人から中国人を守るために「営中」に移して保護しようとしたことが『使琉球録』に記されている。[4] 営中（久米村）は日本人から中国人を守る施設でもあったことがわかる。

尚寧王の頃には久米村はすっかり衰えて廃墟化し、三十六姓もわずかに六姓になっていたことは夏子陽も述べているが、このため尚寧王は明朝に再度三十六姓を賜撥されんことを願いでている。明朝はこれに応えて一六〇七年（慶長一二・万暦三五）に阮国と毛国鼎を賜姓し、進貢を導引する助けとなさしめている。[5]

三十六姓の衣冠は、もとは明の制法によっていたのであるが、近世になり清朝の一六五〇年（慶安三・順治七）に髪を剃り、欹髻を結い琉球の風俗に従うようになったという。[6] 清朝との新しい関係ができると、中国との関係は今まで以上に活発化し、進貢だけでなく接貢もはじまり、ほとんど毎年渡唐船が中国に遣わされた。それにともない久米村の果たす役割も大きなものになってゆき、人も増えて新しい発展を見せるようになっている。すでに一六六八年（寛文八・康熙七）から進貢の使者は耳目官（勢頭・御鎖側）を正使、正議大夫を副使とするようになっていたが、正議大夫は久米村人が勤めた。また北京大通事・大通事・存留通事・脇通事・総官・勤学人も久米村人の役であった。[7]

表文・奏本・咨等の文書の作成をしたのも久米村人であった。これらの進貢・冊封に関わる人材の育成のため官生が派遣された。官生の制度はすでに三山時代からあったのであり、最初は王の近親者が遣わされていたが、後には久米村人の中から官生を出すようになっていた。しかし久米村の衰退とともに途絶してしまっていたが、清朝の一六八八年（元禄一・康熙二七）に再開され、多くの有能な人材が輩出している。『四本堂詩文』を著した蔡文溥や『球陽』を編纂した鄭秉哲、首里に国学の創建を建議した蔡世昌、琉球処分に反対し、抗議の自殺をした林世功等がよく知られている。

久米村には、官生にはなっていないが中国で学んだ多くの優れた人たちがいた。なかでも程順則と蔡温は薩摩侵攻後の琉球を新しい国に作り上げるうえで重要な役割を果たしている。程順則は『六諭衍義』を琉球に伝え日本にも影響を与えたことは前述したが、庶民の冠婚葬祭についても改革したのであり、『程順則伝』では「本府之礼節法度総是制定而為奕世之宏模也」と記している。[8] 蔡温の改革はこれを引き継いだ形で行なわれた社会改革であったのである。また、表文・奏本の作成に力を注いだ魏掌政や『鄭良弼本歴代宝案』(9)を残した鄭良弼などは忘れてはならない人である。

八　琉球使節の江戸参府

尚寧が一六二〇年(元和六・泰昌一)に薨じて、翌年(元和七・天啓一)尚豊が即位した。そして次の年に進貢して、尚寧の訃と尚豊の請封が行なわれた。尚豊の冊封は一六三三年(寛永一〇・崇禎六)勅使杜三策・揚掄の来琉によって実現する。薩摩藩統治下ではじめての王の即位と冊封であった。薩摩藩はこのことを幕府に報告し、御礼参上をどのようにしたらよいかを問い合わせているが、幕府からは二条城在城の家康のもとに参上するようにとの返事があった。薩摩藩では、参勤交代と同様に、王自身の参上を考えたが、王は「煩」で「心身不快」ということが伝えられたことで、王に代わり「子息弁舎弟」が参上することになった。このときは尚豊の子息である佐敷王子(尚文)と弟の金武按司(朝貞、尚盛)が参上したのである。(1)琉球使節の江戸参府はこのことが先例になって、以後国王の即位の時「謝恩使」、将軍の代替わりの時「慶賀使」が遣わされるようになったのである。

琉球の謝恩・慶賀の使節は、近世を通して合計一八回遣われている。(2)これを一覧表で示すと表13になる。

琉球使節は国王からの書翰を持参した。使節のなかの担当者である掌翰使が管理し、登城した際に幕府の担当者である大目付を介して老中に届けられたのである。琉球国の書翰は披露状と称されるもので、老中に対して、国王からの将軍への慶詞・謝詞を将軍に披露してもらうことを依頼するものである。この点朝鮮国の使者が持参する国書とは違っていた。

琉球国王の書翰を受け取った老中からは、使節が帰国した後国王宛に返書があり、将軍が使節の派遣を受け満足の意を示したことが伝えられた。この返書に対して、国王から御礼の書翰と贈り物が老中はじめ関係の役人に送られた。これに対して、老中と関係者から贈り物に対する御礼状が出された。このように、一回の使節にかかわる書翰の往来は、三年間にわたって行なわれているのであり、書翰数も、往・来で二〇通以上にのぼっていた(3)。

国王から将軍への書翰のなかで使用されている文言は、幕府が琉球国をどのように認識していたかということを反映して、時代によって変化している。もっとも大きな変化は、一七一四年(正徳四・康熙五三)の新井白石による文言の改訂であった。このとき白石が問題視した文言は、「貴国」「大君」「台聴」などの文言が、琉球からの書翰にあることであるが、この文言の使用は実は正保の使節が帰った後の老中からの返書に、この語が使われていたことが契機になっていたのである。

この後、琉球の書翰ではこれに習い、日本のことを「貴国」、将軍のことを「貴大君」を表記するようになったのである。幕府の老中も、中山王宛の返翰のなかで朝臣を称していた。琉球の異国性が、書翰の文言でこのように表現されていたのである。このような形式が幕府で改めて問題になるのが、一七一〇年(宝永七・康熙四九)の使節が持参した尚益の書翰からである。これを知った荻生徂徠は、琉球国が貴国・大君という語を使い、自らを王とし、薩摩藩主を中将と記すことは大いに不敬である。華風を装うが和であるというように、琉球国の異国性の表現に疑問を呈した(4)。このとき新井白石が幕政の担当者になるのであるが、白石は他方で朝鮮使節に対して日本の将軍を大君とすることを不可として、日本国王を名乗るように改めている。白石が琉球の書翰の文言について問題にしはじめたのは、このことと関連していたのである。

このときの白石と徂徠の関係については不明であるが、白石は一人でもこの問題を解決するだけの見識を持っていたのであり、白石の見解は『殊號事略』に明確に述べられている(5)。白石の指示により、この後の琉球国王の書

宛所	正使	副使	備考（一）	備考（二）
	佐敷王子朝益（尚文，尚豊の第三子） 玉城王子 金武按司朝貞（尚盛，尚豊の舎弟）		京都二条城	『通航一覧』
御年寄中 御年寄中	金武王子朝貞（尚盛） 国頭王子正則（馬国隆）		阿部対馬守他二名	『琉球往来』
進上　御年寄中	具志川王子朝盈（尚亨）		阿部豊後守他二名	『琉球往来』
阿部豊後守外二名	北谷王子朝秀（二月病死） 国頭王子正則（馬国隆）			『琉球往来』
稲葉美濃守外四名	金武王子朝興（尚熙）	越来親方朝誠		『琉球往来』
板倉内膳正外三名	名護王子朝元（尚弘仁，尚質の第三子）	恩納親方安治	尚貞の花押あり	『琉球往来』
井上河内守外五名	美里王子朝禎（尚紀，尚貞の第四子） 豊見城王子朝匡（尚祐）	富盛親方盛富（翁自道） 与座親方安好（毛文傑）		『琉球聘使記全』
	与那城王子朝直（尚監，尚純第二子） 金武王子朝祐（尚永泰）	知念親方朝上（向保嗣） 勝連親方盛祐（毛応鳳）		『通航一覧』
	越来王子朝慶（尚盛，尚純第三子）	西平親方朝叙（向和声）		『通航一覧』
酒井雅楽頭他三名	具志川王子朝利（尚承基）	与那原親方良暢（馬元烈）		『通航一覧』
	今帰仁王子朝忠（尚宣謨）	小波津親方安減（毛文和）		『通航一覧』
	読谷山王子朝恒（尚和，尚敬第二子，尚穆弟）	湧川親方朝喬（向邦鼎）		『通航一覧』
	宜野湾王子朝陽（尚容）	幸地親方良篤（馬克義）		『通航一覧』
	大宜見王子朝規（尚恪）	安村親方良頭（馬文端）		『通航一覧』
	読谷山王子朝敕（尚大烈）	小禄親方良和（馬応昌）		『通航一覧』
松平周防守外四名	豊見城王子朝春（八月病死） 普天間親雲上朝典	沢岻親方安度（毛惟新）		『天保三冬琉球使参府記略』
	浦添王子朝憙（尚元魯）	座喜味親方盛普（毛恒達）		『通航一覧続輯』
	玉川王子朝達（尚慎，尚灝第七子）	野村親方朝宣（向元模）		『通航一覧続輯』

続輯』，『那覇市史家譜資料』，『琉球往復文書及関連史料』より筆者作成。

表13　琉球使節および披露状書翰一覧

	登城年月日	将軍	琉球国王	薩摩藩主	書翰文言（目的）	書翰年月日
第1回	寛永十一年甲戌閏七月九日（崇禎七年・1634）	徳川家光	尚豊	島津光久	国守御代替（謝恩）	
第2回	正保元年甲申六月二十五日（崇貞十七年・順治元年・1644）	徳川家光	尚賢	島津光久	若君様御誕生（慶賀） 琉球国之続目（謝恩）	寛永二十年癸未卯月廿日 寛永二十年癸未卯月廿日
第3回	慶安二年己丑九月朔日（順治六年・1649）	徳川家光	尚質	島津久光	琉球国先王続目到寡夫（謝恩）	慶安二年己丑三月廿三日
第4回	承応二年癸巳九月二十八日（順治十年・1653）	徳川家綱	尚質	島津光久	大樹将軍家綱尊君当代御連続（慶賀）	慶安五年壬辰五月三日
第5回	寛文十一年辛亥七月二十八日（康熙十年・1671）	徳川家綱	尚貞	島津光久	令予嗣琉球国王之爵位（謝恩）	寛文十庚戌年五月廿五日
第6回	天和二年壬戌四月十一日（康熙二十一年・1682）	徳川綱吉	尚貞	島津光久	貴国大君昭代御連続（慶賀）	延宝九年辛酉五月十六日
第7回	宝永七年庚寅十一月十八日（康熙四十九年・1710）	徳川家宣	尚益	島津吉貴	貴国大君新紹国統（慶賀） 寡夫嗣先人之業（謝恩）	宝永七年庚寅五月三日 宝永七年庚寅五月三日
第8回	正徳四年甲午十二月二日（康熙五十三年・1714）	徳川家継	尚敬	島津吉貴	貴国上様御代を続せられ（慶賀） 拙者家督仰付られ候（謝恩）	年代不記 年代不記
第9回	享保三年戊戌十一月十三日（康熙五十七年・1718）	徳川吉宗	尚敬	島津吉貴	文言不明（謝恩）	
第10回	寛延元年十二月十五日（乾隆十三年・1748）	徳川家重	尚敬	島津宗信	公方様就御代替（慶賀）	卯月十一日
第11回	宝暦二年壬申十二月十五日（乾隆十七年・1752）	徳川家重	尚穆	島津重年	文言不明（謝恩）	
第12回	明和元年甲申十一月二十一日（乾隆二十九年・1764）	徳川家治	尚穆	島津重豪	文言不明（慶賀）	
第13回	寛政二年庚戌十二月二日（乾隆五十五年・1790）	徳川家斉	尚穆	島津斉宣	公方様御代替（慶賀）	
第14回	寛政八年丙辰十二月六日（嘉慶元年・1796）	徳川家斉	尚温	島津斉宣	文言不明（謝恩）	
第15回	文化三年丙寅十一月二十三日（嘉慶十一年・1806）	徳川家斉	尚灝	島津斉宣	文言不明（謝恩）	
第16回	天保三年壬辰閏十一月四日（道光十二年・1832）	徳川家斉	尚育	島津斉興	然尚灝隠居私江相続申付（謝恩）	（天保三年）四月九日
第17回	天保十三年壬寅十一月十九日（道光二十二年・1842）	徳川家慶	尚育	島津斉興	文言不明（慶賀）	
第18回	嘉永三年庚戌十月七日（道光三十年・1850）	徳川家慶	尚泰	島津斉興	文言不明（謝恩）	

出所：『琉球往来』(国立公文書館蔵)，『中山世譜』，『中山世譜附巻』，『通航一覧』，『通航一覧

表14　冊封使と謝恩使の関係

琉球国王	即位年	冊封年	謝恩参府年
尚寧	萬暦17年（天正17年，1589）	萬暦34年（慶長11年，1606） 正使夏子陽・副使王士禎	〔慶長15年（萬暦38年1610）〕 尚寧王
尚豊	天啓1年（元和7年，1621）	崇禎6年（寛永10年・1633） 正使杜三策・副使揚倫	寛永11年（崇禎7年・1634） 佐敷王子　金武按司
尚賢	崇禎14年（寛永18年，1641）	冊封なし	正保1年（崇禎17年・1644） 国頭王子（正則・馬国隆）
尚質	順治5年（慶安1年，1648）	康熙2年（寛文3年・1663） 張学礼・王垓	慶安2年（順治6年・1649） 具志川王子（朝盈・尚亨）
尚貞	康熙8年（寛文9年，1669）	康熙22年（天和3年・1683） 王楫・林麟焻	寛文11年（康熙10年・1671） 金武王子（朝興・尚熙）
尚益	康熙49年（宝永7年，1710）	冊封なし	宝永7年（康熙49年・1710） 豊見城王子（朝匡・尚祐）
尚敬	康熙52年（正徳3年1713）	康熙58年（享保4年・1719） 海宝・除葆光	正徳4年（康熙53年・1714） 金武王子（朝祐・尚永泰）
尚穆	乾隆17年（宝暦2年，1752）	乾隆21年（宝暦6年・1756） 全魁・周惶	宝暦2年（乾隆17年・1752） 今帰仁王子（朝忠・尚宣謨）
尚温	乾隆60年（寛政7年，1795）	嘉慶5年（寛政12年・1800） 趙文楷・李鼎元	寛政8年（嘉靖1年・1796） 大宜見王子（朝規・尚恪）
尚灝	嘉慶9年（文化11年，1804）	嘉慶13年（文化5年・1808） 齊鯤・費錫章	文化3年（嘉慶11年・1806） 読谷山王子（朝敕・尚大烈）
尚育	道光15年（天保6年，1835）	道光18年（天保9年・1838） 林鴻年・高人鑑	天保3年（道光12年・1832） 豊見城王子（死）普天間親雲上
尚泰	道光28年（嘉永1年，1848）	同治5年（慶応2年・1866） 趙新・于光甲	嘉永3年（道光30年・1850） 玉川王子（朝達・尚慎）

出所：『中山世譜』・『中山世譜附巻』・『通航一覧』・『鹿児島県史料旧記雑録追録』より筆者作成。

翰には貴国・大君の語は使用されなくなり、国内の書翰と何ら変わらなくなったのである。琉球使節参府の際の演出はともかく、書翰のうえでは異国は消滅したのである。白石は『折り焚く柴の記』で「殊には外国にして我が国の文字を用ひ来りぬるは一人琉球のみなり」と記しているが、琉球を外国とすることと、薩摩藩の附庸ということの現実を、正しく理解していたと解することができる。

幕府は、琉球の使節を許可し、受け入れていたのであるが、琉球国王が中国の皇帝から冊封されているということをどのように見ていたのであろうか。実は幕府も薩摩も、琉球国王が中国皇帝から冊封されることをしっかりと意識していた。それが東アジア国際関係の一端であることも十分に認識していた。このため、薩摩と幕府は琉球と日本との関係の方に優位性を持たせようとして、国王即位後、中国の冊封使が来琉する前に日本将軍に謝恩使を派遣するようにしたのである。近世における冊封使の来琉と謝恩使の江戸参府の関係を表にして示すと表14になる。

これによると中国から冊封使が来る前に、琉球の謝恩使を江戸に遣わすようにしていることを確認できるのである。

九　琉球国司について

尚寧は、帰国に際して、薩摩の琉球仕置きをすべて受け入れざるを得なかったのであるが、中国への進貢・冊封の関係は薩摩が認め維持された。この点は、薩摩藩が主従制支配を実現しようとしても完全にその枠に収めることのできない部分であった。進貢・冊封は琉球国王・中山王の称号の根拠であったのであり、島津氏の給人となってもそれに入りきれない部分であったのである。島津氏の琉球国統治は最初からそのような不整合なことを内包したものであった。

島津氏は中世以来一貫して琉球国への書翰の宛所として中山王または琉球国王としていた。琉球からの書翰においても中山王を名乗っている。尚寧王が帰国した後もこのことは代わらなかった。たとえば元和元年（一六一五年）小春一一日付の少将家久からの書状では、宛所は中山王となっている。同年の季秋初三日の尚寧からの書翰でも中山王を名乗っている。他の書翰でも同様であり、初期のこの時期にはこれまでの慣例どおりの形式で行なわれていたことが分かる。ところがその後、中山王ではなく「琉球国司」という宛所に変更される。その最も早い令が寛永一二年（一六三五）正月二日付中納言家久から「謹上琉球国司」の書翰である。(1)

琉球からの書翰においても、寛永一六年（一六三九）二月一一日の尚豊からの書翰は琉球国司尚豊と名乗っている。寛永一二年頃から琉球国司という称号が使われはじめているのであるが、これはどのような意味があったのであろうか。すでに指摘されていることであるが、寛永一二年に幕府から新しい領知判物が出され、これに琉球高が書き込まれたのである。これには経緯があり、幕府は最初琉球の石高については知識がなかったのであるが、薩摩の方から披露し「此外琉球高」として領知判物に入れられたのである。これは近世日本の知行制と軍役のなかに明確に琉球も入れるということであった。(2)

この時期、幕府にとって琉球国王をどのように称呼するかということが問題になったであろう。中国皇帝の冊封下にある王と、日本の知行制・軍役制の関係をどのように折り合いを付けるかということであった。ちょうどこのとき、領知判物の下付とは別に、琉球国王尚豊の使者が京都で襲封の御礼を述べることになったのであるが、幕府は称呼のことに悩んだようである。結果として、一六三四年（寛永一一・崇禎七）閏七月二日付の老中土井利勝、酒井忠勝から、島津氏への書状において、琉球国王という語は使用せず「琉球国主」という語を使っている。(3) このようなかで先に記した寛永一二年の家久の書翰に「琉球国司」語が登場したのである。

しかしこの後の使われ方は不安定で、寛永一二年後においても琉球国主、中山王という称号も多く使われている。同じ寛永一二年九月一七日付けの家久からの三通の書状において、宛所が中山王・琉球国主・琉球国王というように三通りに記されている例もある。統一性のなさは一六五七年（明暦三・順治一四）まで続き、次年の書状からは琉球国司が定まった形で使われるようになっている。[4] この変化がどうして起こっているのか不明であるが、背景的なことを考えると、明暦・万治期は薩摩藩では慶長検地依頼の内検が行なわれたときで、その結果を踏まえ家臣団編成を明確化して「麑府万治高帳」が作成されている。この高帳では「高九万八百八十三石九斗　琉球王位」と記され、琉球国王が最大の石高所有者として筆頭に記されている。このような藩内の体制の再編成と関連した動きであったかもしれない。

琉球国司の称号は、一七一二年（正徳二・康熙五一）に中山王が復活されて使われなくなり、これ以後はすべて「中山王」が使用されている。このことについてもその理由は不明である。ここでも背景について見てみると、琉球使節の江戸参府の際に持参される琉球国王の書翰の問題がある。この問題は、一七一〇年（宝永七・康熙四九）の使節がもたらした尚益の書状に貴国・大君・台聴という語あったことから、このような形は不適切であるということが幕府の方から言い出され、はじまっている。幕政の中心にいたのは新井白石で、このとき朝鮮国王と日本将軍の書翰の交換において、将軍の称呼を大いに問題にしていたのである。朝鮮外交において、幕府は将軍をこれまで大君という語を使って表していたのであるが、白石は大君という語は天皇のことを指す語であるから不適切であるとした。そしてこれに代わり、日本国王の称呼を使うことにしたのである。

この背景には白石の深い研究があり、日本国王という語は中国皇帝から冊封された封王ではなく日本独自の王であり、封王は足利義満だけであるとしている。朝鮮国王も同様に独自の王としている。白石の日本国王論は封建国家日本についての自信であり、『読史余論』の国家観念に通じていたのである。[5]

琉球国司から中山王への呼称への変更は、このような新井白石の意向が反映されたことだったのではないか。琉球国の東アジアにおける存在と、近世日本の国家編成のあり方の一端を示す問題であった。

琉球国司の問題は、島津氏の家臣としての琉球国王と、中国との間で進貢・冊封関係を形成している国王という二元性は、島津氏においても幕府においてもカバーしきれないことであったのであり、結局は一元的に位置づけることはできないことであることを認めることで一応の決着を図ったのであると理解される。

5　近世の琉球国（二）

一　蔡温の政治（近世琉球国の確立）

歴史の展開とともに社会的規模がどのように拡大しているかということを知る方法のひとつとして、耕地の拡大がある。

本州を中心にした日本においては、一四五〇年頃である室町中期の耕地面積を一〇〇とすると、近世初頭（一六〇〇年頃）には一七二・八となり、近世中期（一七二〇年頃）には三一三・九、明治初期（一八七四年頃）には三二二・四になったという数字がある。(1) 耕地面積が二倍、三倍に拡大したことを示すものであるが、この拡大は社会のあり方が、領主・領国制の発達、そして近世国家の形成という質的な転換をともなったものでもあったのである。近世になってからは、江戸幕府成立による政治的安定とともに、大規模な新田開発が各地で行なわれたのであるが、数字はそのことも示している。このような社会規模の拡大は、三都をはじめ、地方城下町などの都市の発展、およびそれを支える経済の発展であったことも言うまでもない。大坂・江戸の米市場に、各地が廻米でつながり、そのことがさらに各地の農業生産を促していった。土地への私的な占有権を強めた農民たちは、都市民とともに、いろいろと工夫を重ね自立性を高めてゆき、日本の近世社会は前期的な市民社会といってもいいような発展を示したの

表15　慶長検地から元文検地の耕地増加

	田	畑
慶長検地	26,621 反	61,284 反
元文検地	60,557 反	153,553 反
増加	33,936 反	92,269 反

出所：『旧慣租税制度』（『沖縄県史』21　旧慣調査資料　所収）。

である。

近世の琉球は、薩摩への貢納がはじまったことで、石高による徴税と政府の財政の仕組みに作りかえられていったことは前述した。このため、薩摩を介して間接的にではあるが、日本の市場経済の影響を受けるようになるのである。

沖縄における耕地面積の発展については、残存史料が少なく、わかりにくいのであるが、明治になってからの諸種の調査結果が残されていて、ある程度は知ることができる[2]。『沖縄県旧慣租税制度』に、慶長検地（一六一〇年）の耕地反別と、元文検地（一七三七年）の反別を比較した表がある[3]。これを簡略化して示したのが表15である。これによれば、田で三万四〇〇〇反、畑で九万二〇〇〇反の増加があったことが分かる。

田で二・三倍、畑で二・五倍の増加が見られるのである。本州を中心とする日本の増加と比較すると、増加の割合は少し低いが、確実に増加していることが分かる。耕地の拡大とともに、村の数も増加している。

慶長検地のときの村数を示していると思われる『琉球国高究帳』では三二二の村が記載されているが、それから約一〇〇年後の『琉球国由来記』では四三一の村数になっている。明治期に作成されたの『琉球藩雑記』では四五九の村数である。人口も増加しているものと思われる。

沖縄においても社会規模が拡大したことは明らかである。しかし新田開発などの耕地面積の増加を個別に知ることができる事例はほとんどないが、沖縄のなかでも水田稲作がもっとも発展した久米島では、近世になって大規模な用水路の工事が行なわれたことが『家譜』の記事から知ることができる。久米具志川間切の『家譜』に次のような記事がある[4]。

具志川、仲村渠、仲地、山里、上江洲、西銘、大田、兼城八ケ村之田地五拾かや程、毎年致不熟、上納方未進仕、所中及衰微ニ候付、右通御訟を以間切中惣夫ニ而せみう山谷水より水道捌置候付、所中又ハ御検地田之用水無手□相違候（『美済姓家譜』）

これは一六七四年（延宝二・康熙一三）の記事である。具志川間切の各村の田地が水不足で不熟を繰り返したため、政府に訴え間切中全員の力で水路を造成したとしている。このほかにも一七六九年（明和六・乾隆三四）の冨祖古溝の造成のことについても記しているが、この溝は現存していて、広くて深い水路である。『家譜』には、このような水路や水田のことだけではなく、「年貢上納」という語や、「貢米」「定納米」といった語が記されていて、水路や水田の造成は貢米の納入と関連していたことを知ることができる。

久米島の水路・水田の造成にくらべ、沖縄島での用水・水田の造成についての事例は顕著でない。『球陽』の一七〇八年（宝永五・康熙四七）の記事に、真玉橋のかかっている国場川の両岸が田圃に開かれたため、汚泥が那覇港に流れ込み、浅くしているので岸辺の開田を禁止することが記されている。沖縄島では用水や水田の記事の代わりに、港の浚渫や橋の工事などの記事があり、これに諸間切の農民が役夫として動員されたことが記されている。

耕地の増加や、都市機能の整備が進むと、地方の行政も複雑化し、間切境、村境、耕地の所在をめぐり混乱が生じてきていたことも確かである。近世初頭に行なわれた羽地朝秀の改革後に生じている新しい事態に対応しなければならなくなっていることは明らかであった。

沖縄の改革の契機になったのが薩摩藩の享保の検地である。薩摩藩は表高に対して実際の高は少なく、それを埋め合わせるために籾高を高としていたことに示されるように、最初から財政は困窮していたのであるが、金山開発などで何とかしのいできていた。しかしここに来て行き詰まってしまうのである。これを乗り切るためにとられたのが検地による年貢増徴策であった。享保検地（「大御支配」と称された）は、万治・明暦期の検地と違い、耕地の拡大は多くは望めず、農民への支配の強化ということに集中していったのである。

琉球へも、一七二二年（享保七・康熙六一）に薩摩藩同様に検地を申し付ける旨の書付が、家老の種子島弾正の名で送られてきた[5]。琉球では、「国家之浮沈ニ掛重儀」と受け止め、これに対処するために諸士の意見を聞きたい旨の「覚」が評定所から出されている。

この事態が蔡温の胸に火を付けた。当時四〇歳を迎えたばかりであった蔡温は、早速意見を申し出たのである[6]。蔡温の気持ちのもっとも奥深いところにあった思いは、「御当国は小国之御分力を以て王国之御飾有之」ということであった。琉球は小国であっても王国であるという自負である。そしてそのうえで、琉球から国元へは毎年上納し、上国の使者を送り、中国への進貢・勅使の費用だけでなく、江戸への使者の費用も負担してきていて、余国とは違った役割を果たしているということであった。このことは、琉球が衰微すればその役割が果たせなくなり、国元も困ることになるのではないか、ということであった。

また、琉球の石高は、幕府に届けてあるはずで、軽々しく高を増減することはできないはずである、このため今度検地を申し付けられても、それは琉球の高を増すことではなく、先年の寛永検地のときのように「今ちと地高取増」たいということであろう、丁寧に対応すれば検地も増高もなくて済むのではないか、と読み切ったのである。結局、享保検地は、寛永検地の際の盛増の半分の、一〇〇石に付三石六斗八升二合五勺ということで決着したのであり、蔡温の考えたように、「今ちと地高取増」で済んだのである。

ここから蔡温は本格的に国内の改革に取り組んでいくのである。一七二八年（享保一三・雍正六）に三司官になるとともに、まず取納機構の改革に取り組んだ。これは前に記したが、これまでの代官制に代わり、国頭方・中頭方・島尻方に、それぞれに取納奉行と筆者を置く制度であった。また、これとともに租税台帳である「本立帳」による徴税が、一七四九年（寛延二・乾隆一四）から行なわれるようになったのである。[7]「本立帳」による徴税は、政府の財政とも関連しており、見事な仕組みとして作り上げられたことは前に確認したとおりである。

一七三四年（享保一九・雍正一二）には『農務帳』を出し、翌年（一七三五）にはじめて『間切公事帳』が出されるが、これにより農政と間切行政についての改革がはじまったのである。

『農務帳』は、地面格護・農事手入・耕作致様・貯・上木仕立・耕作当勤方について記したもので、農業についての具体的指示であった。地面格護の最初の部分に、田畠はときどき割り変えられて、「模合持」（全員で持つ）になっているから土地についての保護が十分でない。そこで「地割申付、永々格護候」（地割りをして土地を永久に持つことを認める）ということが述べられている。この文言は、蔡温が、地割制を廃止して農民の土地所有を認めた、と解されることもあるが、実際には地割制はその後も続いたのである。しかし沖縄における土地制度のあり方に合理的な改革を加えようという意図があったことを知ることができる。『間切公事帳』はこのとき、各間切に一斉に出されており、これまで地頭に任されていた間切行政について、政府の方で一定の基準を示したものである。

一七三七年（元文二・乾隆二）から独自の検地が実施された。この検地は「元文検地」（乾隆検地）と称されている。検地に先立ち「田地奉行規模帳」が出され、検地の基本方針が出されている。その最初の条には、この検地では慶長の検地の帳面に一々当たり確認することはできないが、今ある耕地を丈量し、地目を確認するということが記されている。石盛りはなされていない。石盛りは慶長検地の石高がそのまま継承されているのであるが、石高は、知行と上納にかかわることであるのでこの点については手を付けなかったのである。石盛りと切り離して検地を行なったことについては、沖縄の知恵があったことが推測される。

近世になって地割制下の農民から、石高で徴税することになったのであるが、伝統的に地割制が行なわれている

表16　北谷間切桑江村の耕地構成（1750・寛延3・乾隆15・尚敬38）

等級　地目	地頭地	桑江掟地	南風掟地	百姓地	仕明地
下田	517坪	0坪	82坪	1,406坪	0坪
下下田	843	0	0	387	0
小計	1,360	0	82	1,793	0
上畠	0	0	0	101	0
中畠	73	0	0	415	0
下畠	1,597	1,308	0	15,680	0
山畑	988	0	0	13,595	706
小計	2,658	1,308	0	29,791	706
計	4,018	1,308	0	31,584	706
割合（%）	10		4	84	2

出所：『那覇市史』資料編1-10　琉球資料（上）より筆者作成。

村・農民に、このような石高による徴収の仕組みを当てはめようとしてもあてはまらない。結局は「かや・まるき」という伝統的な計量を、石に換算する形で解決されているのであるが、検地を実施する前に、このことは琉球政府の方ではすでに織り込み済みであったのであろう。石盛りのない検地を行なうという政策の中心には蔡温がいたはずである。

この検地については北谷間切桑江村の「田方竿入帳」「畠方竿入帳」が残されているので、検地の実態を知ることができる。

桑江村の検地は、一七四〇年（元文五・乾隆五）閏五月一八日に田方からはじまり、同一九日畠方、同二〇日畠方、同二三日田方が実施され、しばらく休み八月八日畠方、同一一日・一二日田方、九月六日畠方と行なわれて終わっている。村の耕地を区分して丈量していることが分かる。検地帳には全期間の検地の責任者として竿頭奥原里之子親雲上の名があるが、筆者名はつぎつぎに変わっている。検地役人が編成されて実施されたことが推測できる。検地帳の記載は、田方、畠方のいずれも地目ごとに、場所・土質・等級・面積が記されている。桑江村の耕地構成の集計した結果を示すと表16のようになる。

特筆すべきこととして、面積を記した後に「印石《しるべいし》」の記号と方角・距離が記されていることである。測量は、高度な技術で正確に行なわれているのである。(8) この測量は同時に精密な図面も作成していたのである。図面は「針図《はりず》」と称されているが、間切単位で作られたのが「間切針図」である。この「間切針図」は非常に正確な図面であったらしく、以後の行政に用いられていたが、現在は失われてしまい一枚も残っていないという。(9) しかし明治の末に沖縄を訪れた笹森儀助は、久志間切の番所でこの図面を見て、その正確さに驚き「(日本)往時三百余藩ニ冠タリト称誉スルモ過言ニアラサルヘシ」と記している。(10) 日本では伊能忠敬の測量と日本地図の作成が知られているが、沖縄ではそれより六〇年前に測量による正確な図面が作成されていたことを知ることができるのである。

土地の測量と村・間切の行政の整理は、石高にもとづく徴税のあり方の編成と一体のこととして政府は進めていたのである。「本立帳」による徴税は、取納座の設置による役所の改革とあいまって、ここに近世沖縄琉球国が、知行制・石高制を強要されながらも、見事にそれに対応した機構を作り上げたことを示しているといえるのである。

二　八重山と明和津波

八重山が首里政府の配下に入ったのは尚真王の一五〇〇年（明応九・弘治一三）に起こった赤蜂事件以後である。この事件は、先島では宮古島が八重山を支配して、木や竹を納めさていたが、八重山の堀川原《ほんかわら》赤蜂《あかはち》（オヤケアカハチ）が変心したので、宮古島から首里政府に訴え、この年に尚真王の首里政府が、軍船を仕立て八重山を攻略した事件である。八重山では首里の軍船に対して、婦女たちが草木を持ち呪詛したので容易に攻めることはできなかった。しかし首里の方も、久米島の君南風が呪詛し、ようやく赤蜂を滅ぼすことができたのである。この事件後八重山は宮古系の長田大父が治めるようになり、大父の妹の真乙姥《まいつば》が撰金《えらびかね》の神女とされた。真乙姥は美崎御嶽に籠もり、首里の軍船の無事を祈願した結果、無事に首里に帰着した。首里政府は長田大父を頭職に、真乙姥を大阿母に任命した。八重山における頭職と神女の大阿母制はこうしてはじまったのである。(1)

薩摩の侵攻後、首里政府を通して八重山も近世的に変化していくが、その最初の契機になったのが、一六二八年(寛永五・崇禎一)に首里政府から出された「掟」である。この掟は二一条からなる法令であるが、このなかに八重山を大濱間切・石垣間切・宮良間切の三間切に行政区分することと、薩摩への上納として、上布・下布を課すこと、農民に耕作を油断なく務めるように申し付けることなどが規定されていた。(2)

これ以後、石垣島に行政の中心である蔵元が設置され、間切り農村も確立し、一六二九年(寛永六・崇禎二)には、石垣間切七村、宮良間切八村、大濱間切一〇村の形ができた。この後にも新しい村立てや、行政区分があったので村数は変化する。

八重山の村数の変化では、なんといっても一七七一年(明和八・乾隆三六)に起こった大津波の影響は大きい。津波によって多くの村が流失し、その後も疫病の流行があり、八重山は惨状を呈したのである。しかし復興の努力がなされ、一八五七年(安政四・咸豊七)には石垣間切一一村、宮良間切一一村、大濱間切九村となっている。合計三一村であり、これに与那国島を加え、「三一村一島」という形ができるのであるが、これが八重山の行政の確立した形であった。(3)

八重山の役人には、頭職の外に首里大屋子・与人・目差があった。また首里政府の出先として、在番が置かれ、八重山と首里の連絡を密にしていた。頭職は八重山内部の人が任命されるが、在番は首里政府から派遣さていた。近世の八重山行政の機構が成立するにつれて士族身分ができてゆき、蔵元のある石垣島の「四か村」(石垣・登野城・新川・大川)が彼らの居住地になっていった。八重山の士族は、赤蜂事件以来の役人の系譜を引く家系が主であるが、在番として八重山に来た首里士族の子孫が元祖となっている例も多い。(4)

八重山の税制は、宮古島と同様に、「頭懸かり」税制（人頭税）が行なわれていたことはよく知られているところである。近世琉球では石高制の設定にともない、石高にもとづく納米・出米の徴税が行なわれるようになり、徴税の方法として「代懸かり」の税制が行なわれるようになったのは前述のとおりである。八重山でも最初は「代懸かり」税制が行なわれたのであるが、一六三六年（寛永一三・崇禎九）に八重山にキリシタン禁止が実施された際に人数改めがあり、「頭懸かり」の税制にに変更されたのである。[5] なぜ「頭懸かり」税制に変更されたのかは不明であるが、以後の八重山の税の上納をみると、米ではなく布の上納が主となっていたのであり、これと関連したことではなかったかと推察される。

頭懸かりの税制では、男女を年齢により上・中・下・下々の四つに区分し、それぞれの区分に応じて男性は米と白中布・白下布が課され、女性は白上布・白中布・白下布が課された。年齢・男女の負担の区分だけではなく、村位（上・中・下）によっても違っていた。女性に課された布の、白上布・白中布・白下布は、あくまで基準であって、実際は繊細で精巧な布が求められ、それらは白布より高く見積もられていたので、技を競うように上質の布が織られるようになり、女性の労働は強化されていったのである。

『八重山島年来記』の一八〇五年（文化二・嘉慶一〇）の記事に、八重山では女性が懐妊しても不産か、出産しても埋殺することが行なわれているので、蔵元は一八〇一年（享和一・嘉慶六）に赤子の母親には御用布調方を一二カ月免除することにしたが、それでも効果は上がらず、島中の妊婦を蔵元の帳面に登録させ、赤子の母に所遣米一〇日分を支給するようにした。所遣米とは地方予算で、蔵元の経費であるが、これを削って赤子の母に支給したのである。このことは蔵元から首里政府御物奉行に報告されているが、蔵元からの文面には、これよりほかに島の繁栄の手筋はないので、このことを認めてほしいと願ったことが記されている。[6]

一七七一年（明和八・乾隆三八）三月一〇日朝、石垣島に大地震が起きた。[7]『八重山島年来記』によれば、干瀬の音がとどろき、しばらくすると東の方から大波が襲ってきた。波の高さは二八丈（八五メートル）、あるいは二〇丈（六一メートル）もあったという。一瞬のことで多くの人が逃げ遅れ、波にのまれていったのである。在番・頭以下役人八一人、士族・百姓合わせて九四〇〇人余が命を落とした。村も、新川・石垣・登野城・大川の四か村、平得・真栄里・大浜・宮良・白保・伊原間・安良・桃里・黒島・新城の一四か村が流失してしまった。船も大小三五隻が流され、牛馬も六二六疋が流されたのである。

宮古島でも約二五〇〇人余がなくなった。八重山からはすぐに飛船が首里に遣わされ、替わりの在番が二人遣わされ、役回りを決め、行政機能の回復を図った。流失した村のうち、真栄里・大浜・宮良・平得・伊原間・安良の六か村は村がすべて流され、人々も亡くなったので、波照間島・西表島より寄せ百姓をして新しく村立てをした。一一月には害虫が発生し、主食の芋の葉を食い尽くすという事態になり、さらに疫癘が蔓延し、大飢饉となり、これによっても多くの人が亡くなった。

四年後の一七七五年（安永四・乾隆四〇）には病気も治まり、麦もできたので一段落した。しかし翌一七七六年から約三年間再度饑饉となり、約三七〇〇人の人が亡くなった。(8) 大波の影響は、他の島にも伝わっており、久米島では一七七二年（安永一・乾隆三七）から疫癘がはやり、中里村で五〇〇人、具志川村で四〇〇人が亡くなっている。(9) 津波の被害からの立ち直りには長い年月がかかったのであるが、前記のように八〇年たってようやく三一村、一島の体制になったのである。

三　天明の飢饉

日本列島では天明年間（一七八一年から一七八八年）に気候が不順になり大凶作となり饑饉が発生した。最初の饑饉は一七八二年（天明二・乾隆四七）であった。四月から風雨が続き、夏になっても気温が上がらず、作物は実らず大凶作となった。とくに東北地方では食糧不足から多くの人が餓死するに至った。翌年も気候不順は続き、さらに浅間山の噴火による降灰の影響で被害が増幅された。同様な凶作、饑饉は一七八六年（天明六・乾隆五一）にも引き続き起こっている。数年間にわたって異常気象が続き凶作と饑饉が続いたのである。このとき沖縄でも異常気象による凶作と饑饉が起こっている。一七八五年（天明五・乾隆五〇）薩摩藩主島津重豪は幕府に対して琉球に対するお救い米の訴えをするが、そのなかで次のように記している(1)。

琉球国近来凶作打続、其上大風雨等ニ而作毛悉不熟故、一統之饑饉、可及飢者数万人有之、中山王より救米相渡、薩州江差渡筈之囲米迄茂配当申付候得共行届兼、至極難渋之趣以飛船申越候（『旧記雑録追録』）
（琉球国は近年凶作が続き、大風雨によって作物が実らず、琉球中饑饉となり、飢えた人が数万人に及んでいる。中山王はお救い米と薩摩へ上納する筈の米まで施したが足りず、難渋していることを飛船で知らせてきた。）

重豪の訴えに付された家臣の願書には、「就中去歳数度の大風或霖雨等ニ而一統及凶作」と記している(2)。琉球でも大雨と霖雨が続いたことが分かる。琉球滞在の役人からは次のような国王尚穆の心痛が報告されている。

此度之天災不免儀とハ乍申、畢竟不徳之所より国中の者共及難儀候儀と頻ニ其儀を相歎、国民共為示之ニ茂候哉、朝夕麁飯を相用甚心労仕候由（『旧記雑録追録』）

（今度のことは天災ではあるが、畢竟私（国王）の不徳の致すところであると歎き、国民に気持ちを示そうとしてか、朝夕粗飯を取っている）

訴えに対して幕府は一七八五年（天明五・乾隆五〇）九月朔日に米一万石と金一万両の拝借を許している。拝借であるからこれはいずれ返済されなければならないが、重豪の受けとり書きによれば「未ゟ拾ケ年賦」とあるから、この年から一〇年賦で返却されたのであろう。

饑饉について、次のような記事が『球陽』巻一七（尚穆王三六年・一七八七年）にある。(3)

本国大飢ニテ万民困難ス、既ニ倉廩ヲ発シ救助スルモ而モ粟米足ラズ、此ニ因ツテ国中及各島ニ飭行シ、凡ソ銭穀アル者ハ、奉備借シテ以テ国用ニ備フ（『球陽』）

琉球国政府は、国中あるいは各島に対して、お金と穀物を持っているものは貸してくれるように呼びかけた、と記しているのである。これに多くの人が呼応してお金と粟を供出している。政府はこれらのすべての人に対して「褒奨ヲ賜フ」とある。このような自然災害に対して、国王の国民を思う気持ちと、国民が助け合うことは沖縄社会の特質の一端が示されたものと見ることができる。饑饉の際、津留めを行ない餓死者を増加させた例があることを考えるとなおさらである。

四　薩摩藩の天保改革と琉球貿易

薩摩藩は初期においては琉球渡りの生糸・絹織物（反物・巻物）を、京都越後屋を介して京都反物問屋に卸していた。しかし、一八世紀にはいるとこれらの品物は来なくなった。三井文庫所蔵の史料に「以前ハ紗綾緞子類薩州御屋敷江登り室町仲買入札在之候へ共近来頓と不参由」という文言があるが、これにより薩州からの糸・反物は直接京都へ入っていたということを知ることが出るとともに、すでにそれはなくなってしまったということを知ることができる(1)。糸・反物の輸入は、国内の養蚕業と織物業の発達により、衰退していったのである。薩摩藩は、琉球を介して糸反物を輸入して、それを財政再建の柱にしようとしたのであるが、時代の変化によってその実現の可能性はなくなったのである。

薩摩藩の財政は、領内の金山開発によって一時立ち直っていたのであるが、宝暦年間に幕府に木曽川治水工事を命じられ、莫大な財政出費を余儀なくされたことから急激に悪化していった。また、これに加え藩主島津重豪による財政支出の増大がさらにそれに輪をかけていった。その結果薩摩藩は参勤交代にも差し支えるようになり、江戸の薩摩藩邸は草を取るものもなく、馬草場になったと嘆いたのである。重豪自身、今の薩摩は、路頭に迷うということがあるが、迷う力もなく寝ている状態であるといっている(2)。

このような事態に直面し、一八三〇年（天保一・道光一〇）から重豪は側近の調所広郷を登用し、一大決意のもとで財政改革を開始したのである。財政改革は、大坂の銀主との関係整理があり、奄美三島の砂糖総買い入れによる砂糖専売制の実施があるが、琉球貿易の拡大も重要なことであった。琉球貿易では、糸・反物の国内需要はすでに終わっていたのであるが、これに代わって薬種を主とする唐物の輸入販売に重点を置くようになる。これより前、重豪は長崎会所での唐物販売の許可を得るために幕府に願い出て、一八二五年（文政八・道光五）に、一〇年期限、一六種、総額一七二〇貫を限度に認められていたが、(3)調所が登用されてからはこれがさらに拡大され、その代物として用いるため蝦夷地からの海産物の買い付けも急激に拡大した。しかしあまりにも急な拡大であったので長崎奉行、幕府勘定奉行の咎めるところとなり、一八三五年（天保六・道光一五）には実態調査が行なわれている。その結果は幕府老中に報告されているが、風聞も混じえ、薩摩は領内の島々で唐船と直接交易を行なっているとか、琉球への海路の島々で異国船と交易しているとか、朝鮮へ交易船が遣わされているということが記されていた。薩摩は手に入れた唐物を琉球産物に取り混ぜ、長崎あるいは北国筋で売りさばいているが、このため近年長崎入港の唐船は荷物が少なくなり、長崎も衰微するほどであるということも記されている。(4)

これらの唐物への代価として払う俵物について幕府は次のように記している。

一唐物代物ニ相渡候俵物と唱、煎海鼡・干鮑・鱶鰭之三品弁こん布之儀、松前より重に買入候品之処、右品之煎海鼡抜散、越後国に而密売買有之、薩州江相廻り候由（『通航一覧続輯』）

（唐物の代物として渡すものを俵物という。煎海鼡《いりこ》、干鮑《ほしあわび》、鱶鰭《ふかひれ》および昆布である。これらは松前より買い入れるのであるが越後で密売が行なわれて、薩摩に廻っている。）

また、これに続けて、実態を調べるため越後国役人に申し付け、海岸浦々を見廻ったところ、越後国の海老江あたりに煎海鼡が多く出回り、薩州船に密売されていることが分かったと報告があったことや、長崎会所の役人の調査では、薩州船を外国船に仕立て、松前に差し回し俵物類を密売買しているという風聞があると報告している。このように北国筋での密売買があったということで、一八三七年（天保八・道光一七）には長崎会所での薩摩の唐物販売は禁止される。

しかし薩摩藩は一八四四年（弘化一・道光二四）に「琉球産物方」を設置し、琉球産物の長崎会所での売却を計画し、一八四七年（弘化四・道光二七）に一六品種、五カ年を限るという条件付きで再度許可されている[5]。幕府の唐物規制に対して、薩摩藩は唐物ではなく琉球産物であるとして許可を取り付けたのである。琉球産物方は薩摩の築地御茶屋の内に設置され、琉球方家老を中心にして、その下に琉球産物方掛御用人と側役が置かれた。これはこれまでの行政機構とは別にされ、藩主直属の機構であった。琉球産物方は鹿児島在中の琉球館の在番親方も機構に組み込まれ、さらに琉球の評定所の三司官のうちの一人と御鎖之側および平等之側も兼担とされたのである。長崎での琉球産物の販売を見込んで、薩摩藩と琉球が一体となった体制を作ろうとしたことが分かる。

薩摩藩の琉球産物方に対応する組織は琉球国にも作られた。琉球では「産物方」と称された。前身は「唐物方」であるが、薩摩の改革に合わせて産物方と改められたのである。産物方の専任の役人として、本役と寄があったが、これは鹿児島の琉球産物方の兼担になっている評定所三人のうちの一人がなる産物方掛に所属していた。産物方専任の役人は、那覇の親見世の役人と連携し任務に携わったが、一八六八年（明治一・同治七）の『産物方日記』[6]によれば、「御内用品方御注文」があり、品質のよい物を買い求めることが任務のひとつとされた。注文は「品立帳」に記し渡唐人に託し、帰帆したら「買立帳」を提出することになっていたという。また、別の一八五〇年（嘉永三・道光三〇）の『産物方日記』[7]では、在琉している薩摩藩の琉球産物方見聞役と同御用聞が鬱金方御用で恩納間切、大宜見間切の鬱金作場を見に行くため、人夫の手配をしている。琉球産物方は唐物だけでなく、実際の琉球産物を扱っていたことを確認することができる。鬱金の他に海人草・牛馬皮の名もあるので、これらも扱っていたのであろう。琉球に滞在していた薩摩の役人は、時期によって変わっているが、横目・大目付・書役・足軽からな

表17　琉球から中国へ持ち渡られた海帯菜（昆布）の数量

年	船種	海帯菜（昆布）数量（斤）
1763年（宝暦13・乾隆28）	進貢船	114,500
1769年（明和6・乾隆38）	進貢船	175,000
1770年（明和7・乾隆35）	接貢船	92,300
1775年（安永4・乾隆40）	進貢船	186,000
1820年（文政3・嘉慶25）	進貢船	196,000
1824年（文政7・道光4）	接貢船	98,000
1828年（文政11・道光8）	進貢船	196,000
1832年（天保3・道光12）	進貢船	196,000
1838年（天保9・道光18）	進貢船	98,000
1839年（天保10・道光19）	進貢船	198,000
1840年（天保11・道光20）	謝恩船	104,000
1841年（天保12・道光21）	進貢船	196,000
1843年（天保14・道光23）	進貢船	101,000
1843年（天保14・道光23）	接貢船	104,000
1847年（弘化4・道光27）	進貢船	198,000
1849年（嘉永2・道光29）	進貢船	206,000
1850年（嘉永3・道光30）	接貢船	104,000
1850年（嘉永3・道光30）	進貢船	206,000
1851年（嘉永4・咸豊1）	接貢船	104,000
1853年（嘉永6・咸豊3）	進貢船	206,000
1853年（嘉永6・咸豊3）	接貢船	285,200
1854年（安政1・咸豊4）	進貢船	206,000
1856年（安政3・咸豊6）	接貢船	117,519
1857年（安政4・咸豊7）	進貢船	206,000
1857年（安政4・咸豊7）	接貢船	104,000
1860年（万延1・咸豊10）	接貢船	104,000
1862年（文久2・同治1）	護送難民	99,000

出所：中国第一歴史檔案館編『清代中琉関係檔案選編』（中華書局，1993年）により筆者作成。

っていたことがある。

近世の琉球貿易は、一七世紀後半に清朝が福州琉球館での貿易を許可し、さらに随帯貨物と銀での中国産品の購入を許したので規模は拡大していった。このことで松前、日本海を結ぶ海産物交易が、密売買を含めて行なわれ、また薬種を主とする唐物が長崎を介して大量に出回ったことで、薩摩の貿易は疑いの目で見られていたことは前述したとおりである。

ところで、琉球船が中国にもたらした海産物などと、中国で買い付けた薬種その他唐物について、中国福州の海関がしっかりと管理していて、その記録が作成されていた。最近の沖縄県と中国第一歴史檔案館の交流・協定で、檔案館は琉球関係の檔案をまとめて出版している。そのひとつに『清代中琉関係檔案選編』がある。[8] この書は、琉球の進貢・接貢や、難民護送などの臨時の来航など琉球からの船について、持ってきた品物・持ち帰る品物の数量を免税額とともに記している史料を含んでいる。いま、持ち渡った品物のうち、海帯菜（昆布）についてその数量の変遷を一覧表で示すと表17のようになる。

琉球貿易は一七世紀後半に清朝との間で新たな政治関係が出て、その後に福州での貿易が盛んになったのであるが、昆布などの海産物はその頃から持ち渡られていたのであろう。表17によれば、一八世紀後半には進貢船と接貢船によって違うが、一〇万斤未満から多いときで一九万斤余が一度に持ち渡られていることが分かる。薩摩藩は、一八四四年（弘化一・道光二四）に「琉球産物方」を設置して、琉球産物（唐物）の扱いを増していくが、それの見返りとして多くの海産物を中国に送ったのである。表ではこの年以後二〇万斤代になった年が続いて出てくる。琉球貿易の拡大を見ることができる。

また、この史料では輸入品では薬種が増加しているが、一八四〇年（天保一一・道光二〇）に起こったアヘン戦争の結果、中国は英国に対して福州も開港したので、これ以後英国産の毛織物も輸入品に見られ、琉球貿易には新しい変化が敏感に反映していることを確かめることができる。

五　近世末の農村疲弊

一八世紀の末頃から琉球国政府は疲弊した農村立て直しの役人として、下知役・検者を任命するようになる。下知役・検者は政府の直属の役人である。しかし下知役の扶持方は両惣地頭が出し、検者の扶持方は間切が出すことになっていた。

間切の行政は、もともとは両惣地頭（按司地頭・親方地頭）に委ねられていた。このことは、地域社会の成長と「大やこもい」の成立という琉球国家の成立のしかたに淵源することであり、近世になってもその伝統を残していたのである。

蔡温の行政改革で、間切の行政に関しては『間切公事帳』『間切規模帳』が出され、地頭の間切に対する権限が条文化されているが、そのなかで重要なことは、地頭が間切役人の人事権と諸事件の最終判決権を持っていたことである。(1) 間切からは地頭に季節の上納が行なわれ、地頭は間切り役人にもてなしを行なっていた。地頭と間切の関係は、単なる行政関係以上の密接な関係があったことを知ることができる。このため、間切の健全な運営は地頭の義務であったのであり、政府が直接介入することはよくないことと見られていた。ところが間切、農村の疲弊が極端に進んでくると、もはや地頭だけでは解決できなくなり、政府が直接介入し、事態を引き取り解決するようになったのである。

下知役が派遣されることが決まるまでには政府と地頭の間で協議が行なわれ、両惣地頭は書類で申請して派遣が決まった。下知役の扶持方は地頭の負担であって、政府が負担して行なわれたのではない。検者は下知役より下位であり、扶持は間切から受けることになっていた。

下知役の派遣による間切の立て直しを「御手入れ」といった。別に「公儀お引き取り」という言い方もあったという。(2) 地頭にとって、間切の立て直しに政府が介入してくることは、はずかしいことであるという意識があったのである。農村荒廃の立て直しとはどのようなことであったのであろうか。『球陽』の一七九四年（寛政六・乾隆五九）には次のように記している。(3)

八月十七日喜屋武郡下知役ヲ設建スルヲ准ス。喜屋武郡は原コレ海辺ノ石原ニテ、僅カ風雨ニ遇フモ亦稼穡損枯ニ就リ。実ニ瘠磽ノ地ニ係ル、上届辰巳ノ年、饑饉以来漸次疲レヲ致シテ貢賦ヲ欠欽シ多ク借銭アリ、兼ヌルニ又上里村ニ居民計レハ只十三人勢ヒ必ス村戸ヲ保チ難シ（『球陽』）

（喜屋武間切は海辺の石原地であり、少しの風雨でも農業ができなるほどのところである。「辰巳ノ年」、すなわち一七八四年〔天明四・乾隆四九〕、一七八五年〔同五・同五〇〕の飢饉以来、村は疲れ、貢賦を欠き借銭が重なっている。そのうえ上里村では人数が十三人になっていてもはや村を維持することができない。）

沖縄の農村は、きびしい自然条件のところが多く、天水に頼る部分が大きいが、とくに一七八四年（天明四）を最悪とする飢饉が数年続いたことで、村が極端に疲弊して人口減少が起こっていたことが分かる。このようなことは他の村でも起こっていたのであり、村によっては農民の身売りが頻発していた。地割制下の沖縄農村では、貢租も村民の共同負担であったのであるが、家族の事情によっては負担することができなくなり、身を売るより他になくなってきていたのである。身売りの先は、その頃農村に成長してきていた有力農民のもとである。仕明地（開墾地）の開発は、羽地政治以来士族にも農民にも許されていたのであるが、仕明地は私有地として認められていたのでこれを集積し、有力者化した農民もいたのである。有力農民は「ウエーキ」と称されていた。沖縄農村の荒廃は、商品経済の浸透による階層分解ではなく自然災害である飢饉を契機として起こったものであったのであり、その背景には重い貢租の負担があったのである。

このような疲弊に対して下知役・検者が任命され、回復を図るのであるが、なかには政府から奉行をはじめ十数名の役人が現地に入り、徹底的な調査と改善が図られることがあった。一八六一年（文久一・咸豊一一）に具志頭間切の御手入れがあったのであるが、このときの記録である『具志頭間切御手入日記』が知られている(4)。これによれば、このとき御物奉行一人、田地奉行一人、同役人八人、帳主取一人、同筆者二人、取納座役人二人、合計一五人が現地に入っている。間切側にとってこれは大変なことで、役人の宿割りや、五〇日分の賄いの計画などを立て役人を迎えているのである。物奉行が総監督をして調査改善が行なわれるのであるが、役人たちはまず現在の帳簿類を調べ、間切の負債の実態を把握している。田地奉行は、間切内のすべてに竿入れし土地使用を確認し、実際に生産高を地功者と話し合い吟味している。取納座役人は本立帳から取納の情況や、両惣地頭への借状も調査している。借銭と身売りについての証文についても調査している。八月九日に手当を行なう旨の通知がされているが、九月から実際の調査がはじまり、一一月下旬まで続いている。最初に五〇日の賄いの見積もりをしたのであるが、実際にはその約倍の日数がかかって行なわれたことが分かる。

御手入れは土地使用についてと、取納についての調査と改善が中心であり、営農の指導が行なわれたかどうかは分からない。このため、御手入れが農村の再建にどれほど役に立ったかも不明である。御手入れは首里政府による徴税確保に重点をおく政策であったということはできよう。

六　アヘン戦争と琉球

一四世紀東アジア世界は、中国で明王朝が成立すると、漢民族の民族意識を高揚させ、内外にわたって新しい世界を形作った。北方に対しては異民族の侵入を防ぐ城壁の建設を強化し、南方に対しては倭寇の活動を押さえるため外交関係の強化がはかられた。このため各地に使者が派遣され中国への朝貢を促したのである。これにより多くの国・地域が朝貢するようになるが、明朝はこれらの東アジア・東南アジア諸国の国・地域の首長を王として冊封し、中国の政治秩序に組み込んだことで朝貢・冊封の体制が形成されたのである。朝貢国の方はそのことで自国内の政治社会秩序を確立させ、自国産品を貢ぎ物として献上し、中国からは絹織物や陶磁器を下賜されることで文化的・経済的な地位を向上させていた。

このような中国明朝を中心にした世界に、一六世紀になると大航海時代で地理的拡大をはかるヨーロッパの国が入り込んでくるようになり、朝貢・冊封の関係とは異質な関係の形成を促しはじめる。とくに新大陸で銀山開発を大規模に進めたスペインが、占領したルソン島のマニラ拠点にして大量の銀をアジア世界にもたらすようになり、銀を媒介にする交易が大きくなっていった。銀による交易は、それぞれの国・地域の国内経済を刺激し国内の銀山開発を促進させ、ますます銀による交易を拡大させていった。中国には大量の銀が流れ込むようになり、日本でも銀山開発が進み、これまでの銭に代わり、銀が通貨として使用されるようになる。しかしアジアにおけるこのような銀による交易は、これまでの朝貢・冊封とそれにともなう交易に取って代わるほどのものとはならなかった。両者は併存する形で一八世紀に至るのである(1)。

このような安定を破る契機になったのがヨーロッパにおける新しい産業の発達であり、それが急激に起こったことから産業革命と称されているものである。この先頭に立ったのがイギリスであった。イギリスでは動力の開発、機械による大量生産の方式が形成されるのであるが、そのことは必然的に自国の経済の枠を越え、外の世界への進出をする契機になった。そしてこのような新しい生産を担う人々が台頭し、古い体制は打破されていくのである。資本主義経済の成立である。

世界を資本主義経済に巻き込もうとして先頭に立っていたのがイギリスである。イギリスは東インド会社を作り、インドから綿製品の輸入をしていたが、一八世紀中頃に技術革新により、自国で大量の綿織物を造るようになり、インドへ逆に輸出し、インドの綿業を衰退に追い込んだことはよく知られたことである。イギリスはその後安価な製品を売りさばくために市場を求めてトルコ・エジプト・イランへ進出し、さらに中国へ進出してきたのである。一八四〇年（天保一一・道光二〇）から一八四二年のアヘン戦争は、アヘンの売り込みが目的であっただけではなく、彼らのいう「自由貿易」の強要が目的であったのである。イギリスは日本市場を軽視し、またフランスと相互牽制しあったことで日本への進出は遅れた。その間に新興国アメリカも中国に進出し、太平洋航路を開く必要性から鎖国の日本に開港を迫ることになるのである。

イギリスは、まずインドに進出し、伝統的な綿織物業を壊滅させ、さらに中東地方にも進出したのち、東アジア世界にやってきたのである。その最初の衝撃になったのが一八四〇年（天保一一・道光二〇）に起こったアヘン戦争である。イギリスはインド産のアヘンを中国に持ち込み、代わりに中国の茶と銀を持ち出していたのであるが、その害が広がったことから、中国清朝はこれの取り締まりに転じたのである。しかしイギリスはこれに対して武力で貿易の継続をはかった。その際に唱えたのが自由貿易の実現であった。アヘン戦争は商品売買の利害の対立で起こったのであるが、それ以上にアジア世界に行なわれていた貢と礼の秩序と、「自由」貿易の争いであったのである。これ以後アジア世界では各地でこの構図のもとでの欧米勢力による開国要求と、それに対する攘夷が衝突していくのである。

アヘン戦争でイギリスの軍事力に敗退した中国は、一八四二年（天保一三・道光二二）に南京条約を結び、香港の割譲、上海・寧波・福州・廈門・広州の開港を認めさせられた。寧波・福州・広州は、アジア諸国の中国への朝貢の入港地であったのであり、これがヨーロッパ諸国に開港され、自由貿易が行なわれるようになったことで、従来の東アジア国際関係は大きく変化していくのである。

福州を入港地としていた琉球も開港の影響を受けるようになったことは当然である。このときを境に琉球が中国で買い付けていた品物に綿織物や毛織物などヨーロッパ産の品物が混じるようになっている(2)。また一八四四年（弘化一・道光二四）に福州城内に駐在していたイギリス領事が、通訳を介して琉球館に貿易開始を打診し、さらに和好も求めてきた。(3) このような動きはすぐには実現しなかったが、欧米の勢力は以後つぎつぎに要求と圧力を強めていくことになる。

一八四六年（弘化三・道光二六）にはベッテルハイムが来琉し、強引に居留した。フランス艦（サビーヌ号）も来航し、ついで司令官セシュが艦隊を率いて来航し通好・互市を求めた。このことは薩摩に衝撃を与えた。藩主の島津斉興はこのことを長崎奉行と幕府に届け、家老の調所広郷に老中阿部正弘と対策を協議させた。阿部の態度はもとより貿易は不許可であるが、事態は重要なことから琉球に兵を派遣して推移を見守るという態度であった。

しかし、斉興と調所は派兵を最小限にとどめたことから、阿部は世子の島津斉彬と議し、場合によっては琉球での貿易開始もあり得ることを考え、斉彬に処置を一任し、帰国を促した。斉彬は帰国後、琉球に急使を出して在番奉行から摂政・三司官に密命を伝えしめた。密命の内容は運天港の出島に商館を建設し貿易を行なうというものであった。これに対する琉球側の返答は、開港した場合の中国の反応をおそれ、フランスの開港要求はまず断り、どうしても断り切れないときは最小限にとどめるようにするということであった。この間同年八月にはイギリス艦の来航があり、王への面会を求めたが琉球はこれを拒否した。

その後もフランス艦、アメリカ漁船、イギリス艦が来航したがいずれも要求を拒否している。薩摩藩ではこの間斉興が隠居し、斉彬が一八五一年（嘉永四・咸豊一）二月に襲封している。翌年（一八五二）には中国人苦力《クーリー》四〇〇人を乗せたイギリス船が、中国出航後苦力の暴動が船内で起こったことで石垣島に漂着し、三五〇人が上陸したロバートバウン号事件が起こっている。(4) アヘン戦争後、東アジアの海域は急を告げはじめていたのである。

七　ペリー来航と琉米修好条約

一八五三年（嘉永六・咸豊三）五月二六日（この項はすべて陽暦で記す）に日本開国のために準備を周到に整えたアメリカ艦隊が、日本にゆく前にまず琉球国那覇に到着した。アメリカ東インド艦隊司令長官マシュー・カルブレイス・ペリーに率いられた艦隊である。この艦隊は前年の一一月にアメリカのノーフォーク基地を出発し、五月四日に上海に到着していたのである。那覇に着いたペリーは乗組員の上陸許可をもとめ、自らも王城訪問を求めた。琉球側はこれを拒否したが拒否しきれず、ペリーは奏楽のなかで強引に城門を入った。琉球側では総理官・布政官が対応し、北殿でこれを接待した。この官は琉球側が急遽仕立てた官であったのであり、後の琉米修好条約締結に際してもこの官が対応している。この最初の訪問のとき、上陸が許可された乗組員が、泊の役場に休んでいたとき、一人の琉球人が突然英語で話しかけてきたことがペリー遠征記に記されている[1]。

"Gentlmen,DooChooman very small, Americanman not very small"
（皆さん、琉球人は大変小さい、アメリカ人は小さくない）

乗組員たちは在琉のベッテルハイムから英語を習ったのだろうと推測した。

ペリーはこの後六月には小笠原諸島の探検調査を行なったうえで再度琉球に帰り、七月二日に那覇を出航し七日に浦賀沖に到着した。八日から幕府役人との交渉がはじまり、一二日には国書は久里浜の接見所で受け取るが、会談はしないということが決まった。一四日にアメリカ水兵は砂と藁で作った臨時の埠頭に降り、陸戦隊一〇〇人、水兵一〇〇人それに軍楽隊等を合わせて三〇〇人くらいが二列に並んだ。その間を、式服を着た二人の少年が、大統領の親書と提督の信任状の入った朱色の袋に入った箱を捧げて進み、それにペリーが続いた。ペリーの両脇には立派な体格をした黒人兵が武装して付いた。日本人は五〇〇〇人と称していたが、それよりはるかに多い人数が集まっていた。接見所には高官である戸田伊豆守と井戸石見守が待機していた。提督が席に着くと親書の受け渡しが行なわれた。提督に付いていた二人の黒人が、少年の箱から書翰を受け取り、文書と印鑑を幕府高官に見せたうえで日本側が準備した箱においた。この間ずっと無言であった。

アメリカ大統領ミラード・フィルモアから日本皇帝陛下への親書は「偉大にしてよき友よ」という語ではじまっていた。そして「余はペルリ提督に命じて、余が、陛下と陛下の政府に対して極めて懇切の情を懐きいること及び余が提督を遣わしたる目的は、合衆国と日本とが友好をむすび相互に商業的な交通を結ばんことを陛下に提せんがために他ならず云々」「余が強力な艦隊をもってペルリ提督を派遣し、陛下の有名なる江戸市を訪問せしめたる唯一の目的は次の如し。すなわち友好・通商・石炭と食料との供給及び吾が難破民の保護これなり」とあり、一八五二年一一月一三日の日付と印があった。

久里浜での親書の受け渡しは、軍隊的な緊張のもとで、まったく沈黙のなかで行なわれたのである。しかし、ペリーの報告書が後に記しているように「かの東方諸国に行われる他国からの贈遺を、帰服しての貢献となすの旧思想を根絶せしめた」のである。

久里浜における親書の授受は、日本の「正に国際交際の第一歩であった」（尾佐竹猛『近世日本の国際観念の発達』共同社　昭和七）のである。

ペリーはこの後日本を離れるが、その間那覇に帰り、上海に行き、翌一八五四年二月また琉球に来る。その後日本に向かい、三月八日（日本暦三月三日）に神奈川で「日米和親条約」が締結された。

ペリーは帰途、また沖縄に投錨するが、七月八日から琉球国との条約を協議し、一一日には「琉米修好条約」を締結した。この条約では「合衆国市民琉球に来たりし時は常に大いなる鄭重と親切をもって待遇すること。これらの人々が要求するものは全て売り渡すべし。正常な価格で行わるべし。アメリカ船へ薪水を供給すべし。船が難破したときは救助すべし。上陸したときは妨害をしない。条約は英語・支那語をもって署名する」ということが規定されていた。アメリカにとって、太平洋航路の安全を確保するために結ばれた条約であったのである。この条約の締結は、琉球側にとってはこれまで異国船の来航に際してとってきた拒絶の態度がとれなくなったことを意味していた。その意味ではこの条約は琉球の対外関係の分岐点になったのである[2]。

八　島津斉彬の開港構想と反動

琉米修好条約についで、フランスとも条約が結ばれたが、さらにオランダも一八五七年（安政四・咸豊七）から修好条約の締結を求めてきた。島津斉彬はこの期に乗じてオランダと通商条約を結ぶことを考えたようで、長崎に人を遣わしてオランダと密議を交わしている[1]。そしてこの年八月、市来広貫（正右衛門　四郎）に密命を授けて琉球出張を命じている。密命は、琉球人の留学生を英米仏に派遣すること、福州貿易を拡大すること、台湾に碇泊所を設置すること、琉球・大島・山川で貿易を開始すること、汽船・武器を購入することであった。

市来は琉球に到着すると、このことを摂政（大里王子朝教　尚惇）と三司官に伝えたのであるが、琉球側はあまりのことに困惑するばかりで事態は進まなかった。翌年斉彬は計画内容を変え、琉球国の名義で在琉のフランス人を介して軍艦を購入することを命じてきた。このため市来は琉装して度佳羅島医師伊知良親雲上と称し、牧志親雲上とともにフランス人と交渉に入った。七月には蒸気船購入の交渉が整ったことで市来は摂政大里王子、三司官池城親方・譜久山親方・小禄親方、物奉行異国掛恩河親方、異国掛牧志親雲上を那覇の在番奉行所に呼んで、在番奉行の高橋縫殿とともに蒸気船購入を実現するように迫った。そして即日請書を提出するように告げた。琉球側は急遽首里に帰り、国王の承認を得たうえで晩方になって請け書を提出した。請書は次のようなものであった(2)。

琉役々御請書

仏蘭西国より蒸気船一・二艘、極密之取計にて御買入被遊度年来之御内慮被為在、就ては琉球相対之取組にて彼方より乗り来り、夫を琉球へ振り付け、押々に為買入候様之遂熟談、代金之儀者五・六ケ年程に割り渡候向に可取計、尤幾重にも手厚く吟味を尽し、極密に可取扱と之趣、猶委細之儀は市来正右衛門殿へ被仰付越、我々並恩河親方・牧志親雲上へ御趣意之程篤と為相含、此以前之通奉沮候様之儀共、屹度無之様手堅く申付、是非近年中相運候様可取計旨之趣、御別紙御取添細々御達之趣、我々並恩河親方・牧志親雲上委細承知仕則国王江茂申聞候処、御趣意通相含弥無異儀御請仕旨申付候間、此段我々共より御請書差上申候、以上

午(安政五年　一八五八年)七月三日

小禄親方
譜久山親方
池城親方
大里王子

在番奉行　　高橋縫殿殿

御内用掛御徒目附勤　市来正右衛門殿（『市来四郎君自叙伝』四）

（「蒸気船一・二艘極秘に買いたいので琉球側で交渉してフランスから乗り来たらせ、それを琉球が買い入れるようにしてほしい、この代金は五・六カ年賦にする」。この市来正右衛門殿への国元の指示を、我々（大里王子・三司官）と恩河親方・牧志親雲上がうけ、粗相のないようにする。国王へも申し上げ許可を得ている。この段請書を差し上げる。）

請書提出後、七月二六日付で琉球国総理大臣尚景保、布政大臣馬克承の名で正式にフランス側に「一輪火船官艦一艘」の購入の申し入れを行なった。ところが九月二日に飛船が到着して斉彬の死が伝えられ、密命のことはすべて中止することが達せられた。ことを進めてきた市来にとっても、それの実行を求められていた琉球側にとってもまったく思いがけないことになり、その善後策に大いに苦慮することになる。結局伊知良親雲上が落馬して死亡したとして、フランス人に約束の一時中止を申し入れた。フランス側ではすでに本国に注文を出しており、船は一〇カ月後に到着することになっているとし、琉球の申し入れは断られたが、琉球の再三の懇願に三日後に返事するということになった。そして三日後に契約違反は幾千の違約金を支払うのが例であるが、我らは聖職者であるから伊知良親雲上の死に免じて違約金は受け取らなくてもよいという返事があったという。別に、違約金を支払って契約書を取り戻したという記事もあるが、ともかく蒸気船購入の一件は何とか収まったのである。

斉彬の死は薩摩における藩情を一変させた。久光派の巻き返しがはじまり、斉彬派に対する激しい弾圧がはじまったのである。斉彬側近になっていた西郷隆盛が大島に流されたのもこのときである。琉球においても強い反動がおこった。薩摩の密命に協力した小禄親方、恩河親方、牧志親雲上に対する反対派からの攻撃が行なわれ、恩河親方はとらえられ獄に入れられるが、きびしい拷問を受けた後に獄死し、小禄親方は伊江島に寺入りの刑に処せられた。牧志親雲上は終身禁獄に処せられた。牧志親雲上はその後、薩摩の方から琉球館で外国関係の仕事と語学指導にあたらせたいとのことで鹿児島に招かれたが、移動の途中伊平屋島沖で海中に身を投じて自らの命を絶った。

この事件は「牧志・恩河事件」と称されているが、時代の大きな転換のなかで起こったもので、近世の薩摩および日本と琉球の関係がどのようなものであったかということを如実に示した事件である。後に喜舎場朝賢が『琉球三冤録』を著し(3)、小禄親方・恩河親方・牧志親雲上三人の復権をはかったことは救いである。

6　琉球国の終焉

明治維新は、大政奉還により政権が徳川幕府から天皇とその政府に移った歴史の一大転換であるが、政権の転換とともに、あらゆる事象が変化したのであり、文字どおり百事御一新であったのである。古い体制を支えていた仕組みが解体され、新しい仕組みがそれに変わっていったのである。

琉球国は、近世日本と独特なかかわり方を持っていて、幕府配下の一大名である島津氏の「附庸」とされていたことについてはこれまで見てきたとおりである。明治維新という歴史的転換に際してどのようなことになったのであろうか。そのことについてここでは琉球国の終焉という観点から見てみたい。

一　琉球藩の設置

一八六九年（明治二・同治八）六月の版籍奉還で薩摩藩は鹿児島藩となり、旧藩主の島津忠義は藩知事に任命され、一地方官とされたのであるが、実質的には旧体制そのままであった。そのため政府はさらに一八七一年（明治四・同治一〇）七月に廃藩置県の布告を行なって政治機構の中央政府への一元化を図り、鹿児島藩は鹿児島県となり、旧藩主の藩知事は東京居住を命じられ、新しい地方官である県令が赴任した。

このとき鹿児島県の管轄は、大隅国の熊毛郡・馭謨郡、薩摩国一円、それに「外《ほか》琉球国」とされ、琉球国は鹿児島県の管轄下に置かれたのである。これは徳川幕府が薩摩藩に出した領知判物に記されている「薩摩大隅日向諸県郡六十万五千石、此外琉球国十二万三千石余」という形を踏襲したものであり、琉球国のことについては明治新政府はまだ近世の薩摩藩「附庸」のままで、何も決めていなかったことを示している。

しかし解決しなければならない問題であると考えていたことは確かで、一八七〇年（明治三・同治九）に鹿児島藩に「琉球藩取扱振等取調ノ儀御達」を出している。[1] これに答えたのが一八七一年（明治四・同治一〇）七月に出された「鹿児島県ヨリ差出候琉球一件取調書」である。[2] 鹿児島藩名で差し出されており、鹿児島県の方もまだ中身は薩摩藩のままであったのであり、この取調書は旧藩時代のあり方を、伝承を含めて述べているにすぎないものであった。

このような事態にまず声を上げたのが大蔵省にいた井上馨である。このころ明治政府のなかで、もっとも進んだ感覚を身につけはじめていたのが、大蔵省に結集していた木戸孝允、大隈重信、伊藤博文、井上馨らであったのであり、琉球のことについてまず大蔵省から声が挙がったのは当然のことであった。

井上の建議は、新生日本と国際社会との関係ということが関心になってのことであり、このため「百度維新ノ今日ニ至リテハ到底御打捨被置候筋ニモ無之ニ付、従前曖昧ノ陋轍ヲ一掃シ改テ　皇国ノ規模御拡張ノ御措置有之度」、「速ニ其版籍ヲ収メ明ニ我所轄ニ帰シ国郡制置租税調貢等悉皆内地一軌ノ制度ニ御引直相成」ことについて廟議を尽くすことを望むものであった。これをうけて正院は一八七二年（明治五・同治一一）に「之ヲ処分スル如何シテ可ナラン宜シク審議上陳スベシ」と左院に下問した。左院の回答は「琉球国使者接待並其国ヲ処置スルノ議」となっていて、いろいろな議が上陳されている。

それによると、冊封は虚文でありそのままにしておいた方がよく清国と争いになってはいけない。琉球人の接待は大蔵省より外務省のほうが便がある。また琉球国主に華族の称を宣下するいわれはない。廃藩置県の令が出されている今、琉球王とか中山王は可とするが、琉球藩王は穏当でない。我からは、清国が琉球王に封じる冊封を許し、両属と見なすようにする。九州の鎮台より番兵を出す、という議が記されている(3)。

一八七一年(明治四・同治一〇)、一八七二年(明治五・同治一一)は新生日本にとって転機となる多くの政策が出された年であった。幕末の不平等条約の改正の予備交渉のために岩倉具視、大久保利通などは欧米に派遣されたので、政府は西郷隆盛が中心となり留守政府と称されていた。この政府により、府県官制、県治条例が定められ、地方制度の具体的な改革が進められ、土地の永代売買の禁が解かれ地租改正の基礎が据えられた。徴兵告諭が出され、一八七三年(明治六・同治一二)に徴兵令が出され国民皆兵が目指され、学制が公布され国民教育が目指された。対外的には一八七一年(明治四・同治一〇)外務卿副島種臣のもとで日清修好条規が結ばれ、近世の鎖国以来の清国との正式な外交がはじまる。しかしこのときの条規では最恵国条項の規定を欠いていた。このことは後に琉球を日本と清国が分割して領有するという、いわゆる分島改約問題が起こることを内包した条約であったのである。一八七二年(明治五・同治一一)には政府は対馬宗氏に専管されていた朝鮮外交を接収したが、朝鮮王朝との外交交渉から政府内で征韓論が起こることになり、翌年には欧米から帰国した大久保、岩倉らと征韓派との間で激しい争いが起こる。征韓論争は決裂し、西郷、副島、板垣らが一斉に政府を辞職するという事態が起こっている。そしてその後政治の主導権を把握した大久保利通によって内務省が創設され、いわゆる有司専制体制が作られてゆくのである。

琉球はこの後、管轄が外務省から内務省に移されたことで、内務省が中心になり、いわゆる琉球処分を行なうことになる。琉球処分を担当した処分官である松田道之は、内務大丞（後内務大書記官）の肩書きで琉球に現れたのであり、内務省の設置は琉球にとって大きな動きであったのである。

一八七一年（明治四・同治一〇）一一月には琉球の宮古島年貢運送船が暴風に遭い台湾に漂着した。ところが現地の住民（清朝はこれを生蕃と称した）に乗組員六九人のうち五四人が殺害されるという事件が起こった。この情報は生き残った一二名が翌年（明治五）六月に福州経由で琉球に帰ってきてから明らかになったことであり、当時鹿児島県から琉球に遣わされていた官吏が県に伝えたことで鹿児島県でも知るところとなった。

県は七月に伊地知壮之丞（貞馨）を政府に遣わし、このことを報告したのである。しかし、そのときの政府の清国への関心は、前年（明治四）七月に全権伊達宗城によって結ばれた日清修好条規にあったのであり、これの改訂批准のため外務卿副島種臣の渡清の準備が進められていた。条約の批准書の交換は翌年（明治六）四月三〇日に天津で行なわれたのであるが、五月に副島は現地でこれとは別に柳原前光を総理衙門に派遣し、台湾事件に対する清側の説明を求めた。清との間の、琉球の所属を含めた台湾問題についての交渉はここからはじまっている。

このとき清国側は、琉球は我が属国であるから遭難に際して福建の総督が難を免れた人を救い本国に返したのであるとした。柳原も琉球は従来我が属藩で、長く薩摩の附庸であったと主張し、さらに貴大臣が琉球を我が属地というのであれば、その人々を暴殺をした生蕃をどのように処置されたのかと反問した。清国側の答えは、台湾には我が王化に服した熟蕃と服さない生蕃があり、生蕃については化外であるのでこれを治めていないとこたえた。柳原は、今副島大臣が両国の好誼を図っているところであるからここでは争わないが、化外の地を理するに他国の許可は必要ない、いずれ天下に答えることであるとした。清国側はなお調査して他日復答するむね答えた。このとき、琉球の所属についての認識は日・清相反していたのであるが、日本側は清国側の答弁で以後の行動についての言質を得たのである。ところが、この後清国との交渉の先頭に立つべき副島は、先記のようにこの年（明治六年）一〇月に起こった征韓論争に敗れ、政府を辞職することになった。そしてこの後、琉球のことを引き継いだのが内務卿の大久保利通であった。このことは琉球の問題は日本の内政問題であるとの意思表示でもあった。大久保利通と清国との交渉は、台湾事件への日本の出兵についての処置をめぐって行なわれたのであるが、そのことは後に記す。

さて、一八七一年（明治四・同治一〇）段階の政府の琉球についての議は、副島の意向が反映されて、外務省の管轄下で琉球人を来朝させ、そこで天皇の詔を伝えることに決まり、翌年八月からその準備がはじまった。このことは琉球に伝えられ、琉球では摂政になったばかりの尚健（伊江王子）を正使とする三〇名を越す使節が編成され、これに鹿児島県権参事椎原与右衛門以下一〇名あまりが付き添って上京することになった。これを取り仕切っていたのがこのとき外務省出仕となっていた伊地知貞馨である。

使節の参朝は九月一四日午後一時ということが決まり、当日は正使（尚健　伊江王子）・副使（向有恒　宜野湾親方）・賛議官（向維新　喜屋武親雲上）の三名が、指示された琉装で式に臨んだ。楽が鳴り天皇が玉座に着き、使節三人の名が披露され、勅語があり、その後天皇は「冊封の詔」を取り外務卿に渡した。外務卿がそれを宣読し、琉球使臣に伝えた。使臣の尚健が尚泰に代わり御請の言上をした。つぎに藩王と妃への下賜があり、楽が鳴って天皇は退場した。

冊封の詔は次のような文言であった(4)。

詔勅

朕上天ノ景命ニ膺リ万世一系ノ帝祚ヲ紹キ、奄ニ四海ヲ有チ、八荒ニ君臨ス、今琉球近ク南服ニ在リ、気類相同ク、言文殊ナル無ク、世々薩摩ノ附庸タリ、而シテ爾尚泰能ク勤誠ヲ致ス、宜ク顕爵ヲ予フヘシ、陞シテ琉

球藩王ト為シ叙シテ華族ニ列ス、咨爾尚泰、其レ藩屏ノ任ヲ重シ衆庶ノ上ニ立チ切ニ朕カ意ヲ體シテ永ク皇室ニ輔タレ、欽ヨ哉

明治五年壬申九月十四日（『勅語類明治詔勅』）

上天の景命を受けた万世一系の天皇が、爾《なんじ》尚泰はよく勤誠を致しているので爵をあたえ、琉球藩王に叙し華族に列せしむという内容である。天皇が冊封するというのも珍しいが、天の命を受けて行なうということもどのようなことかわかりにくい。

琉球にとって、冊封は中国皇帝の冊封の詔・勅を、勅使が冠船に乗ってもたらし、先王を諭祭した後、首里城の御庭で宣読し新しい王位が誕生する儀式として長年にわたって経験してきたことであった。中国皇帝の詔の文言には世子何を中山王とするという文言があり、さらに衆庶に力を合わせ王を扶協せよということは記されていたが、領土のことについては言及されていない。冊封はもともとは冊による官位の任命であり、皇帝の内側の行為であるのであり、外から入ってくる夷の朝貢とは区別されたものであった。逆に言えば、夷も冊封されることで皇帝の内側に入ったものとなるという中華の思想を背景とするものである。

明治のはじめに、日本の天皇政府が、それまで中山王と称していた尚泰を琉球藩王に冊封するという思想は、どのような歴史性を持っていたのか自明のことではない。領土についても中山王が領土を支配していることを前提とし、かつ琉球国は日本国内の存在であるということを前提としているのであって、そのうえで琉球藩王に冊封しているのであるが、このことは近世の薩摩藩主の知行目録の文言を政府も継承しているとみなさざるをえないことである。

さて、天皇から出された冊封の詔の文言は、中国皇帝が中山王を冊封する際の詔・勅の文言に似たところがある

ので、琉球の使臣にこの詔がどのように映ったのか興味深いところである。この後琉球から清朝に対して、日本が冊封・進貢を停止したことを訴え、さらに政府の処分に反対の意志を明確に示していることを考えると、琉球側が懐いていた従来の中国の冊封についての価値意識を覆すほどの影響力を、日本政府の冊封は持っていなかったというべきであろう。このことが日本政府が、最後は力による強制という方法を採った理由である。

しかし、この琉球藩王の「冊封」は、このような問題を残しながらも事実としてこれまで薩摩藩の附庸とされていた琉球が、日本政府により国制の一環に位置づけられたことを意味するのであり、歴史的には後の廃藩置県よりも重要な意味を持っているのである。日本の天皇政府も成立間もない時期であり、その性格も形式も整っていない時期のことであり、冊封という未経験の形式を用いたことには多少の無理が見えても仕方のないところであろう。万世一系の天皇が産業革命、市民革命を経て形成されてきた近代世界のなかにどのような姿で日本の政権として押し出していったらよいかは皆が手探りのなかにあったのである。

琉球をどのように日本に位置づけるかという議論が進んでいた時期に、実は天皇をどのような姿にするかということでも新しい演出が行なわれていたのである。天皇を軍人の姿で表すことである。一八六七年（明治一・同治七）正月一六日に「宮堂上及諸官人」に出された「お沙汰」（『法令全書』）に、徒に軟媚の風を喜び、上品などと称するのはやめて、今後は読書撃剣をはじめ、文武の道を講究すべしとあるが、それが天皇のあり方にも及んだのであろう。

天皇の軍人化は西郷を中心にした留守政府の時期に行なわれた天皇の国内巡幸の際に明白なものになる。一八七二年（明治五・同治一一）五月二三日から天皇は中国地方以西の視察のために皇居を離れ、浜離宮で乗船し品川沖で軍艦に移り出発の途につくが、このときの天皇は「燕尾形ホック掛」の正服を着していたのである。軍人天皇のはじめての姿であった。天皇は伊東祐麿を艦長とする軍艦龍驤を御艦として、七艦がこれを護衛するというものであった。供奉したのは西郷隆盛、西郷従道、川村純義、徳大寺実則など七十余名であった。六月には鹿児島に至り、ここで旧薩摩藩の武士たちが胆練に行なっていた「猪喰はせ」が天覧に供されている。これは柵の中で、犬に猪を追わせるものであるが、その惨酷さに「天機麗しからず」であったという[5]。武人の感覚のすれ違いである。天皇は七月に帰京しているが、九月一四日の冊封で琉球使臣の前に現れた天皇は、じつはこのような軍人の儀式を済ませたばかりの天皇であったのである。

詔によって琉球藩王は華族に叙せられたのであるが、この時期の華族は後の一八八四年（明治一七）に制定された華族令以後の華族とは違っていた。華族制は、元来が王政復古の大号令で「諸事神武創業のはじめに原づき、縉紳、武弁、堂上、地下の別無く、至当の公議を竭《つく》し」ということが宣せられたことで、公卿・諸侯は士族・平民とは同じではなく特別でなくてならないという心情が当時の公卿・諸侯のなかにあったのであり、それを汲んだ岩倉具視が作った制度である。明治二年六月に「公卿・諸侯を華族と称す」というのが最初の規定である。尚泰の華族叙任は明治五年になされているので、一八六九年（明治二）に規定された華族であったのである。

その後華族の内容を詳しく規定する必要に迫られ、一八七六年（明治九）八月には「華族類別録」が作成され、一八七八年（明治一一）には宮内省から刊行されている。このときには『新撰姓氏録』『寛政重修諸家譜』などを参照し、華族を皇別（第一から三十六）・神別（代三十七から七十）・外別（七十一から七十四）、豊臣朝臣（第七十五）、尚（第七十六）の五つに分類している[6]。しかし華族類別録の作成に関し、尚泰の類別についていくつかの考えがあったことが『岩倉具視関係文書』のなかにある「華族従三位尚泰類別録編入ニ関スル意見書写」（一八八〇年、明治一三）で知ることができる[7]。それには次のように記されている。

華族尚泰類別録編入ノ儀、姓氏ノ相続ト血統ノ継承トニ拠ッテ両様ノ記載振有之候。

琉球王ノ尚姓ヲ称スルハ応永年間巴志在任中明王ヨリ尚姓ヲ賜ヒ、因テ父ヲ追称シ尚思紹トイフ（本名ハ君志真物）。是ヲ尚姓ノ起リトス。爾後尚圓他家ヨリ王位ヲ継キテモ猶尚姓タリ。然レハ外別中山王尚思紹裔ト記載シテ、第七十五類ニ編ス。是姓氏相続ノ編製ナリ。（『岩倉具視関係文書』）

類別録編成には、姓氏の相続と血統の継承の二通りの記載のされ方があるとしているが、ここでは尚姓の相続の場合が記されている。この場合尚姓は尚思紹からはじまっているから「外別中山王尚思紹裔」と記載し、第七十五類に入れるというものである。ここでは省略したが、これに続いて尚泰は尚圓以来の血統であるから「中山王尚圓裔」とし、七十五類に編入すべきという考えも併記されている。類別化にはいろいろな事例があり、様々な意見が述べられたであろうが、血統の如何を問わず姓により決めることが通法となりつつあるということも記しており、最終的には第七十六類とし、はじめの意見のように「中山王尚思紹裔」とされたのである。また、爵位については一八七二年（明治五）の冊封当時は決まっていなくて、一八八四年（明治一七）に華族令とともに作られた爵位内規で決まるのである。しかし、この内規の最初の案では旧琉球藩王は公爵に叙せられるべき者のなかに入っていたが、最終的には侯爵ということになっている(8)。

征韓論争の直後、一八七三年（明治六）一一月に内務省が置かれ、翌年七月に琉球藩のことは内務省で管理する旨の布達があったことは先に記したが、このことは琉球にも伝えられた。そして政府の琉球藩改革処分のことが琉球でも動きはじめるのであるが、これに関連して琉球から三司官一名と与那原親方が上京することが求められた。琉球側からの希望で、これに池城親方、幸地親雲上が加えられた。

一八七六年（明治八）三月には内務省から改革処分の内容が示されたのであるが、それによると、明治の年号を用いること、刑法は司法省の定律を施行すること、刑律取調のため担当のもの三名を上京させること、藩治職制を改正するために官員を赴任させること、学事修行のため少壮のもの一〇名を上京させることなどであった。そして さらに同年五月九日に、清国との談判に関わることであるから従来のままの清国との関係は認められないとして、次のことが告げられた。隔年の朝貢と皇帝への慶賀使を廃止する、福州の琉球館を廃止する、藩王への冊封を廃止する、藩王の謝恩来朝や藩政改革の官員派遣についてはよく調べ伺を出すように、琉球藩と清国との関係は今後外務省が引き受けるということであったのである。

政府はこのことを上京中の四人に説諭したが、琉球側には到底受け入れられるものではなかったのである。とくに中国への朝貢・慶賀・冊封の差し止めは五月二九日付で太政大臣三条実美名で正式に布達されたことから、[9]池城親方、高安親方、与那原親方、幸地親方など七名が連署し、琉球は支那との関係を五百年にわたり続けてきている、もしこれを断てば恩義に背き信義を失うことになる、なにとぞ御憐察賜りたいとの歎願を行なった。歎願はこのときだけではなく次の年にわたって何回も繰り返されたが、いずれも却下されている。

この歎願に名を連ねている幸地親方朝常（向徳宏）はこの後琉球に帰り、一八七六年（明治九・光緒二）清に渡り、蔡大鼎、林世功らと行動を共にして、清朝政府に日本政府の進貢差止を訴え、救国を歎願している。このときの幸地親方（向徳宏）の渡清が、琉球国からの渡清としては最後であった。一八七六年（明治八）五月以後、琉球国の存亡の危機感は非常に高まっていったのである。この頃から尚泰の悩みはさらに深くなり、ついには病を発するにいたるのである。

二　台湾出兵と互換条款の訂約

台湾事件後、「問罪の師を興し、彼を征せんと欲す、故に謹みて軍艦を借り」と征台の意向を最初に唱えたのは鹿児島県参事大山綱吉であった。[1] しかし、これが唱えられた一八七二年(明治五)七月の段階では、副島外交の日清修好条規の訂約、朝鮮との外交のはじまった頃であり、実現はしていない。しかし、旧薩摩藩の軍事力を継承して、軍部に影響力を持っていた西郷従道の周囲では台湾出兵の意向は高まっていた。征韓論争のあと政権を掌握した大久保利通が、清国との関係を有利にするため西郷従道と会談し、台湾出兵を決意したのは一八七四年(明治七)五月である。直ちに内務省に大隈重信を長官とする蕃地事務局がつくられ、長崎にもその出張所がつくられた。そして陸軍中将西郷従道を都督とする征台軍が組織され、出兵し、七月にはほぼ台湾を平定した。その後現地で牡丹社の長より、殺害された琉球人の遺骨を引き取り、長崎経由で鹿児島におくり、鹿児島在勤の琉球藩役人に引き渡され、翌年二月に遺骨は琉球に帰り着いたのである。

この過程で日本全権弁理大臣参議兼内務卿大久保と大清欽命総理各国事務の理蕃院右侍郎成以下との会議があり、一八七四年(明治七)一〇月に「互換条款」を訂約している。これは三条からなるもので、まず前文で「台湾生蕃曽て日本国の属民等をもって、妄りに害を加うる」と書き、第一条に日本の出兵は民を保つ義挙であり、清国はこれを認める。第二条に清国は被害者に撫卹銀を給すべきこと、第三条はこの取り決めに両国は以後異議を申し立てない。というものであった。これと同時に「互換憑単」も訂約し、撫卹銀のほかに日本に費銀を給すること、日本は同年(明治七)一二月二〇日迄に台湾から退兵することを決めている。台湾事件を発端とする日清交渉で、日本は琉球人が日本人であるということを清国に認めさせたのである。[2] 一八七五年(明治八)以後、内務省による琉球藩の改革処分が進められたのはこのような背景があったからである。

三　内務大丞松田道之の派遣と沖縄県の設置

台湾出兵後の日清交渉で「互換約款」を訂約した後、政府はこれまでの琉球国の死命を制するような進貢・冊封・慶賀などの中国との関係を差し止める挙に出た。このことは上京中の琉球藩要人にも告げられて受け入れるように迫ったが、到底受け入れられるものではなかったことは先記した。

ここにいたり、政府は事態を進めるため官吏を直接琉球に派遣し、藩王を説得をすることになる。一八七五年（明治八）五月一三日付で太政官から内務大丞松田道之に琉球出張が命じられるが、これが松田の最初の琉球行きである。以後松田は三回にわたり琉球へ出張することになる。第一回目は同年七月一〇日に那覇に着船し、それから伊江王子や三司官に会い、改革処分のことを藩王に伝える手筈を整えようとした。しかし藩王は食事も取らず病勢極めて重いということで、今帰仁王子を王の代聴人として、一四日に首里城で伝えることになった。当日は政府側は松田と内務出仕に所属替えをした伊地知貞馨が代表し、琉球側は今帰仁王子と伊江王子ほか三司官が出席し、すでにこの年三月と五月に出されている改革のことと琉球藩の新しい職制について伝え、あわせて藩王が上京すること、鎮台分営を設置することを伝えた。新しい藩の職制は、藩王を一等官とし、大参事、権大参事、少参事、権少参事を奏任官、大属以下を判任官とするものであった。王と摂政・三司官以下の琉球国の政治制度に代わり、新しい職制の構成が示されたのである。

これを終えた松田は九月一一日に那覇を出発し、一〇月二五日に帰京し復命書を出している。その後も琉球は、政府への歎願を繰り返し、また幸地親方を渡清させ清国政府への訴えをしていたことは前に述べたが、このことは日本政府も知っていた。このため一八七一年（明治一二）一二月末に再度松田に琉球出張が命じられた。松田は翌年一月に渡琉し、琉球の動きを牽制するとともに、改革の実行についての回答を求めている。そして二月四日には那波を離れ、一四日には帰京し復命した。

このときの復命書に因れば、松田が那覇出発の間際に琉球から改革についての回答があったが、その内容は改革の達しを遵奉せずということであった。松田は帰京後太政大臣三条実美に速やかに廟議を定めて処分を行なうべきことを強く申し立てている。政府は二月に内務省に実際の処分の手続きなどを確認させ、三月八日付で松田の三度目の琉球行きを命じているが、これとともに三月一一日次のことを布達している。これが公布されたのは四月四日である(1)。

琉球藩

其藩ヲ廃シ、更ニ沖縄県ヲ被置候条此旨相達候事

但シ県庁ハ首里ニ被置候事

明治十二年三月十一日

太政大臣三条実美（『公文録』）

松田らはこの布達の翌日、三月一二日高砂丸に乗り横浜を抜錨し、那覇に向かっている。このときは内務省役人合計三二名、警部巡査あわせて一六〇名の大人数での渡琉であったのであり、琉球藩に改革を含めて廃藩置県を断行することを目的とした渡琉であったのである。

廃藩置県はまさに力での旧琉球国の改革処分として行なわれたのである。日本における廃藩置県も、急遽薩長土の兵により親兵を組織することによってその力を背景にして行なわれたのであるが、琉球国の場合もその延長上に

あったのである。松田らは二五日に那覇に到着し、翌日早速藩王に「御達之儀有之候ニ付明二十七日午前第十時参城候条拝受可有之候也」という書を届けている。しかし藩王病気ということで、今回も今帰仁王子が代理を務めた。そして当日首里城の書院で、右側に政府役人、左側に琉球藩の今帰仁王子と三司官浦添親方、富川親方、与那原親方、鎖之則喜屋武親方、親里親雲上が列席するなかで、松田から、藩を廃して沖縄県を置くこと、その理由として明治八年に政府が達したことを実行せず、このまま差し置くことはできないということ、改革は内務大書記官松田道之が指揮して行なうこと、尚泰の東京居住を命じること、さらに尚健（伊江王子　尚灝五男）と尚弼（尚泰弟）を華族に任命することと東京居住を命じることを記した達書が渡された。さらに尚泰は三一日正午迄に居城を退去し、出発までは嫡子尚典の邸で待機することが告げられた。

しかしその後、琉球側から藩王の上京については病気が重いということで上京延期願いが行なわれ、医師の診察の結果、結局八〇日の延期が認められ、五月二七日に出発することになった。出発当日、藩王は輿に乗り数十名の従者が前後を守り、那覇に至り、艀に乗り港外に待機していていた汽船に移り、那覇を出港した。一行は二九日には鹿児島に到着し、王と二〇名ばかりが上陸し琉球館に投じている。この後六月七日に横浜に到着、九日に東京に着き、六月一七日に朝参し天皇に拝謁している。このとき尚泰は従三位に叙せられ、東京府下麹町区富士見町に邸宅を下賜されている(2)。このとき尚泰の長男尚典は従五位に叙せられている。

首里城で尚泰の代理人今帰仁王子に改革処分が達せられるとともに、県令心得として任命されていた木梨精一郎へ県政の引継が行なわれた。その中身は、土地人民および官簿その他諸般の引き渡し、官に属すべきものと旧藩王の私有に帰すべきものを引き分け、かつ租税、土木、秩禄その他諸般について前途処分を要すべき事項を調べ、県令から内務卿に具申することなどであった。

この処分によって琉球国は最後のとどめを刺されたかに見えた。しかし旧琉球国を支えていた現実の諸制度や社会関係は一朝一夕に変わるものではない。松田の任務は終わったが、その後の沖縄県政はつぎつぎに代わる県令・県知事のもとで、琉球国の諸制度を旧慣・旧制度として、その改革を幾重にも行なうことになる。しかし本州を中心とする日本地域の制度とはまったく違った沖縄社会の改革はなかなか進まず、多くのことが旧慣存置ということになって先送りされてゆくことになる。

松田は尚泰を送り出した後も琉球にしばらく留まり、翌日には島尻地方の諸間切を巡回し、処分についての琉球の人々の反応を探っているが、人々は平穏に生活していて騒いでいるのは役人と士族だけであると確信している。これより前、四月段階で、同行した内務省の役人を各間切に派遣し、下知役・検者や間切役人など琉球国以来の地方役人である人々を集め、今回の改革処分について説諭するとともにその反応を確かめている。それによれば、いずれの間切でももとのままで藩王を立て置かれるように願い、改革処分に反対の態度を表しているという報告を受けていたのである。士族の反応に対して、農民の反応についての記載は少ないが、一点だけ次のような記載がある。「間切農民へ対シ、是迄ハ上納石高之外、内分ニテ地頭又ハ下知役等ヨリ手形ヲ出シ、米又ハ諸雑穀野菜等総テノ品申付取立居リ候所夥敷ナリシガ、右ハ今般其弊丈ハ相止メ候ニ付、百姓共ノ喜ヒ一方ナラス候事」。農民たちはこれまで政府への上納のほかに、地頭や下知役など役人から内分でいろいろ取り立てられていたが、そのような取立がなくなるだけでもよいという意向が示されているという。沖縄内部では旧体制についてはそれぞれの利害は一様ではなかったことを垣間見ることができる。

松田は、五月三一日には陸軍大尉益満邦介より二八日に旧琉球藩の武器類の接収が終わり、首里城に保管している旨の報告を受けている。そして翌日警視補の園田安賢への書で、「御当地御処分之儀ハ本月ヲ以テ先ズ一段落」と述べている。松田は三度にわたる渡琉で改革処分を担当し、最後は力で廃藩置県を押し通したのであるが、六月三日には「沖縄県下士族一般ニ告諭ス」という告諭文を発し、六月一三日に那覇を離れ、二三日に横浜に着し、そ

表18　県令・県知事

県令・知事名	在任期間
木梨精一郎（県令心得）	1879年（明治12）3月～4月
鍋島直彬（県令以下同じ）	1879年（明治12）4月～1881年（明治14）5月
上杉茂憲	1881年（明治14）5月～1883年（明治16）4月
岩村通俊	1883年（明治16）4月～同12月
西村捨三	1883年（明治16）12月～1886年（明治19）4月
大迫貞清（県令・県知事）	1886年（明治19）4月～1887（明治20）4月
福原実（県知事以下同じ）	1887年（明治20）4月～1888年（明治21）9月
丸岡莞爾	1888年（明治21）9月～1892年（明治25）7月
奈良原繁	1892年（明治25）7月～1908年（明治41）4月
日比重明	1908年（明治41）4月～1913年（大正2）6月
高橋琢也	1913年（大正2）6月～1914年（大正3）6月
大味久五郎	1914年（大正3）6月～1916年（大正5）4月
小田切磐太郎	1916年（大正5）4月～同6月
鈴木邦義	1916年（大正5）6月～1919年（大正8）4月
川越壮介	1919年（大正8）4月～1921年（大正10）5月
和田潤	1921年（大正10）5月～1923年（大正12）10月
岩本禧	1923年（大正12）10月～1924年（大正13）6月
亀井光政	1924年（大正13）6月～1926年（大正15）9月
今宿次男	1926年（大正15）9月～1927年（昭和2）5月
飯尾藤次郎	1927年（昭和2）5月～1928年（昭和3）12月
細川長平	1928年（昭和3）12月～1929年（昭和4）7月
守屋磨瑳夫	1929年（昭和4）7月～1930年（昭和5）8月
井野次郎	1930年（昭和5）8月～1935年（昭和10）6月
蔵重久	1935年（昭和10）6月～1938年（昭和13）6月
淵上房太郎	1938年（昭和13）6月～1941年（昭和16）1月
早川元	1941年（昭和16）1月～1943年（昭和18）7月
泉守紀	1943年（昭和18）7月～1945年（昭和20）1月
島田叡	1945年（昭和20）1月～1945年（昭和20）8月

出所：沖縄県文化振興会公文書管理部史料編集室『琉球中国日本朝鮮　年代対照表』（2000年）から筆者作成。

の日のうちに太政大臣三条実美宛に復命書を提出したのである。

四　旧制度の存置

沖縄県が設置され、初代県令鍋島直彬が着任し、以後代々の県令・県知事のもとで旧制度の改革が進められることになった（表18参照）。しかし本州を中心とする日本社会の制度とは違いが大きく、内務省管吏と本州出身の県庁職員にとって、改革は一筋縄ではいかない非常に難しいことであった。政府・県庁は、まず旧藩の実態の調査からはじめなければならなかった。政府の実態調査は実は、一八七二年（明治五）の琉球藩設置のときからすでにはじまっていた。最初は外務省管轄であったので外務省の調査が行なわれており、それが『琉球藩諸調書』（五冊）（現在国立公文書館蔵）として残されている。これと同時に大蔵省も並行して調査しており『明治六年大蔵省調琉球藩雑記』（五冊）（内閣文庫蔵）が残されている。大蔵省の調査の内容は第一冊人口・戸籍、第二冊反高・租税・物産、第三冊家禄・官禄、第四冊法条・教条、第五冊雑事である。琉球藩（旧琉球国）の諸制度が琉球藩側から資料を提供されて調査されたものである。しかし実際に改革するとなると、どのように改革したらよいか方針が立たない状態が続いた。改革の実態を知るためにここでは秩禄処分についてその改革の過程を追ってみたい。

一八八〇年（明治一三）五月二八日付で大蔵卿佐野常民、内務卿松方正義名で太政大臣三条実美宛に、沖縄の家禄・領地収納を金録にし、さらに一八八五年（明治一八）より公債にする旨の方針が上申されている。このときその試算も添付されているが、それには明治九年から同一一年までの米・麦・大豆・夫役銭の平均相場を出し、石高を金高に換算して、全士族三七八人の石高が金高に直されて金高別の人数が示されている。これによれば少ない人で五〇円未満が四人、多い人で二五〇〇円以上が一人で、他はその間に分布するが、五〇〇円未満が三一七人であり、ほとんどがここに属していることが分かる。しかしこれを公債にすることはなかなか困難なことであった。そのことについて、県令岩村通俊から内務卿山県有朋、大蔵卿松方正義宛に出された伺いに次のように記されている。(1)

本県華士族金禄ノ義、去ル十三年中御達ノ趣旨ニ依リ、来ル十八年分ヨリ公債証書ニ換給可相成筈ニ有之、然ルニ旧琉球藩ノ禄制タル内地諸藩トハ大ニ趣ヲ異ニシ且廃藩ノ事タル由来スル所アリ、固リ一朝一夕ノ故ニアラス、随テ其家禄ノ如キモ既ニ内地ト一轍ノ処分ニ出ルヲ得ス、是レ直ニ公債証書ニ交換セラセサル所以ナリ、抑該藩家禄ノ制ハ概ネ勤功ニ依リ之ヲ給シ而シテ皆逓減ノ禄ニ係リ、現下受禄ノ士族ハ無慮三百有余名ニシテ其二百有餘名ハ一代ヨリ八代ノ間ニ於テ逓減シ尽ルモノニシテ、其他永世禄ト称スル数十名ハ数代逓減ノ後其極所ニ達シ其最下限ヲ以始メテ之ヲ世襲スルモノニ有之、故ニ若シ今之ヲ公債証書ニ換給セントスルトキハ各等差ヲ設ケ其債額ヲ分タサルヘカラス、而シテ其数多ノ代数ト各種ノ石高トニ依リ一々之ヲ審査甄別シ以テ一様ノ公債証書ニ定ントスルハ啻ニ煩且冗ニ渉ルノミナラス、之ヲシテ至公至平ニ帰着セシメントスル頗ル難事ニ有之（『公文録』）

これによれば、琉球の家禄の制度は内地諸藩とは大いに違っていて、家禄といっても勲功により決まるものでしかも世代が変わるにつれて逓減するようになっている。このため公債証書に換算するにはそれぞれの世代と、いろいろに得ている石高を審査しなければならず、これは「煩且冗」であるばかりでなく、公平を期するにはきわめて難事であるとしている。岩村からの伺を受けて、一八八四年（明治一七）に「沖縄県旧華士族金禄等処分方」が大蔵省で稟議されているが、それによれば、金禄の制は据え置き、旧藩慣行の逓減に任せ消尽する方法に更正すというということであったのである。[2] 公債は発行せず金録のままに据え置き、自然消滅に任せるということである。政府の改革方式が複雑な現実の前に、改革できないと白旗を揚げたようなものである。同年には「沖縄県諸税徴収姑ク旧慣ニ依ル」[3] により、徴税も旧慣どおりに行なうということになったのである。

このような旧慣の継続については置県最初からあったのであるが、一八八一年（明治一四）には県令鍋島直彬から政府宛に「従来ノ慣例当分ノ処存シ置度義ニ付伺」が出されている。[4] このため早くからすでに諸分野で改革先送りは行なわれていたのである。華士族の金禄の処分問題は、結局明治四三年四月の「沖縄県諸禄処分法」まで続いた。この法により、金禄・社禄・寺禄・僧侶飯米は国債証券を以て一時に給するということになり、やっと解決されたのである。このような県庁と政府の改革先送りを旧慣温存という語で表し、何らかの政府の意図をくもうとする見解があるが、実際にはこれまで例示したように、改革できなかったのであり、温存というより史料にあるように存置であったのである。

五　土地整理と地方制度の改革

沖縄県の改革は遅々として進まなかったのであるが、明治二〇年代になるといろいろな矛盾が起こってきて、それを解決するためには旧慣の改革は先延ばしできない状態が出てくる。税負担の不公平感から一八九三年（明治二六）に起こった宮古島の農民の国会への上訴はそのような矛盾が顕在化した事件であった。また、山林の払い下げをめぐる問題も起こっている。山林の官有化と払い下げは、沖縄社会に対する無理解からの自然破壊でもあったのであり、沖縄にとっては見過ごすことのできないことであった。旧慣の不都合さと、それの改革の仕方について県・政府と沖縄の人々との見解の違いが顕在化するのである。本州でもこの時期に足尾鉱毒問題が知られるようになっていて、政府と住民側の立場の違いが明確になり、政治問題化しはじめていた。

沖縄における旧慣の改革は、結局のところすべての基礎になっていた地方制度の改革、土地制度の改革、租税制度の改革の問題に行き着く。これらは旧琉球国の社会的な基盤になっていることに対する改革であり、沖縄県設置の際の処分にも匹敵する内容の改革であった。この改革により、それまで旧琉球国を琉球国たらしめていて、歴史的には容易に変容しない社会の構造がはじめて改革の対象になるのである。

この改革が政府で動きはじめるのは一八九五年（明治二八）に内務大臣野村靖から内閣総理大臣伊藤博文に呈案された「沖縄県地方制度改正之件」からである。[1] この案は一八九二年（明治二五）、第八代県知事に就任した奈良原繁の意向で、県側で改革の気運が高まったことから、政府側で対応したものである。

野村はこれまでの改革の経過を振り返った後「先ズ今日ノ民度ニ適応スル程度ニ依テ行政百般ノ基礎タル地方ノ制度ヲ定メ、以テ事務ノ整理ヲ期シ併セテ旧慣制度ノ弊ヲ排除セン」とするもので、改革は二期に分けて行なうべきことを提案している。第一期は土地の丈量、那覇・首里の制度、郡の区画を定めることである。第二期は土地の所有権を確定し地価と地租を定め、地方税を定め、間切に行なう制度を定めるというものである。土地の丈量と地価、地租の確定をすべきことと、那覇・首里の中部の区画と間切制から郡制への行政機構の変更が行なわれるべきであるとするものである。実際の改革は、これまでの諸調査の結果を踏まえて行なわれることになる。

地方制度については一八九六年（明治二九）三月五日に「沖縄県区制郡制」が公布され、これまでの間切の制が新しく区（首里・那覇）、郡（島尻郡・中頭郡・国頭郡）になった。一八九七年（明治三〇）には「間切吏員規程」が出され、間切役人も区・郡の吏員となったのである。

一八九九年（明治三二）三月には「沖縄県土地整理法」が公布され、沖縄における土地制度と税制の改革がいよいよいよ実行されることになったのである。

沖縄の土地整理は、土地の所有権を確定し、地価と地租を定めることであり、本州部分における地租改正にあたるものである。地租改正は一八七三年（明治六）に開始されたのであるが、沖縄県の場合それより約四半世紀遅れて行なわれたのである。「沖縄県土地整理法」第二条に次のように記されている[2]。

> 村ノ百姓地、地頭地、オエカ地、ノロクモイ地、上納田、キナワ畑ニシテ、ソノ村ニ於テ地割セル土地ハ、地割ニヨリソノ配当ヲ受タル者又ハソノ権利ヲ承継シタル者ノ所有トス。但シソノ配当ヲ受クベキ者多数ノ協議ニ依リ此ノ法律施行ノ日ヨリ一ヶ年以内ニ地割替ヲ為スコトヲ得。（略）（『沖縄県土地整理紀要』）

百姓地以下の地目は近世の沖縄および周辺の島々と、先島の土地制度の地目であり、これらが村のなかで、現に地割制によって配当されている者、あるいはその承継者に、今回土地の所有権を認めるということである。このことは今後地割りは行なわない、今占有している者がその土地の所有者になるということであった。ただし今の状態に異議があるかもしれないので、今後一年以内に新しく地割りをすることができる、ということも記している。この結果所有権が確定する前に、多くの村で最後の地割りが行なわれたのであるが、地割りを行なわなかったところもある。地割りを行なった村の比率を郡ごとに示すと、島尻郡では四五パーセントの村が行ない、中頭郡では五八パーセント、国頭郡では八一パーセントの村が最後の地割りを行なっているのである。島尻郡では地割りを行なう必要のない村が半数以上あったということであるが、事実上土地の私有化がこの郡では進んでいたと見ることもできる。

なお、地割制のもとでも長い間に土地の権利が複雑化し、また貸借が生じていたのであるが、それらも地割りの

表19　土地整理事業後の地目反別

民有地	
田	8,953 町 8828
畑	54,585 町 7029
宅地（郡・村）	3,879 町 7810
同　　（市街）	317,882 坪 05
山林	13,502 町 8601
原野	23,704 町 2017
他	
合計	112,815 町 5027（317,821 坪 05）
官有地	
官庁敷地	10 町 6728
官庁附属敷地	3 町 5025
山林	92,475 町 2504
原野	6,815 町 6408
他	
合計	99,364 町 8414
総計	212,180 町 3511

出所：『沖縄県土地整理紀要』（臨時沖縄県土地整理事務局，明治 36 年）より筆者作成。

対象の土地であれば現占有者の所有とされた。地頭地やノロクモイ地で、自作であった土地はその自作者の所有とされた。しかし地頭地もノロクモイ地も、近世にはほとんどが地割りの対象になっていたのであり、自作の割合は低かったと思われる。

この法律は同年四月から施行されているが、法律の公布とともに測量が開始され、同時に土地の生産力が調べられ、間切と村の等級が協議決定されている。測量は大きな区域の図根測量が行なわれ、さらに細部の測量が行なわれている。これらの測量の結果は図面化され、千二百分の一の「字図」、六千分の一の「村図」・「区図」が作成された。地価の算定も行なわれ、間切、村の等級によって差がつけられ、それぞれの地価が決定されている。これらは「土地台帳」にまとめられているが、沖縄全島で合計五五三六冊作成されている。

沖縄ではこれまで土地は村全体のもであり、村人各人が家族の構成をもとに分け持ついわゆる地割制が行なわれていたのであるが、その共同体的な所有のあり方が根本的に変更され、各人の土地の所有が確定され、それぞれが地租を負担することになったのである。一九〇三年（明治三六）から「地租改正条例及国税徴収法」が施行され、実際に地租の徴収がはじまるが、この行政機構の改革と土地制度の改革によって旧琉球藩（琉球国）の内容を構成していた部分が廃止されたのであり、実質的な琉球国の解体が完了したといえよう。土地整理の成果について、

『沖縄県土地整理紀要』では次のように述べている。

旧来の地割制度は、農民すべてが土地を耕作できるので安心感があるが、他方で弊害もあった。そのひとつが一定期間後割り替えられるので土地に対する愛着が湧かないため、地力が耗竭しているということであった。このことは実際には貢租負担が過重であったことが大きく影響していることであった。土地の耕作が貢租負担のためということであれば意欲が湧かないのは当然のことである。

土地整理事業は土地制度の整理と租税負担の新しい仕組みを作るために行なわれたのであるから農民たちに一定の希望を与えたことも事実である。農民たちが自発的に除草し、肥料を投じ、灌漑施設を修復するようになった結果、これまで下等地とされていたところが上等地に変化しているところがあるということも観察されたというが、これは農民の土地に対する観念が発達した結果で、土地改良の成果であるとしている。

土地整理により、旧琉球国のもっとも奥深い基礎をなしていた構造が解体消滅したことになる。それと同時に国税の徴収がはじまり、日本国公民としての存在が確立された。この後日本政府の諸政策が浸透し、近代沖縄県政が展開するが、それでも風景や文化財は残っていたのであり、人々の意識のなかで琉球国は生き続けたものと思われる。しかし、やがて日本は戦争政策に突き進んで、ついには沖縄が唯一の国内の戦場になり、日本国公民になった沖縄の人々を巻き込んでしまうのである。鉄の嵐が吹き荒れた結果、多くの人々が犠牲になり、沖縄の古い風景は一変し、文化財の多くは焼失してしまう。終戦後の破壊された荒れ野原の風景が琉球国の最後の姿であったということができるであろう。

利用文献注記

序論　琉球国の成立・展開・終焉

(1)『公文録』外務省附録、琉球藩（国立公文書館蔵）。
(2) 安里進「琉球王国の形成と東アジア」（豊見山和行編『日本の時代史　一八　琉球・沖縄史の世界』吉川弘文館、二〇〇三年所収）。
(3) 安里進ほか著『沖縄県の歴史』（山川出版社、二〇〇四年）第三章（田名真之）。
(4) 高良倉吉『琉球王国の構造』（吉川弘文館、一九八七年）。
(5)『琉球往復文書及関連史料（一）』（法政大学沖縄文化研究所「沖縄研究資料」一六、一九九八年）。
(6) 東恩納寛惇『校註羽地仕置』（興南社、一九五二年）、蔡温「御教条」「独物語」（『那覇市史』資料編一―一〇、琉球資料（上）、一九八七年所収）。
(7) 石母田正『古代末期政治史序説』（未來社、一九六四年）、永原慶二『日本封建制成立過程の研究』（岩波書店、一九六一年）、安良城盛昭『幕藩体制社会の成立と構造』（お茶の水書房、一九五九年）、拙稿「近世沖縄の『地割制』の問題性」（『近世封建支配と民衆社会』弘文堂、一九七五年所収）。
(8) 高良倉吉「琉球・沖縄の歴史と日本社会」（『日本の社会史』一、岩波書店、一九八七年所収）。
(9) 拙著『近世琉球国の構造』（第一書房、二〇一一年）。
(10)『那覇市史』（資料編一―四、歴代宝案第一集抄、一九八六年）。
(11) 朝尾直弘「近世の政治と経済（Ⅰ）」（『日本史研究入門Ⅲ』東京大学出版会、一九六九年、朝尾直弘著作集第八巻所収）、「日本近世史の自立」（『日本史研究』八一号、一九六五年、同著作集第二巻所収）、「『将軍権力』の創出」（『歴史評論』二四一号・二六六号・二九三号、同著作集第三巻所収）、「鎖国制の成立」（『講座日本史』四、東京大学出版会、一九七〇年、同著作集第三巻所収）、「東アジアにおける幕藩体制」（『日本の近世』一、同著作集第八巻所収)。

(12) 浜下武志・川勝平太編『アジア交易圏と日本工業化一五〇〇〜一九〇〇』(社会科学の冒険一二、リブロポート、一九九一年)、拙稿「薩摩藩・琉球国の中国貿易における日本銀の調達について」(『沖縄文化研究』三五号、二〇〇九年所収)。

(13) 拙稿「薩摩藩侵入直後の琉球・中国関係」(『第九回中琉歴史関係国際学術会議論文集』二〇〇三年所収)、渡辺美季「琉球侵攻と日明関係」(『東洋史研究』第六八巻第三号、二〇〇九年)。

(14) 拙稿「評定所の機構と評定所文書」(琉球王国評定所文書編集委員会編集『琉球王国評定所文書』第四巻、一九九〇年所収)。

(15)『御当国御高并諸上納里積記』(『那覇市史』資料編一―二、一九七一年所収)。

(16) 拙稿「薩摩藩・琉球国の中国貿易における日本銀の調達について」(『沖縄文化研究』三五号、二〇〇九年)。

(17)『旧記書類抜萃・沖縄旧記書類字句註解書』(法政大学沖縄文化研究所「沖縄研究資料」二七、二〇一〇年)。

1 南島における国家形成

一 先史文化

(1) 安里進「琉球王国の形成と東アジア」(豊見山和行編『日本の時代史 一八 琉球・沖縄史の世界』吉川弘文館、二〇〇三年所収)。安里進ほか著『沖縄県の歴史』(山川出版社、二〇〇四年)第一章、第二章(安里進)。

(2) 木下尚子『南島貝文化の研究』(法政大学出版局、一九九六年)。

(3) 安里進『考古学から見た琉球史』上(ひるぎ社、一九九〇年)。

(4) 高梨修「ヤコウガイ交易―琉球弧と古代国家―」(谷川健一編『日琉交易の黎明』森話社、二〇〇八年所収)。

(5) 吉岡康暢「南島の中世須恵器―中世初期環東アジア海域の陶芸交流―」(『国立歴史民俗博物館研究報告』九四、二〇〇二年所収)。

(6) 注(1)に同じ。

二 グスク

(1) 安里進『考古学からみた琉球史』上(ひるぎ社、一九九〇年)。

(2) 仲松弥秀『古層の村』(沖縄タイムス社、一九七七年)。

(3) 高梨修「琉球弧をめぐる歴史認識と考古学研究―『奄美諸島史』の位相を中心に―」(吉成直樹編『琉球弧・重なりあう歴史認識』森話社、二〇〇七年所収)。

(4) 吉成直樹・福寛美『琉球王国誕生』(森話社、二〇〇七年)。

(5) 安里進「琉球王国の形成と東アジア」(豊見山和行編『日本の時代史 一八 琉球・沖縄史の世界』吉川弘文館、二〇〇三年所収)。

(6) 同右。
(7) 『今帰仁城跡発掘調査報告』Ⅰ・Ⅱ・Ⅲ(沖縄県今帰仁村教育委員会、一九八三年、一九九一年、二〇〇八年)。
(8) 注(1)に同じ。
(9) 注(4)に同じ。

三 大型グスクと初期国家

(1) 安里進ほか著『沖縄県の歴史』(山川出版社、二〇〇四年)第一章、第二章(安里進)。
(2) 安里進『考古学からみた琉球史』上(ひるぎ社、一九九〇年)。
(3) 『浦添ようどれ』Ⅰ・Ⅲ(浦添市教育委員会、二〇〇一年、二〇〇七年)。
(4) 安里進「琉球王国の形成と東アジア」(豊見山和行編『日本の時代史 一八 琉球・沖縄史の世界』吉川弘文館、二〇〇三年所収)。
(5) 同右。
(6) 和田久徳「明実録の沖縄史料(一) 史料篇(一)」(『お茶の水女子大学人文科学紀要』二四、一九七一年所収)、同(二)(『南島史学』創刊号、一九七二年所収)。
(7) 沖縄県教育委員会文化課編『金石文』(緑林堂書店、一九八五年)。

四 三山時代

(1) 『中山世譜』巻三(『琉球史料叢書』四、東京美術、一九七二年)。
(2) 『今帰仁城跡発掘調査報告書』Ⅰ・Ⅱ・Ⅲ(沖縄県今帰仁村教育委員会、一九八三年、一九九一年、二〇〇八年)。
(3) 宮城栄昌『琉球の歴史』(吉川弘文館、一九七七年)。
(4) 安里進「琉球王国の形成と東アジア」(豊見山和行編『日本の時代史 一八 琉球・沖縄史の世界』吉川弘文館、二〇〇三所収)。
(5) 和田久徳「琉球国の三山統一についての新考察」(『お茶の水女子大学人文科学紀要』二八―二、一九七五年)。
(6) 安里進ほか著『沖縄県の歴史』(山川出版社、二〇〇四年)。

五 察度による進貢の開始と国政の二重構造化

(1) 『明史』二七、伝十六(中華書局)。
(2) 拙稿「福州柔遠駅と琉球・中国関係」(中国福建省・琉球列島交渉史研究調査委員会編『中国福建省・琉球列島交渉史研究』(第一書房、一九九五所収)。
(3) 和田久徳「明実録の沖縄史料(一) 史料篇(一)」(『お茶の水女子大学人文科学紀要』二四、一九七一年所収)。
(4) 同右。

（5）注（1）に同じ。
（6）『歴代宝案』（『那覇市史』資料篇一―四、歴代宝案第一集抄、一九八六年）、『中山世譜』（『琉球史料叢書』四、東京美術、一九七二年）。
（7）申叔舟『海東諸国記』成宗二年・一四七一年（国立公文書館内閣文庫蔵）。

2 琉球統一国家の成立と展開

一 正史による王統の記述

（1）『鹿児島県史料旧記雑録拾遺・諸氏系図二』（鹿児島県、一九八八年）解説（五味克夫）。
（2）『那覇市史』（資料篇一―四、歴代宝案第一集抄、一九八六年）。
（3）『中山世譜』（『琉球史料叢書』四、東京美術、一九七二年）。

二 思紹・巴志の政権確立と王統

（1）『中山世譜』巻四（『琉球史料叢書』四、東京美術、一九七二年）。
（2）安里進ほか著『沖縄県の歴史』（山川出版社、二〇〇四年）第三章、第四章（田名真之）。
（3）沖縄県教育委員会文化課編『金石文』（緑林堂書店、一九八五年）。
（4）外間守善『沖縄の歴史と文化』（中公新書、一九八六年）。
（5）和田久徳「李朝実録の琉球国史料（訳注）（二）」（『南島史学』第三七号、一九九一年所収）。
（6）『校本おもろさうし』（角川書店、一九六五年）。
（7）小島瓔禮「芥隠承琥伝」（『球陽論叢』ひるぎ社、一九八六年所収）。
（8）『蔭涼軒日録』（竹内理三編『増補続史料大成』第二一巻〜第二五巻、臨川書店、一九七八年所収）。
（9）注（3）に同じ。
（10）注（7）に同じ。
（11）注（8）に同じ。

三 仏教の伝来と国家形成

（1）『琉国由来記』巻十（『琉球史料叢書』一、東京美術、一九七二年）。
（2）『中山世譜』巻三（『琉球史料叢書』四、東京美術、一九七二年）。
（3）『中山世譜』巻四（『琉球史料叢書』四、東京美術、一九七二年）。
（4）『琉球国由来記』巻十（『琉球史料叢書』一、東京美術、一九七二年）。

（5）『蔭涼軒日録』（竹内理三編『増補続史料大成』第二一巻〜第二五巻、臨川書店、一九七八年所収）。
（6）東恩納寛惇『南島風土記』（沖縄郷土文化研究会、一九五〇年）。
（7）小島瓔禮「芥隠承琥伝」（『球陽論叢』ひるぎ社、一九八六年所収）。
（8）注（1）に同じ。
（9）同右。
（10）沖縄県教育委員会文化課編『金石文』（緑林堂書店、一九八五年）。

四　尚円王統と尚真王（琉球統一国家の完成）

（1）『中山世譜』巻六（『琉球史料叢書』四、東京美術、一九七二年）。
（2）沖縄県教育委員会文化課編『金石文』（緑林堂書店、一九八五年）。
（3）鳥越憲三郎『琉球宗教史の研究』（角川書店、一九六五年）。

五　国土創世神話と神女組織

（1）『校本おもろさうし』（角川書店、一九六五年）、『おもろさうし辞典・総索引』（角川書店、一九六七年）、『おもろさうし』（日本思想大系）（岩波書店、一九七二年）。
（2）横山重編著『琉球神道記』（角川書店、一九七〇年）。
（3）奥野彦六郎『沖縄の人事法制史』（至言社、一九七七年）。
（4）同右。
（5）原田禹雄訳注『陳侃使琉球録』（榕樹社、一九九五年）。
（6）原田禹雄訳注『蕭崇業・謝杰使琉球録』（榕樹書林、二〇一一年）。
（7）島村幸一「『おもろさうし』の神女」（東横学園女子短期大学女性文化研究所「紀要」第四号、一九九五年所収）。
（8）高良倉吉『琉球王国の構造』（吉川弘文館、一九八七年）。
（9）沖縄県教育委員会文化課編『金石文』（緑林堂書店、一九八五年）。
（10）同右。
（11）伊波普猷「おなりがみの島」（『伊波普猷全集』第五巻、平凡社、一九九三年所収）。
（12）注（9）に同じ。
（13）『那覇市史』（資料篇一—七、家譜資料（三）、首里系、一九八二年）。
（14）『球陽』（三一書房、一九七一年）。

(15) 宮城栄昌『沖縄のノロの研究』(吉川弘文館、一九七九年)。
(16) 同右。

六　よあすたへ・よのぬし(琉球統一国家の構成)

(1) 高良倉吉『琉球王国の構造』(吉川弘文館、一九八七年)。
(2) 『辞令書等古文書調査報告書』(沖縄県教育委員会、一九七八年)。
(3) 『中山王府相卿傳職年譜・位階定』(法政大学沖縄文化研究所「沖縄研究資料」六、一九八六年)。
(4) 沖縄県教育委員会文化課編『金石文』(緑林堂書店、一九八五年)。
(5) 安良城盛昭『新・沖縄史論』(沖縄タイムス社、一九八〇年)。
(6) 「国王頌徳碑　かたのはなの碑」(一五四三年、尚清王一七年、天文一二・嘉靖二二)(沖縄県教育委員会文化課編『金石文』緑林堂書店、一九八五年所収)。
(7) 「やらさもりぐすくの碑」(一五五四年、尚清二八年、天文二三・嘉靖三三)(同右)。
(8) 比嘉実『古琉球の思想』(沖縄タイムス社、一九九一年)。
(9) 「おもろさうし」(七―一三、三五七号)(『校本おもろさうし』角川書店、一九六五年所収)。
(10) 『琉球往復文書及関連史料(一)』(法政大学沖縄文化研究所「沖縄研究資料」一六、一九九八年)。

七　対外関係の活発化

(1) 『中山世譜』巻三(『琉球史料叢書』四、東京美術、一九七二年)。
(2) 『正徳大明会典』(汲古書院、一九八九年)。
(3) 『那覇市史』(資料篇第一―四、歴代宝案第一集抄、一九八六年)。
(4) 拙稿「福州柔遠駅と琉球・中国関係」(中国福建省琉球列島交渉史研究調査委員会編『中国福建省・琉球列島交渉史の研究』第一書房、一九九五年所収)。
(5) 拙稿「薩摩藩・琉球国の中国貿易における日本銀の調達について」(法政大学沖縄文化研究所『沖縄文化研究』三五号、二〇〇九年所収)。
(6) 小葉田淳『中世南島通交貿易史の研究』(刀江書院、一九六八年)。
(7) 『琉球往復文書及関連史料(一)』(法政大学沖縄文化研究所「沖縄研究資料」一六、一九九八年)。
(8) 注(3)に同じ。
(9) 『明史』二一七、伝十六(中華書局)。
(10) 田中健夫編『善隣国宝記・新訂続善隣国宝記』(集英社、一九九五年)。

(11) 同右。
(12) 同右。
(13) 『那覇市史』(資料篇一―四、歴代宝案第一集抄、一九八六年)。
(14) 『明実録』宣徳七年条(和田久徳「明実録の沖縄史料(一) 史料篇(一)」『お茶の水女子大学人文科学紀要』二四、一九七一年所収)。
(15) 拙稿「福州柔遠駅と琉球・中国関係」(中国福建省琉球列島交渉史研究調査委員会編『中国福建省・琉球列島交渉史の研究』第一書房、一九九五年所収)。
(16) 小葉田淳『中世日支通交貿易史の研究』(刀江書院、一九六九年)。
(17) 田中健夫編『善隣国宝記・新訂続善隣国宝記』(集英社、一九九五年)。
(18) 注(16)に同じ。
(19) 『幻雲文集』(『続群書類従』第十三輯上、続群書類従完成会、一九五九年所収)。
(20) 『室町家御内書案』(『改訂史籍集覧』十二冊、臨川書店、一九六八年所収)、『琉球往復文書及関連史料(一)』(法政大学沖縄文化研究所「沖縄研究資料」一六、一九九八年)。

八 琉球の進貢・冊封と日明関係との比較

(1) 『歴代宝案』校訂本(一九九二年から刊行)、同訳注本(一九九四年から刊行)(沖縄県教育委員会)。
(2) 『那覇市史』(資料篇一―四、歴代宝案第一集抄、一九八六年)。
(3) 和田久徳「李朝実録の琉球国史料補遺」(『南島史学』第三四号、一九八九年所収)、和田久徳ほか「李朝実録の琉球国史料(訳注)(一)」(『南島史学』第三六号、一九九〇年所収)、同(二)(『南島史学』第三七号、一九九一年所収)、同(三)(『南島史学』第三八号、一九九一年所収)、同(四)(『南島史学』第三九号、一九九二年所収)、和田久徳「明実録の沖縄史料(一) 史料篇(一)」(『お茶の水女子大学人文科学紀要』二四、一九七一年所収)、同(二)(『南島史学』創刊号、一九七二年所収)。
(4) 田中健夫編『善隣国宝記・新訂続善隣国宝記』(集英社、一九九五年)。
(5) 小葉田淳『中世南島通交貿易史の研究』(刀江書院、一九六八年)。
(6) 注(4)に同じ。
(7) 小葉田淳『中世日支通交貿易史の研究』(刀江書院、一九六九年)。
(8) 同右。

3　東アジア世界の変容と琉球

一　明朝の衰退と琉球

（1）小葉田淳『中世南島通交貿易史の研究』（刀江書院、一九六八年）。
（2）拙稿「福州柔遠駅と琉球・中国関係」（中国福建省琉球列島交渉史研究調査委員会編『中国福建省・琉球列島交渉史の研究』第一書房、一九九五年所収）。
（3）同右。
（4）『那覇市史』（資料篇第一―四、歴代宝案第一集抄、一九六八年）。
（5）同右。

二　応仁の乱と日明・日琉関係の変化

（1）朝尾直弘「東アジアにおける幕藩体制」（『日本の近世』一、中央公論社、一九九一年所収、『朝尾直弘著作集』第八巻所収）。
（2）沖縄県教育委員会文化課編『金石文』（緑林堂書店、一九八五年）。
（3）『島津国史』（島津家編集所、一九〇五年）。
（4）『琉球往復文書及関連史料（一）』（法政大学沖縄文化研究所「沖縄研究資料」一六、一九九八年）。
（5）同右。
（6）同右。
（7）小葉田淳『中世日支通交貿易史の研究』（刀江書院、一九六九年）。

三　豊臣秀吉の統一と琉球

（1）三木靖『薩摩島津氏』（新人物往来社、一九七二年）。
（2）『島津国史』（島津家編集所、一九〇五年）。
（3）『琉球往復文書及関連史料（一）』（法政大学沖縄文化研究所「沖縄研究資料」一六、一九九八年）。
（4）同右。
（5）『那覇市史』（資料篇一―四、歴代宝案第一集抄、一九八六年）。
（6）同右。

四　徳川家康と琉球

（1）藤野保『幕藩体制史の研究』（吉川弘文館、一九六一年）。
（2）村上直次郎訳注『ドン・ロドリーゴ日本見聞録』（『異国叢書』第十一巻、駿南社、一九二九年）。

（3）藤井譲治「一七世紀の日本―武家国家の形成―」（岩波講座『日本通史』第一二巻近世二、一九九四年所収）。

五　島津氏の琉球侵攻

（1）『琉球往復文書及関連史料（一）』（法政大学沖縄文化研究所「沖縄研究資料」一六、一九九八年）。
（2）同右。
（3）『喜安日記』（『那覇市史』資料篇一―二、一九七〇年所収）。
（4）注（1）に同じ。
（5）『琉球渡海日々記』（『那覇市史』資料篇一―二、一九七〇年所収）。
（6）同右。
（7）真栄平房昭「海を越えた琉球の宝物」（『日本の国宝』一二一、週刊朝日百科、一九九七年所収）。
（8）注（1）に同じ。
（9）同右。
（10）『喜安日記』（『那覇市史』資料篇一―二、一九七〇年所収）。
（11）注（1）に同じ。
（12）拙著『近世琉球国の構造』（第一書房、二〇一一年）。
（13）『那覇市史』（資料篇一―四、歴代宝案第一集抄、一九六八年）。
（14）『歴代宝案』訳注本第一冊（沖縄県教育委員会）。

4　近世の琉球国（一）

一　琉球仕置

（1）佐藤進一「室町幕府論」（『岩波講座日本歴史』七、中世三、一九六三年所収）、朝尾直弘「『将軍権力』の創出（一）」（『歴史評論』二四一号、一九七〇年所収）、同（二）（『歴史評論』二六六号、一九七二年所収）、同（三）（『歴史評論』二九三号、一九七四年所収）。
（2）拙稿「琉球国王起請文について」（『琉球の歴史と文化』本邦書籍、一九八五年所収）。
（3）『琉球往復文書及関連史料（二）』（法政大学沖縄文化研究所「沖縄研究資料」一七、二〇〇〇年）。
（4）『西藩田租考』（『鹿児島県史料　旧記雑録拾遺　伊地知季安著作史料集八』鹿児島県、二〇〇八年所収）、『南聘紀考』（『鹿児島県史料　旧記雑録拾遺　伊地知季安著作史料集六』鹿児島県、二〇〇五年所収）。
（5）『喜安日記』（『那覇市史』資料篇一―二、一九七〇年所収）。

二　向象賢の政治（琉球国の近世的改革）

（1）『琉球往復文書及関連史料（二）』（法政大学沖縄文化研究所「沖縄研究資料」一七、二〇〇〇年）。
（2）『那覇市史』（資料篇一―七、家譜資料（三）、首里系、一九八二年）解説（田名真之）。
（3）『中山世譜』巻八（『琉球史料叢書』四、東京美術、一九七二年）。
（4）『球陽』巻六・巻七（三一書房、一九七一年）。
（5）『職制秘覧』（法政大学沖縄文化研究所蔵）。
（6）東恩納寛惇『校註羽地仕置』（興南社、一九五二年）。
（7）渡口真清『近世の琉球』（法政大学出版局、一九七五年）。
（8）多賀秋五郎『中国宗譜の研究　上巻』（日本学術振興会、一九八一年）、同下巻（日本学術振興会、一九八二年）。
（9）『寛永諸家系図伝』（内閣文庫蔵）。
（10）『寛政重修諸家譜』（続群書類従完成会、一九六四年）。
（11）『鹿児島県史料　旧記雑録拾遺諸氏系譜二』（鹿児島県、一九八八年）解題（五味克夫）。

三　琉球在番奉行と鹿児島琉球館

（1）『琉球往復文書及関連史料（二）』（法政大学沖縄文化研究所「沖縄研究資料」一七、二〇〇〇年）。
（2）『中山世譜　附巻』（『琉球史料叢書』五、東京美術、一九七二年）。
（3）『藩法集八　鹿児島藩上』（創文社、一九六六年）。
（4）『仲原善忠全集』第一巻（沖縄タイムス社、一九七七年）。
（5）『職制秘覧』（法政大学沖縄文化研究所蔵）、『近世地方経済史料』第一〇巻（吉川弘文館、一九六九年）。
（6）『鹿児島県史料　新納久仰雑譜（一）』（鹿児島県、一九六八年）、同（二）（鹿児島県、一九六九年）。

四　石高制の設定

（1）『御当国御高并諸上納里積記』（『那覇市史』資料篇一―二、一九七〇年所収）。
（2）『近世地方経済史料』第一〇巻（吉川弘文館、一九六九年）。
（3）注（1）に同じ。
（4）『琉球国由来記』巻二（『琉球史料叢書』一、一九七二年）。
（5）『球陽』巻一一（三一書房、一九七一年）。
（6）『沖縄久米島』資料篇（弘文堂、一九八三年）、山本弘文「慶長検地後の琉球王国の貢租制度」（『経済史林』七三巻一・二号、二〇〇五年）。

（7）拙著『近世琉球国の構造』（第一書房、二〇一一年）。
（8）『沖縄久米島』資料篇（弘文堂、一九八三年）、拙著『近世琉球国の構造』（第一書房、二〇一一年）。
（9）『那覇市史』（資料篇一―七、家譜資料（三）、首里系、一九八二年）解説（田名真之）。
（10）『沖縄久米島』資料篇（弘文堂、一九八三年）。
（11）『辞令書等古文書調査報告書』（沖縄県教育委員会、一九七八年）。
（12）『御財政』（『那覇市史』資料篇一―一二、近世史料補遺・雑纂、二〇〇四年所収）。
（13）『近世地方経済史料』第一〇巻（吉川弘文館、一九六九年）。

五　近世琉球貿易の実現と日本銀

（1）拙稿「福州琉球館と琉球・中国関係」（中国福建省琉球列島交渉史研究調査委員会編『中国福建省・琉球列島交渉史の研究』第一書房、一九九五年）。
（2）『清史稿』二二（中華書局）、鈴木俊『中国史』（山川出版社、一九八九年）。
（3）『歴代宝案』校訂本、訳注本（沖縄県教育委員会、一九九二年〜）、『那覇市史』（資料篇一―四、歴代宝案第一集抄、一九八六年）。
（4）『中山世譜』巻八（『琉球史料叢書』四、東京美術、一九七二年）。
（5）同右。
（6）注（3）に同じ。
（7）「某上書」（『鹿児島県史料　旧記雑録後編五』鹿児島県、一九八四年所収）、『琉球往復文書及関連史料（二）』（法政大学沖縄文化研究所「沖縄研究資料」一七、二〇〇〇年）。
（8）注（1）に同じ。
（9）拙稿「薩摩藩・琉球国の中国貿易における日本銀の調達について」（法政大学沖縄文化研究所『沖縄文化研究』三五号、二〇〇九年所収）。

六　家譜の成立と唐格化

（1）『那覇市史』（資料篇一―七、家譜資料（三）首里系、一九八二年）。
（2）『島津久慶自記』（島津家文書）。
（3）『鹿児島県史料旧記雑録拾遺諸士系譜一』（鹿児島県、一九八八年）解題（五味克夫）。
（4）田名真之『沖縄近世史の諸相』（ひるぎ社、一九九二年）。
（5）『球陽』巻八（三一書房、一九七一年）。
（6）原田禹雄訳注『夏子陽使琉球録』（榕樹書林、二〇〇一年）。

(7) 注(5)に同じ。
(8) 注(4)に同じ。

七 近世の久米村

(1) 『琉球国由来記』巻九(『琉球史料叢書』一、東京美術、一九七二年)。
(2) 申叔舟『海東諸国記』(一四七一年)(国立公文書館蔵)。
(3) 『原田禹雄訳注 夏子陽使琉球録』(榕樹書林、二〇〇一年)。
(4) 『原田禹雄訳注 陳侃使琉球録』(榕樹社、一九九五年)。
(5) 『那覇市史』(資料篇一—四、歴代宝案第一集抄、一九八六年)。
(6) 注(1)に同じ。
(7) 『旧記書類抜萃・沖縄旧記書類字句註解書』(法政大学沖縄文化研究所「沖縄研究資料」二七、二〇一〇年)。
(8) 『程順則伝』(東大史料編纂所蔵島津家文書)。
(9) 『鄭良弼歴代宝案』(法政大学沖縄文化研究所蔵)。

八 琉球使節の江戸参府

(1) 『琉球往復文書及関連史料(二)』(法政大学沖縄文化研究所「沖縄研究資料」一七、二〇〇〇年)。
(2) 『通航一覧』第一、琉球国部(国書刊行会、一九一二年)。
(3) 『琉球往来』(国立公文書館内閣文庫蔵)、拙著『近世琉球国の構造』(第一書房、二〇一一年)。
(4) 荻生徂徠『琉球聘使録』(国立公文書館所蔵)。
(5) 『新井白石全集』第三(国書刊行会、一九七八年)。

九 琉球国司について

(1) 『琉球往復文書及関連史料(二)』(法政大学沖縄文化研究所「沖縄研究資料」一七、二〇〇〇年)。
(2) 紙屋敦之『幕藩制国家の琉球支配』(校倉書房、一九九〇年)。
(3) 注(1)に同じ。
(4) 同右。
(5) 『新井白石全集』第三(国書刊行会、一九七八年)。

一　蔡温の政治（近世琉球国の確立）

（1）『明治以前日本土木史』（土木学会、一九三六年）。
（2）拙稿「薩摩藩・奄美・琉球における近世初頭の新田開発」（『沖縄文化研究』三一号、二〇〇四年）。
（3）『沖縄県旧慣租税制度』（『沖縄県史』二一、旧慣調査資料、一九八九年所収）。
（4）『美済姓家譜』（『沖縄久米島』資料編、弘文堂、一九八三年所収）。
（5）『那覇市史』（資料篇一―一〇、琉球資料上、一九八九年）。
（6）同右。
（7）『御当国御高并諸上納里積記』（『那覇市史』資料篇一―二、一九七〇年所収）。
（8）安里進「『量地法式集』と著者・高原景宅」（『しまたてい』四八、二〇〇九年所収）。
（9）金城善「（コラム）近世琉球を描いた絵地図―国絵図と琉球国惣絵図―」（『沖縄県史』各論編四近世、二〇〇五年所収）。
（10）笹森儀助『南島探験』（国書刊行会、一九七三年）。

二　八重山と明和津波

（1）喜舎場永珣『八重山歴史』（国書刊行会、一九六八年）。
（2）『八重山島年来記』（『沖縄県史料』前近代一、首里王府仕置、一九八一年所収）。
（3）『八重山島群島草創并各村存廃其ノ他ノ概略』（「喜舎場永珣家文書」法政大学沖縄文化研究所蔵写真本）、拙稿「古文書による近世八重山の基礎的研究」（『沖縄八重山の研究』相模書房、二〇〇〇年所収）。
（4）注（1）に同じ。
（5）『御当国御高并諸上納里積記』（『那覇市史』資料篇一―二、一九七〇年）。
（6）注（2）に同じ。
（7）注（2）に同じ、牧野清『八重山の明和大津波』（牧野清、一九六八年）。
（8）同右。
（9）同右。

三　天明の飢饉

（1）『琉球往復文書及関連史料（四）』（法政大学沖縄文化研究所「沖縄研究資料」二〇、二〇〇三年）。
（2）同右。
（3）『球陽』巻一七（三一書房、一九七一年）。

四　薩摩藩の天保改革と琉球貿易

（1）『唐阿蘭陀朝鮮琉球反物荒物諸要記』（三井文庫蔵）。

（2）『天保度以後財政改革顛末書』（『近世社会経済叢書』第四巻、改造社、一九二六年）、『鹿児島藩租額事件』（『近世社会経済叢書』第四巻、改造社、一九二六年）。

（3）『鹿児島県史』第二巻（鹿児島県、一九三九年）。

（4）『通航一覧　続輯』巻一〇（清文堂出版、一九六八年）。

（5）注（3）に同じ。

（6）『琉球王国評定所文書』第一六巻（浦添市教育委員会、二〇〇〇年）。

（7）『那覇市史』（資料篇一―九、近世那覇関係資料古文書編、一九九八年）。

（8）中国第一歴史檔案館編『清代中琉関係檔案選編』（中華書局、一九九三年）。

五　近世末の農村疲弊

（1）拙著『近世琉球国の構造』（第一書房、二〇一一年）。

（2）『比嘉春潮全集』二　歴史篇（沖縄タイムス社、一九七一年）。

（3）『球陽』巻一八（三一書房、一九七一年）。

（4）『具志頭間切御手入日記』（『近世地方経済史料』第九巻、吉川弘文館、一九五八年所収）。

六　アヘン戦争と琉球

（1）拙著『近世琉球国の構造』（第一書房、二〇一一年）。

（2）中国第一歴史檔案館編『清代中琉関係檔案選編』（中華書局、一九九三年）。

（3）『鹿児島県史』第二巻（鹿児島県、一九四〇年）。

（4）『鹿児島県史』第三巻（鹿児島県、一九四一年）。

七　ペリー来航と琉米修好条約

（1）『ペルリ提督日本遠征記』（一）～（四）（岩波文庫、一九五五年）、『沖縄県史料』前近代（二）・（三）ペリー来航関係記録（沖縄県教育委員会、一九八二年）。

（2）ディネッロ・マルコ「修好条約に対する琉球国の対応」（『沖縄文化研究』四六巻一号、二〇一二年所収）。

八　島津斉彬の開港構想と反動

（1）『鹿児島県史』第三巻（鹿児島県、一九四一年）。

(2)『市来四郎君自叙伝』四(『史談速記録』第一二七輯)。
(3)喜舎場朝賢『琉球見聞録』(ぺりかん社、一九七七年所収)。

6 琉球国の終焉

一 琉球藩の設置

(1)「琉球藩取扱振等取調ノ儀御達」(「公文録」第一一一、鹿児島藩之部、国立公文書館蔵)。
(2)『琉球処分』(『明治文化資料叢書第四巻外国篇』風間書房、一九八七年所収)。
(3)同右。
(4)同右、『勅語類明治詔勅』(国立公文書館蔵)。
(5)『明治天皇記』第二巻(吉川弘文館、一九六九年)。
(6)『華族会館史』(霞会館、一九六六年)。
(7)『華族従三位尚泰類別録編入ニ関スル意見書写』(『岩倉具視関係文書』国立公文書館蔵)。
(8)「華族制の創出」(『大久保利謙著作集』三、吉川弘文館、一九九三年所収)。
(9)『公文録』明治八年(国立公文書館蔵)。

二 台湾出兵と互換条款の訂約

(1)『琉球処分』(『明治文化資料叢書第四巻外国篇』風間書房、一九八七年所収)。
(2)同右。

三 内務大丞松田道之の派遣と沖縄県の設置

(1)『琉球処分』(『明治文化資料叢書第四巻外国篇』風間書房、一九八七年所収)。
(2)『尚泰侯実録』(原書房、一九七一年)。

四 旧制度の存置

(1)『公文録』明治一七年 第五〇巻 大蔵省一(国立公文書館蔵)。
(2)『公文類聚』第八編 明治一七年(国立公文書館蔵)。
(3)同右。
(4)『公文録』明治一四年 第七四巻 内務省第一(国立公文書館蔵)。

五 土地整理と地方制度の改革

（1）『公文類聚』第二〇編　明治二九年（国立公文書館蔵）。
（2）『沖縄県土地整理紀要』（臨時沖縄県土地整理事務局、一九〇三年）。

あとがき

本書は、法政大学沖縄文化研究所が刊行している『叢書・沖縄を知る』の一冊として刊行するものである。この叢書は、同研究所が中心になって行なっている法政大学の総合講座「沖縄を知る」という授業に関連して刊行されるものである。もちろん一般の読者のことも念頭に置いている。

本書では、沖縄の歴史の内的な経過と、外との関係について、全体として把握することに努めているので、これまで見えなかった新しい景色が見えるかもしれない。沖縄史について認識が深まれば幸いである。

沖縄、琉球についての文献は数多くあり、それぞれの関心からそれぞれの分野の文献を見つけることは容易である。そういった意味では、屋上屋を重ねることにもなりかねないが、歴史の研究では新しい研究成果がつぎつぎと出されているのであり、これらの成果をできるだけ盛り込むようにした。しかし、琉球国の歴史に、何を、どのように盛り込むかということになると容易なことではない。また、類書は、それぞれの専門分野の研究者が、分担して執筆するのが普通であるが、本書は一人で執筆したことで、多くの欠点を抱えているかもしれない。その点はご批正をお願いしたい。

本書を執筆するにあたり、これまで私が学んだ多くの方々の研究を参考にさせていただいている。巻末に利用文献を挙げているので参照していただきたい。多くの研究者にあらためて御礼申し上げたい。

本書刊行にあたり、法政大学沖縄文化研究所にはたいへん世話になった。御礼申し上げる次第である。しかし本書の文責はすべて筆者にある。

また、本書の刊行を引き受けてくださり、いろいろご教示をいただいた法政大学出版局に御礼申し上げる次第である。

二〇一三年二月二五日

梅木　哲人

人名・事項索引

[サ　行]

[ラ　行]

[ワ　行]

琉球国の歴史年表

西暦	日本暦	中国暦	国王	事　項	出　典
1000				この頃からグスクが作られはじめる	
1100				この頃から大型グスクが作られる	
1185	文治1			惟宗忠久島津荘下司となる	
1261	弘長1	景定2	英祖	浦添ようどれ築造	球陽
1314	正和3	延祐1	玉城	玉城王代，三山に分裂	中山世譜
1350	観応1・正平5	至正10	察度	察度王の即位	中山世譜
1368	応安1・正平23	洪武1	察度	朱元璋明王朝建国	明実録
1369	応安2・正平24	洪武2	察度	明国の使者楊載，日本に来る。倭寇の停止を求む	明史
1372	応安5・文中1	洪武5	察度	楊載琉球に来る。察度中国明王朝に入貢する。進貢のはじまり	明実録
				明太祖，瑠求を改め琉球とする	中山世譜
1380	康暦2・天授6	洪武13	察度	山南王承察度がはじめて遣使	明実録
1382	永徳2・弘和2	洪武15	察度	亜蘭匏，使者の最初	明実録
1383	永徳3・弘和3	洪武16	察度	明実録に三王争うことを記す	明実録
				山北王帕尼芝進貢のはじめ。山南王承察度の進貢	明実録
1392	元中9・明徳3	洪武25	察度	思紹，巴志に三山統合を託す	中山世譜
				足利義満南北朝統一	
				中国皇帝，閩人三十六姓を給う	中山世譜
1394	応永1	洪武27	察度	亜蘭匏の品帙昇進を察度が希望する	明実録
				明朝に17カ国・地域の入貢あり	明会典
1396	応永3	洪武29	武寧	武寧王即位	中山世譜
1404	応永11	永楽2	武寧	武寧王冊封（時中）	中山世譜
1398	応永5	洪武31	武寧	亜蘭匏，使者の最後	明実録
1401	応永8	建文3	武寧	足利義満，明朝に遣使	善隣国宝記
1403	応永10	永楽1	武寧	琉球船，六浦流来	鎌倉大日記
1404	応永11	永楽2	武寧	日本への最初の勘合符の支給	明会典
1406	応永13	永楽4	思紹	思紹王即位	中山世譜
1407	応永14	永楽5	思紹	思紹王冊封さる（不遣使）	中山世譜
				永楽帝，足利義持に書を呈す	善隣国宝記
1414	応永21	永楽12	思紹	足利将軍義持御内書，りうきう国よのぬし	運歩色葉集
1415	応永22	永楽13	思紹	山北王最後の遣使	明実録
1416	応永23	永楽14	思紹	思紹・巴志，山北を征す	中山世譜
1417	応永24	永楽15	思紹	国相懐機を遣わし礼楽・文物を学ばしむ	金石文
1420	応永27	永楽18	思紹	代主書状	阿多文書
1422	応永29	永楽20	巴志	巴志王即位	中山世譜
				足利義持，朝鮮に大蔵経を求める	善隣国宝記
1425	応永32	洪熙1	巴志	巴志王冊封される（柴山）	中山世譜
				巴志より暹羅への咨，曽祖・祖王・先父王	歴代宝案
1426	応永33	宣徳1	巴志	巴志から暹羅国への咨・四海一家	歴代宝案
1427	応永34	宣徳2	巴志	「安国山樹華木之記」建立	金石文

西暦	日本暦	中国暦	国王	事　項	出　典
1428	応永 35	宣徳 3	巴志	足利義教，第 6 代将軍になる	
1429	永享 1	宣徳 4	巴志	巴志による三山統合	中山世譜
				山南王他魯毎の最後の遣使	明実録
				巴志，山南王他魯毎を滅ぼし統合	中山世譜
				巴志から礼部への咨，仁字号海船	歴代宝案
1430	永享 2	宣徳 5	尚巴志	巴志，尚姓を賜る	中山世譜
1432	永享 4	宣徳 7	尚巴志	宣徳帝，尚巴志に日本との往来の仲介を求める	歴代宝案
1439	永享 11	正統 4	尚巴志	尚巴志の咨，船 7 隻となる	歴代宝案
1451	宝徳 3	景泰 2	尚金福	足利義政遣明船，正使東洋允膨	善隣国宝記
1453	享徳 2	景泰 4	尚金福	琉球の朝官の衣服は中国人と異なるなし。(朝鮮瑞宗 1)	李朝実録
1454	享徳 3	景泰 5	尚泰久	尚泰久王即位	中山世譜
1456	康正 2	景泰 7	尚泰久	芥隠承琥，那覇に廣厳寺を建てる。この年から 1459 年までに 20 数個の梵鐘が作られる。	琉球国由来記
1458	長禄 2	天順 2	尚泰久	首里城正殿の鐘（万国津梁之鐘）鋳造	金石文
				勝連按司阿麻和利と中城按司護佐丸争う	中山世譜
1462	寛正 3	天順 4	尚徳	国王は層閣にありて下らず，群臣は冠帯を具す。(朝鮮世宗 7)	李朝実録
1464	寛正 4	天順 7	尚徳	足利義政遣明船，正使天与清啓	善隣国宝記
1469	文明 1	成化 5	尚徳	尚徳薨，金丸を君とする	中山世譜
				遣明船の帰国，応仁の乱	
1470	文明 2	成化 6	尚円	『善隣国宝記』が編まれる	善隣国宝記
				尚円王即位（第二尚氏王統）	中山世譜
1471	文明 3	成化 7	尚円	右衛門尉行頼より島津氏への書，印判のない琉球への船を追い返すよう指示	島津家文書
1474	文明 6	成化 10	尚円	足利義政の朝鮮国王への書，旧勘合持参を明朝に知らせてほしい	善隣国宝記
1477	文明 9	成化 13	尚真	尚真王即位	中山世譜
1480	文明 12	成化 16	尚真	室町幕府，島津氏に琉球船の来貢を促す	
1484	文明 16	成化 20	尚真	尚真王の奏，船 3 隻あるのみ	歴代宝案
1492	明応 1	弘治 5	尚真	首里に円覚寺建立はじめる	琉球国由来記
1498	明応 7	弘治 11	尚真	尚真王『国王頌徳碑』建立	金石文
1500	明応 9	弘治 13	尚真	八重山の堀川原赤蜂を滅ぼす	
1501	文亀 1	弘治 14	尚真	「たまおどんのひのもん」建立	金石文
1502	文亀 2	弘治 15	尚真	朝鮮から大蔵経が贈られる	琉球国由来記
1508	永正 5	正徳 3	尚真	島津忠治，琉球への書で印判を持たない船の没収を指示	前編旧記雑録
1509	永正 6	正徳 4	尚真	「百浦添之欄干之銘」建立	金石文
1522	大永 2	嘉靖 1	尚真	真珠湊碑文	金石文
				琉球の進貢，二年一貢になる	
1523	大永 3	嘉靖 2	尚真	寧波の乱	中世南島通交貿易史

西暦	日本暦	中国暦	国王	事　項	出　典
1525	大永5	嘉靖4	尚真	琉球使鄭縄に，皇帝勅書の日本への伝達を依頼	明実録
1527	大永7	嘉靖6	尚清	尚清王即位	中山世譜
				智仙鶴翁，嘉靖帝の勅書を日本に届ける。足利義晴より嘉靖帝への表	幻雲文集
				足利義晴より琉球国よのぬしへの書	室町家御内書案
				伊作島津氏貴久，宗家にはいる。島津氏戦国大名化	
1534	天文3	嘉靖13	尚清	尚清王冊封（陳侃・高澄）	中山世譜
1539	天文8	嘉靖18	尚清	足利義晴の遣明船	
1541	天文10	嘉靖20	尚清	貿易不調により財政難顕然化（尚寧の60年前）	歴代宝案
1543	天文12	嘉靖22	尚清	尚元王「国王頌徳碑」（かたのはなの碑）建立	金石文
1551	天文20	嘉靖30	尚清	大内氏滅亡。日明勘合貿易終わる	中世日支通交貿易史
1556	弘治2	嘉靖35	尚元	尚元王即位	中山世譜
1562	永禄5	嘉靖41	尚元	尚元王冊封（郭汝霖・李際春）	中山世譜
1567	永禄10	隆慶1	尚元	明朝，中国沿岸部の開海禁	明史
1570	元亀1	隆慶4	尚元	島津義久の守護就任を伝える使者として雪岑が遣わされる	後編旧記雑録
1573	天正1	万暦1	尚永	尚永王即位	中山世譜
1579	天正7	万暦7	尚永	尚永王冊封（蕭崇業・謝杰）	中山世譜
1577	天正5	万暦5	尚永	島津氏，薩摩・大隅・日向三州を統一	後編旧記雑録
1580	天正8	万暦8	尚永	明朝，市舶司を廃止	明史
1587	天正15	万暦15	尚永	島津義久，豊臣秀吉に屈服。	島津国史
1588	天正16	万暦16	尚永	秀吉，海賊取締令を出す	島津家文書
				島津義久，大慈寺西院を琉球に遣わし，秀吉の統一を知らせ，使者の派遣を求める	後編旧記雑録
1589	天正11	万暦17	尚寧	尚寧王の即位	中山世譜
				琉球は天竜寺桃庵和尚を秀吉のもとに送る	後編旧記雑録
1590	天正18	万暦18	尚寧	豊臣秀吉，小田原北条氏を滅ぼし全国統一	
1591	天正19	万暦19	尚寧	健全大亀和尚・茂留味里大屋子を義久まで送る	後編旧記雑録
				新納伊勢守康久琉球に遣わされる	後編旧記雑録
1592	天正20	万暦20	尚寧	秀吉琉球を義久の与力とする	後編旧記雑録
1598	慶長3	万暦23	尚寧	尚寧倭情の飛報，関白の身亡ぶを伝う	歴代宝案
1600	慶長5	万暦28	尚寧	関ヶ原の戦い	
1602	慶長7	万暦30	尚寧	琉球船東北伊達領に漂着	後編旧記雑録
1603	慶長8	万暦31	尚寧	徳川家康征夷大将軍に任命される	徳川実記
1604	慶長9	万暦32	尚寧	義久，尚寧に書を送る	後編旧記雑録
1605	慶長10	万暦33	尚寧	袋中『琉球神道記』を著す	琉球神道記
1606	慶長11	万暦34	尚寧	尚寧王の冊封（夏子陽・王士禎）	中山世譜

西暦	日本暦	中国暦	国王	事　　項	出　典
				阮国・毛国鼎を新たに賜姓。	歴代宝案
1609	慶長 14	万暦 37	尚寧	ドン・ロドリゴ・デ・ビベロ漂着，家康と面会	異国叢書
				「琉球渡海之軍衆御法度之条々」が出される	後編旧記雑録
				薩摩の軍勢山川港を出発，琉球侵攻	後編旧記雑録
				尚寧，国分の義久のもとを尋ねる	喜安日記
				徳川家康・秀忠の御内書。島津家久の琉球支配を許可	後編旧記雑録
1610	慶長 15	万暦 38	尚寧	尚寧，鹿児島を出発し，江戸に向かう。駿府城で徳川家康に謁す	喜安日記
				琉球検地	後編旧記雑録
				徳川家康側近の本多正純より中国へ書翰を送る	
1611	慶長 16	万暦 39	尚寧	「琉球国知行高目録」が尚寧に示された，89,086 石	喜安日記
				尚寧，鹿児島に到着	喜安日記
				尚寧，琉球帰国に際し起請文・掟・知行目録あり	後編旧記雑録
				摩文仁親方安恒，最初の国質	中山世譜附巻
1612	慶長 17	万暦 40	尚寧	尚寧福建布政使司に書を送る，池城の書を見ていた	歴代宝案
1613	慶長 18	万暦 41	尚寧	皇帝，10 年後物力回復してから進貢せよの勅書	歴代宝案
				薩摩への年頭使の制はじまる	中山世譜附巻
				王位御蔵入算用について指示	後編旧記雑録
1614	慶長 19	万暦 42	尚寧	尚寧，礼部に書を送る。倭と馬良弼への怒り	歴代宝案
				「覚」。御蔵入収納方毎年 12 月限り	後編旧記雑録
1620	元和 6	泰昌 1	尚寧	尚寧薨	中山世譜
1621	元和 7	天啓 1	尚豊	尚豊王即位	中山世譜
1628	寛永 5	崇禎 1	尚豊	首里政府，八重山に「掟」を出す	八重山島年来記
1629	寛永 6	崇禎 2	尚豊	新しい知行目録（六千石減）	那覇市史
				八重山に 3 間切りが出来る	八重山島年来記
1630	寛永 7	崇禎 3	尚豊	年頭使，3 年詰めとなる	中山世譜附巻
1633	寛永 10	崇禎 6	尚豊	尚豊王冊封（杜三策・揚掄）	中山世譜
1635	寛永 12	崇禎 8	尚豊	知行高盛増，90,883 石	那覇市史
1636	寛永 13	崇禎 9	尚豊	後金，国号を清にあらためる	清史稿
				八重山，頭懸かりの税制となる	那覇市史
1639	寛永 16	崇禎 12	尚豊	薩摩藩で出米が銀から米に変わる	藩法集鹿児島藩
1642	寛永 19	崇禎 15	尚賢	年頭使兼 3 年詰めとなる	中山世譜附巻
1644	寛永 20	崇禎 16	尚賢	清，順治帝即位。瀋陽から北京に遷都し，清朝成立	
1646	正保 3	順治 3	尚賢	琉球，清朝への投誠	中山世譜
1648	慶安 1	順治 5	尚質	尚質王即位	中山世譜
1650	慶安 3	順治 7	尚質	向象賢「中山世鑑」を撰す	中山世鑑
				久米村，髪を剃り，欹髪を結う	琉球国由来記

西暦	日本暦	中国暦	国王	事　　項	出　典
1657	明暦 3	順治 14	尚質	薩摩藩,「島津氏世録正統系図」完成	鹿児島県史料
1661	寛文 11	康熙 1	尚質	清朝，遷界令を出す	
1662	寛文 2	康熙 1	尚質	鄭成功没。康熙帝即位	
1663	寛文 3	康熙 2	尚質	尚質王の冊封（張学礼・王垓）	中山世譜
1664	寛文 4	康熙 3	尚質	北谷・恵祖事件	中山世譜
1666	寛文 6	康熙 5	尚質	羽地朝秀（向象賢）を国相に任ず	中山世譜
				今帰仁間切りから本部間切りを分出	中山世譜
1667	寛文 7	康熙 6	尚質	向象賢，聞得大君を王妃の次とする	
1668	寛文 8	康熙 7	尚質	進貢の使者，耳目官を正使，正議大夫を副使とする	中山世譜
1670	延宝 5	洪熙 16	尚貞	薩摩藩の出米，1 石に付 8 升 1 合	藩法集鹿児島藩
				進貢使の帰国を薩摩に報告	中山世譜附巻
1670	寛文 10	康熙 9	尚貞	譜代筋目の衆を新参衆より上に置く	中山世譜
1671	寛文 11	康熙 10	尚貞	福州琉球館で貨物と銀での貿易が許可される	歴代宝案
1672	寛文 12	康熙 11	尚貞	靖南王耿精忠叛す（三藩の乱）	中山世譜
1673	延宝 1	康熙 12	尚貞	国王の久高島参詣を廃止する	
1674	延宝 2	康熙 13	尚貞	久米具志川間切大規模用水路工事	美済姓家譜
1678	延宝 6	康熙 17	尚貞	進貢使帰国の報告定例化	中山世譜附巻
				接貢船はじまる	中山世譜
1682	天和 2	康熙 21	尚貞	薩摩藩，幕府の指示により 3 年間の持渡銀額を報告	島津家文書
1683	天和 3	康熙 22	尚貞	尚貞王の冊封（汪楫・林麟焻）	中山世譜
1684	貞享 1	康熙 23	尚貞	清朝，遷界令を廃止	
1685	貞享 2	康熙 24	尚貞	幕府，御定め高制を出す	
1687	貞享 4	康熙 26	尚貞	琉球貿易銀，進貢時 804 貫，接貢時 402 貫に決まる	
1689	元禄 2	康熙 28	尚貞	系図奉行を置く	球陽
1690	元禄 3	康熙 29	尚貞	はじめて姓を群臣に給う	球陽
1696	元禄 9	康熙 35	尚貞	家譜の唐系格化	
1701	元禄 14	康熙 40	尚貞	『蔡鐸本中山世譜』成立	中山世譜
1709	宝永 6	洪熙 48	尚貞	琉球出米高，1 石に 8 升 1 合と運賃添えとなる	那覇市史
1710	宝永 7	康熙 49	尚益	尚益王即位	中山世譜
1713	正徳 3	康熙 52	尚敬	尚敬王即位	中山世譜
1714	正徳 4	康熙 53	尚敬	琉球貿易銀，進貢時 604 貫，接貢時 302 貫になる	
				琉球国書翰で貴国・大君の文言を使わないようにする	
1719	享保 4	康熙 58	尚敬	尚敬王冊封（海宝・徐葆光）	中山世譜
1721	享保 6	康熙 60	尚敬	薩摩藩，享保大御支配（検地）はじまる	薩摩半島の総合的研究
1722	享保 7	康熙 61	尚敬	琉球に検地の指示が届く	那覇市史
1725	享保 10	雍正 3	尚敬	『蔡温本中山世譜』成立	中山世譜
1727	享保 12	雍正 5	尚敬	知行高出米盛増あり，94,230 石	那覇市史
1728	享保 13	雍正 6	尚敬	蔡温三司官になる	中山世譜
				代官制に代わり取納奉行が置かれる	球陽

西暦	日本暦	中国暦	国王	事　　項	出　典
1731	享保 16	雍正 9	尚敬	沖縄の村数 446 か村	琉球国由来記
1734	享保 19	雍正 12	尚敬	農務帳が出される	沖縄久米島
1736	元文 1	乾隆 1	尚敬	琉球仮屋地の加増	中山世譜附巻
1737	元文 2	乾隆 2	尚敬	元文検地	那覇市史
1740	元文 5	乾隆 5	尚敬	北谷間切桑江村検地実施	那覇市史
1742	寛保 2	乾隆 7	尚敬	薩州御渡銀・対州御渡銀の制出来る	金銀座書留
1749	寛延 2	乾隆 14	尚敬	取納座による本立帳作成	那覇市史
				「本立帳」による徴税はじまる	那覇市史
1752	宝暦 2	乾隆 17	尚穆	尚穆王即位	中山世譜
1756	宝暦 6	乾隆 21	尚穆	尚穆王冊封（全魁・周煌）	中山世譜
1771	明和 8	乾隆 38	尚穆	石垣島に大地震・大津波が起こる	八重山島年来記
1782	天明 2	乾隆 47	尚穆	天明の飢饉が起こる。	八重山島年来記
1784	天明 4	乾隆 49	尚穆	琉球仮屋を琉球館・仮屋守を琉球館聞役と改める	藩法集
				再び飢饉	八重山島年来記
1786	天明 6	康熙 51	尚穆	『琉球科律』公布される	琉球科律
1794	寛政 6	乾隆 59	尚穆	喜屋武郡，下知役設置	球陽
1795	寛政 7	乾隆 60	尚温	尚温王即位	中山世譜
1800	寛政 12	嘉慶 5	尚温	尚温王冊封（趙文揩・李鼎元）	中山世譜
1801	享和 1	嘉慶 6	尚温	尚温国学を建てる	中山世譜
				八重山赤子の母に御用布 12ヵ月免除	八重山島年来記
1804	文化 1	嘉慶 9	尚灝	尚灝王即位	中山世譜
1807	文化 4	嘉慶 12	尚灝	尚灝王冊封（齊鯤・費錫章）	中山世譜
1825	文政 8	道光 5	尚灝	薩摩藩，長崎会所での唐物販売を認めらる	鹿児島県史
1829	文政 12	道光 9	尚灝	新納駿河久仰，琉球附役	新納久仰雑譜
1830	天保 1	道光 10	尚灝	薩摩藩，調所広郷の改革はじまる	旧記雑録追録
1835	天保 6	道光 15	尚育	尚育王即位	中山世譜
				長崎奉行・幕府勘定奉行薩摩の貿易実態の調査	通航一覧続輯
1839	天保 9	道光 18	尚育	尚育王冊封（林鴻年・高人鑑）	中山世譜
1840	天保 11	道光 20	尚育	アヘン戦争，英国の毛織物を輸入	清代中琉関係檔案選編
1844	弘化 1	道光 27	尚育	薩摩藩，琉球産物方を設置	藩法集鹿児島藩
1847	弘化 4	道光 27	尚育	琉球産物の販売を許可される	鹿児島県史
1848	嘉永 1	道光 28	尚泰	尚泰王即位	中山世譜
1851	嘉永 4	咸豊 1	尚泰	島津斉彬，藩主となる	
1852	嘉永 5	咸豊 2	尚泰	ペリー，アメリカを出発	ペルリ提督日本遠征記
1853	嘉永 6	咸豊 3	尚泰	ペリー一行那覇着，泊で英語で話しかけられる	ペルリ提督日本遠征記
1854	嘉永 7	咸豊 4	尚泰	新納駿河久仰，琉球掛・琉球産物方掛	新納久仰雑譜
				神奈川で「日米和親条約」締結	ペルリ提督日本遠征記
				「琉米修好条約」調印	ペルリ提督日本遠征記
1857	安政 4	咸豊 7	尚泰	八重山，31 村 1 島の体制出来る	八重山島年来記
				オランダ修好条約を求める。市来四郎琉球出張を命じられる	
1861	文久 1	咸豊 11	尚泰	具志頭間切，御手入れ	近世地方経済史料

西暦	日本暦	中国暦	国王	事　項	出　典
1866	慶応 2	同治 5	尚泰	尚泰王冊封（趙新・于光甲）	中山世譜
1868	明治 1	同治 7	尚泰	「産物方日記」に品立帳・買立帳あり	評定所文書
1869	明治 2	同治 8	尚泰	版籍奉還。薩摩藩は鹿児島藩となる 公卿・諸侯を華族とする	
1871	明治 4	同治 10	尚泰	鹿児島藩，鹿児島県となる。宮古島年貢運送船台湾に漂着	
1872	明治 5	同治 11	尚泰	天皇，尚泰を琉球藩王に冊封 尚泰を華族に列する	公文録
1873	明治 6	同治 12		征韓論起こり，副島下野。内務省設置	琉球処分
1875	明治 8	光緒 1		内務省から，琉球改革処分内容が出される。琉球藩王の冊封禁止。内務大丞松田道之に琉球出張を命ず	琉球処分
1879	明治 12	光緒 5		琉球藩を廃し，沖縄県を設置	公文録
1884	明治 17	光緒 10		華族令を制定	
1896	明治 29	光緒 22		沖縄県郡区制を公布	公文類聚
1906	明治 32	光緒 25		沖縄県土地整理法が公布される	公文類聚

《著者紹介》
梅木 哲人（うめき てつと）
1939年，鹿児島県生まれ
1972年，東京教育大学大学院文学研究科日本史学専攻修士課程修了
長岡工業高等専門学校教授／鹿児島女子大学文学部教授／志學館大学人間関係学部教授
1987年，法政大学沖縄文化研究所兼任所員／現在同研究所客員所員
主な著書に『近世琉球国の構造』（第一書房，2011年），
本書にて第10回「徳川賞」受賞

新琉球国の歴史［叢書・沖縄を知る］
法政大学沖縄文化研究所監修

2013年 3 月29日　初版第 1 刷発行

著　者　梅木 哲人
発行所　財団法人 法政大学出版局
〒102-0071　東京都千代田区富士見2-17-1
電話03（5214）5540／振替00160-6-95814
製版・印刷　平文社／製本　根本製本

ISBN 978-4-588-32130-6　　Printed in Japan